Susanne Angeli
Wolfgang Kundler

Der eigene Online Shop

Von der Gründung zum
Verkaufserfolg in 10 Lektionen

Inhaltsverzeichnis

Vorwort

Herzlichen Glückwunsch!

Mit dem Kauf unseres Buches haben Sie bereits den ersten Schritt in Richtung „Der eigene Online Shop" getan. Wir begleiten Sie von der Geschäftsgründung bis zur ersten Marketingkampagne. Viele Praxisbeispiele, Linktipps und Anregungen unterstützen Sie bei den bevorstehenden Aufgaben. Jedes der zehn Kapitel ist ein Meilenstein auf dem Weg in die Selbstständigkeit:

1. Shopgründung – Start in die Existenzgründung
2. Shopkonzept – Wahl des Shopsystems
3. Shopkonfiguration – erste Schritte mit der Shopsoftware
4. 1 x 1 des Onlinerechts – Shop abmahnsicher einrichten
5. Suchmaschinenoptimierung – mehr Traffic über Suchmaschinen
6. Shoppflege – Online Shop und Produkte optimal darstellen
7. Vertrauen – Kunden mehr Sicherheit bieten
8. Social Media – im Dialog mit Kunden
9. Marketing – Umsatz steigern durch Werbung
10. Monitoring – Überwachen der Shopzugriffe

Einen Online Shop aufzubauen ist eine große Herausforderung. Durch die Aufteilung in kleine Aufgabenpakete ist das Projekt für Sie leichter zu bewältigen. Die ersten drei Kapitel sind nur zu Beginn Ihrer Existenzgründung notwendig. Zu den regelmäßigen Arbeiten gehören für professionelle Shopbetreiber die Bereiche Onlinerecht, Suchmaschinenoptimierung, Shoppflege, Marketing und Monitoring. Sobald es Ihre Zeit und Ihre Ressourcen erlauben, empfehlen wir Ihnen, vertrauensbildende Maßnahmen umzusetzen und mit Social Media zu starten.

Aus vielen Kundengesprächen wissen wir, dass sich die Planung und die Umsetzung eines Online Shops über mehrere Monate hinziehen. Mit unserer Meilenstein-Treppe auf der Innenseite des Buchcovers erhalten Sie einen detaillierten Überblick über den Weg und eine grobe Zeitplanung für Ihr neues Onlinebusiness.

Haben Sie Fragen zum Buch, benötigen Sie Checklisten oder Leitfäden? Besuchen Sie die Website zum Buch onlineshopbuch.de, unsere Facebook-Seite facebook.com/OnlineShopBuch oder unseren Twitter-Account twitter.com/onlineshopbuch.

Ihr Autorenteam

Susanne Angeli und Wolfgang Kundler

Mut steht am Anfang
des Handelns,
Glück am Ende.

Demokrit

Kapitel 1

Die Shopgründung

Ihre Shopidee haben Sie bereits im Kopf reifen lassen. Jetzt möchten Sie endlich dieses Projekt in die Tat umsetzen. In diesem Kapitel erarbeiten Sie Ihren Businessplan, der u.a. die Zielgruppe, das Alleinstellungsmerkmal und die Marktanalysen umfasst. Daneben erfahren Sie alles Notwendige über die Firmengründung.

Ihr Start in ein Onlinegeschäft erfordert die gleichen Schritte wie die Eröffnung eines Ladenlokals. Sie werden die gleichen Überlegungen anstellen und die gleichen Entscheidungen treffen müssen, von der Idee bis zur Finanzierung, von der Planung bis zur Gesellschaftsform.

Das A und O der Shopgründung ist ein handfestes Konzept. Sie erfassen darin zunächst eine feste Zielgruppe, das Alleinstellungsmerkmal Ihres Produkts oder Ihrer Dienstleistung, erstellen eine Marktanalyse und testen Ihre persönliche Eignung. Im zweiten Teil Ihres Konzepts geht es um die Umsetzung der Firmengründung, um Finanzierung, Beratung, Businessplan und schließlich um die Shopumgebung und die Wahl des Shopsystems.

> **Tipp**
> Erstellen Sie doch ein Mindmap von Ihrem Rohkonzept mit all Ihren Ideen, recherchierten Erkenntnissen und Analysen. Sammeln Sie Ihre Gedanken und halten Sie diese schriftlich fest. Stellen Sie das Projekt „Online Shop" in die Mitte und füllen Sie es mit Ihren Ideen wie Produkte, Dienstleistung zum Produkt. Führen Sie weitere Hauptzweige zu Zielgruppe, Kundennutzen, persönliche Eignung, Marktanalyse und Onlinemarketing. Erweitern Sie die Hauptzweige Punkt für Punkt und stellen Sie diese bei Bedarf in Abhängigkeit. Im weiteren Verlauf dieses Buches – bei der Shopumsetzung – erweitern Sie das Mindmap oder Sie beginnen ein zweites Map.

1.1   Die Shopidee

Egal ob Sie bereits ein Ladenlokal führen oder ob Sie aus Ihrem Hobby ein Geschäft machen möchten, ob Sie eine Dienstleistung oder selbst gefertigte Produkte anbieten möchten – der Verkauf über einen Online Shop ist eine ganz neue Herausforderung. Prüfen Sie dringend vorab, ob sich Ihr Produkt für ein Onlinegeschäft eignet. Im Onlinemarkt liegt der Löwenanteil des Umsatzes bei den großen Unternehmen wie *Otto*, *Amazon* & Co. In den letzten Jahren etablierten sich aber auch viele Start-ups. *Zalando*, *myMüsli* und auch viele Ladenbesitzer stiegen in den Onlinehandel ein und zeigen mit enorm wachsenden Umsatzzahlen, dass sich das lohnen kann. Voraussetzung ist allerdings, dass die Geschäftsidee tragfähig ist und Sie sich von den Mitbewerbern abheben. Es macht wenig Sinn, der zehntausendste Computerhändler im Netz zu sein und mit einem schnell aufgebauten und lieblosen Online Shop Umsätze zu erwarten.

Tipp
Ein kinderleichtes Onlinetool zum Erstellen eines Mindmaps finden Sie unter **https://bubbl.us**.

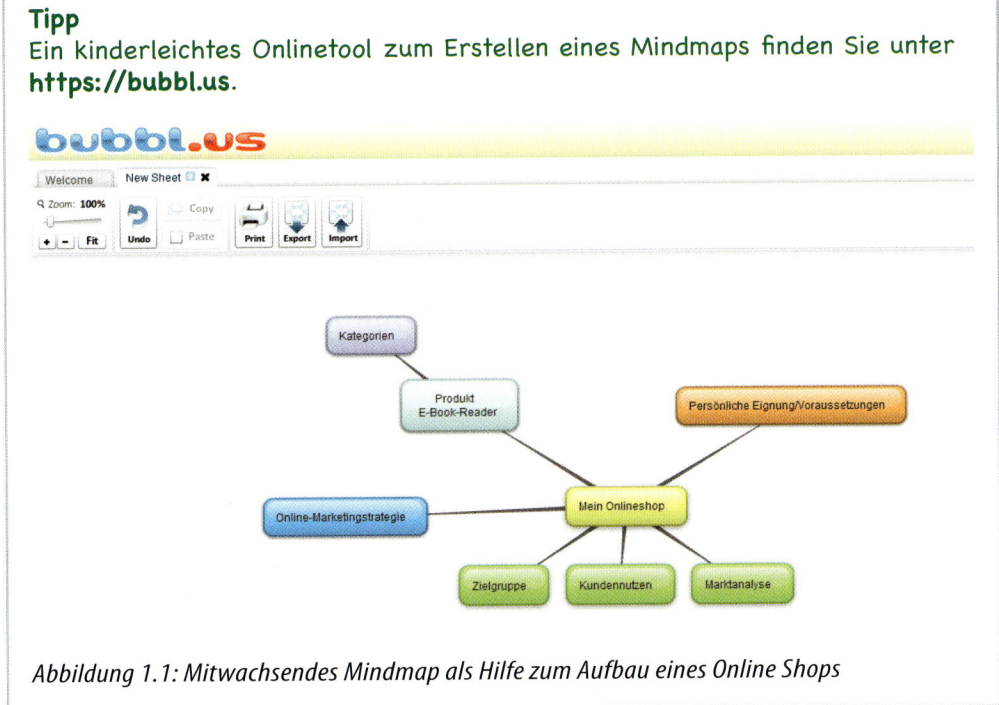

Abbildung 1.1: Mitwachsendes Mindmap als Hilfe zum Aufbau eines Online Shops

1.2 Die Zielgruppe

Kennen Sie die Zielgruppe, die Ihre Produkte braucht und kauft? Kennen Sie ihre Wünsche? Sind es Firmen, Privatleute, Männer, Frauen, Kinder, Senioren? Versuchen Sie zuerst, Ihre Zielgruppe, also Ihre Kunden, zu finden und kennenzulernen. Das gelingt Ihnen bestens, wenn Sie Ihre Fachkompetenz und Ihre Branchenkenntnisse einbringen. Bauen Sie Netzwerke auf, beantworten Sie Fragen in Foren oder in Weblogs. Mehr zum Thema Social Media finden Sie in *Kapitel 8*.

Gut zu wissen!
Richten Sie Shopdesign und Inhalt auf Ihre Käufergruppe aus. Versetzen Sie sich in diese Zielgruppe hinein und fühlen Sie mit ihr. So verstehen Sie Ihren Kunden besser, und der Kunde fühlt sich verstanden. Wenn Sie z. B. Ihr Angebot an Senioren richten, wählen Sie eine große Schrift und ein zurückhaltendes Layout. Werbung und Inhalte zu Partys sind hier eher fehl am Platz.

Richtige Zielgruppenansprache:

- stärkt Kaufbereitschaft

- steigert Kundenbindung

- steigert Markensympathie

- steigert Markenbekanntheit (Branding)

Wir gehen in diesem Buch davon aus, dass Sie an Endverbraucher verkaufen und nicht an Wiederverkäufer bzw. Businesskunden. Bei Geschäftskunden und Endverbrauchern sind unterschiedliche rechtliche Vorgaben zu beachten. Näheres dazu finden Sie in *Kapitel 4*.

1.3   Das Alleinstellungsmerkmal

Ihr Onlineangebot muss dem Kunden einen echten Nutzen und einen Mehrwert bringen, den nur Ihr Produkt bietet, ein sog. Alleinstellungsmerkmal. Heute reicht es nicht mehr aus, „nur" ein tolles Produkt zu haben. Überzeugen Sie den Kunden von den Vorteilen, so haben Sie den gewünschten Erfolg. Schaffen Sie dies nicht, wird das Produkt sicherlich nicht gekauft.

Beispiel: Sie bieten einen speziellen Kundenservice oder Anleitungen zum Produkt. Je nach Ihrem Produkt- und Dienstleistungsangebot kann der Inhalt beschreibend, helfend, aktuell, informativ, spannend, unterhaltsam oder lustig sein.

1.3.1   Beratung über das Web ist heute wichtiger denn je!

Ein gutes Alleinstellungsmerkmal sind die Nähe zum Kunden und genaue Kenntnis ihrer Bedürfnisse. Foren und Webcommunitys bieten sich hervorragend dazu an, um herauszufinden, über welche Sorgen, Interessen und Bedürfnisse im Zusammenhang mit Ihrem Produkt gesprochen wird. Bauen Sie auf diese Art eine engere Beziehung zu Ihren Kunden auf, dann erlangen Sie gegebenenfalls Wettbewerbsvorteile gegenüber Ihrer Konkurrenten.

Wichtig!
Lassen Sie den Kunden niemals außer Acht. Hören Sie Ihrer Zielgruppe genau zu und finden Sie Kundenwünsche heraus, die am Markt noch nicht bedient werden. Heben Sie sich von anderen Anbietern ab. Der Kunde könnte ja auch jederzeit bei der Konkurrenz bestellen.

Stehen Sie Ihren Kunden zu speziellen Fragen Rede und Antwort und beantworten Sie Mails sofort. In Ladengeschäften gehört das Beratungsgespräch zum Tagesgeschäft des Verkäufers. Geben Sie dem Kunden dieses Gefühl auch über den Online Shop weiter und bieten Sie einen funktionierenden Service an.

Die häufigsten Kundenanfragen werden gestellt zu:

- Produkt/Dienstleistung
- Produktsuche
- Lieferzeit
- Zahlungsarten
- Schnäppchen
- Bedienung
- Bestellabwicklung

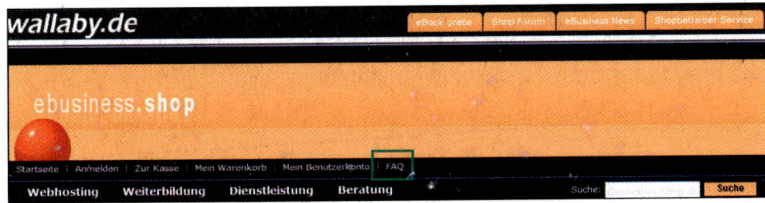

Abbildung 1.2: Link zu FAQ in der Menüleiste

> **Expertentipp**
> Listen Sie Ihre wichtigsten Antworten zu oft gestellte Kundenfragen auf und bieten Sie diese über **FAQ**, Hilfestellungen oder einen Supportbereich an. Spezielle „Fragen & Antworten" zum Produkt oder weitere Hinweise stellen Sie gleich in der Artikelbeschreibung bereit und verlinken auf Ihre Supportseiten, wie in Abbildung 1.3.

Abbildung 1.3: Übersichtliche Antwortbox zu oft gestellten Fragen

1.4   Die Marktanalyse

Sie müssen Bescheid wissen, wie, wo und warum innovative neue Geschäftsideen entstehen. Recherchieren Sie viel, denn oft entwickeln sich neue Ideen durch Beobachtung am Markt. Dieser Markt verändert sich rasant – in gesellschaftlicher, wirtschaftlicher und technologischer Hinsicht.

Bleiben Sie auch nach der Shopgründung am Ball und halten Sie Ausschau nach Neuem. Passen Sie, wenn nötig, Ihren Shop an neue Gegebenheiten an.

Im Folgenden fünf wichtige Tipps, wenn Ihre Shopidee bereits Formen angenommen hat:

Tipp 1: Überprüfen Sie immer wieder den Marktbedarf an Ihrem Produkt.
Ist generell Bedarf an Ihrem Angebot vorhanden? Ist der Kunde bereit, auch online dafür Geld auszugeben? Wieso ist Ihr Produkt besser als das der Konkurrenz?

Tipp 2: Beobachten Sie den Markt, indem Sie lesen, surfen und Gespräche führen.
Kennen Sie Ihre Branche im Netz? Was gibt es Neues? Was fehlt? Warum sollte der Kunde ausgerechnet bei Ihnen kaufen? Wo kauft der Kunde das Produkt, eher über den Katalog, im Laden oder im Online Shop?

Tipp 3: Fokussieren Sie sich auf einen Markt und auf eine Zielgruppe.
Finden und besetzen Sie Nischenmärkte und Marktlücken, dann setzen Sie auf Qualität, nicht auf Quantität. Statt in einem Online Shop Tausende von Produkten anzubieten, konzentrieren Sie sich lieber auf wenige ausgesuchte Hersteller oder eine bestimmte Produktlinie. Beispiel: Statt viele verschiedene Multimediaprodukte anzubieten, spezialisieren Sie sich auf E-Book-Reader.

Tipp 4: Überprüfen Sie die Verkaufsbedingungen.
Weist das Produkt bestimmte Eigenheiten auf? Sind besondere Qualitätsauflagen, Umweltschutzbestimmungen oder ein bestimmter Preis (Buchpreisbindung usw.) zu beachten?

Tipp
Schauen Sie sich den Online Shop Ihrer Konkurrenten an. Was fehlt dort? Bauen Sie so Ihr Alleinstellungsmerkmal auf. Beschreiben Sie schon auf der Startseite das Alleinstellungsmerkmal Ihres Online Shops mit einigen wenigen schlagkräftigen Wörtern. Vermeiden Sie langweilige Floskeln und Vergleiche.

Tipp 5: Schätzen Sie das Marktpotenzial ein.
In welchen Mengen können die Produkte verkauft werden? Machen Sie eine Hochrechnung und halten Sie die Zahl realistisch. Daraus errechnen Sie später Ihr Marktvolumen: Dies ist die Summe der tatsächlich erzielten Umsätze.

1.4.1 Eine Marktanalyse durchführen

Mit einer Marktanalyse verfeinern Sie grobes Zahlenmaterial. Betrachten Sie zuerst den gesamten Markt, dann picken Sie sich einen Teil des Kundensegments heraus. Zum Schluss schätzen Sie die Umsätze, die auf Sie entfallen könnten.

Mit welchen Hilfsmitteln führen Sie eine Marktanalyse durch?

- Internetrecherche (Konkurrenz, Analyse des eigenen Namens, soziale Netzwerke)
- Zeitschriften
- Verbände und Stammtische in der regionalen Wirtschaft
- Statistisches Bundesamt
- Marktforschungsinstitute und -unternehmen
- Kundenbefragung (Familie und Freunde, Messen)

1.4.2 Die Preiskalkulation

Eine schwierige Aufgabe ist die Kalkulation des Produktpreises. Damit Sie zumindest kostendeckend arbeiten, muss der Umsatz ausreichen. Aber Sie wollen ja auch Gewinne erwirtschaften, um davon leben zu können. Hinzu kommt, dass der Kunde keine zu hohen Preise bezahlen möchte, denn sonst kauft er das Produkt bei der Konkurrenz.

Die Balance gilt es zu finden zwischen:

- **Kostenpreis**, der alle Kosten deckt plus Gewinn
- **Marktpreis**, der sich am Kunden und der Konkurrenz ausrichtet

Gut zu wissen!
Ihre Ergebnisse aus der Marktanalyse benötigen Sie später für Ihren Businessplan, den Sie bei Bankengesprächen vorweisen sollten. Lesen Sie dazu mehr in **Kapitel 1.6**.

Tipp
Hier finden Sie viele interessante Artikel und Informationen für Ihre Marktanalyse: **marktforschung.de/studien-shop/studien-markt-analysen-marktdaten/**. Fragen Sie auch bei Ihrer regionalen Industrie- und Handelskammer. Kontaktadressen finden Sie im Web.

> **Wichtig!**
> Die geplanten Umsätze in Ihrem Businessplan zeigen Ihnen bzw. Ihrer Bank, ob Sie in der Lage sind, sowohl kostendeckend als auch rentabel zu arbeiten.

> **Gut zu wissen!**
> Als Unternehmer verwenden Sie den Begriff Umsatzsteuer (USt). Für den Endverbraucher ist dies die Mehrwertsteuer (MwSt).

Aber wie findet man den passenden Preis, also den Marktpreis? Denn das ist der Preis, der entscheidet, ob und wie viele Produkte Sie verkaufen. Zudem halten sich viele Anbieter mit „Kampfpreisen" am Markt, und da liegt der Kostenpreis über dem Marktpreis.

Finden Sie mithilfe der Preiskalkulation, auch Handelskalkulation genannt, den für Sie optimalen Absatzpreis.

Drei Preise mit drei Kalkulationsarten:

- Netto-Einstandspreis (Einkaufskalkulation)

- Nettoerlös, zahlt der Kunde (betriebliche Kalkulation)

- Bruttoverkaufspreis (Verkaufskalkulation)

Wir haben für Sie exemplarisch alle drei Kalkulationen in einer Tabelle dargestellt. Sie müssen jedoch nicht für jedes Produkt und jeden neuen Preis, den Sie errechnen müssen, eine Kalkulation erstellen. Das wäre auf Dauer sehr mühsam. Ein einziges Mal zu Beginn der Existenzgründung reicht aus. Daraus lassen sich Prozentsätze erarbeiten, auch Faktoren oder Schlüsselzahlen genannt, die Sie künftig heranziehen, sodass Sie Ihren Bruttoverkaufspreis schneller errechnen. Eine Korrektur der Sätze ist evtl. notwendig, sobald eine neue Umsatzberechnung vorliegt.

Informieren Sie sich über die Preise Ihrer Mitbewerber im E-Commerce-Bereich und auch im Ladengeschäft und prüfen Sie anhand Ihrer eigenen Einkaufskonditionen, mit welchen Aufschlägen gerechnet wird. Je gründlicher Sie recherchieren, umso genauer wird Ihre Umsatzprognose. Marktanalysen und Branchenerfahrung helfen bei der Preiskalkulation und Umsatzplanung.

1.4.3   Kalkulieren Sie Ihren Unternehmerlohn

Machen Sie einen privaten Liquiditätsplan und notieren Sie darin alle regelmäßig anfallenden Ausgaben. Am einfachsten geht dies mit Excel. Suchen Sie aus Ihrem Kontoauszug des Vorjahres die monatlichen, vierteljährlichen, jährlichen oder andere periodische Zahlungen.

Art der Kalkulation	Preis
Einkaufskalkulation	Netto Listeneinkaufspreis - Rabatte/Handelsspanne 25 % -- = Ziel**einkaufs**-/Rechnungspreis - Skonto 2 % -- = Bareinkaufspreis + Bezugskosten (ohne USt) -- = **Nettobezugs-/Einstandspreis**
Betriebliche Kalkulation	**Nettobezugs-/Einstandspreis** + Handlungskostenzuschlag 25 % -- = Selbstkostenpreis + Gewinn 15 % -- = **Nettoerlös/Barverkaufspreis**
Verkaufskalkulation	**Nettoerlös/Barverkaufspreis** + Kundenskonto 3 % -- = netto Ziel**verkaufs**-/Rechnungspreis - Kundenrabatt 10 % -- = Listenverkaufspreis + Umsatzsteuer 19 % -- = **Bruttoverkaufspreis**

Tabelle 1.1: Kalkulationsübersicht zur Preisfindung

Tipp
Der Handlungskostenzuschlag umfasst Kosten für den Betrieb wie Personal, Raum, Abschreibungen. Es sind also festliegende fixe Kosten für einen bestimmten Zeitraum.

Wie man den Prozentsatz genau ausrechnet, lesen Sie auf der Website **bkb-netz1. dynalias.org/grantz/ wirt/marketing/preis/ handlungskosten- zuschlag.html**.

1.5 Die persönliche Eignung

Der Schlüssel zum Erfolg sind nicht nur ein gutes Produkt und effektive Online-werbung. Auch Sie als der Gründer sind ein Teil davon, denn Sie leiten das Unternehmen und treffen Entscheidungen. Gerade zu Anfang eines Online Shops ist Durchhaltevermögen gefragt, und im weiteren Verlauf müssen evtl. auch Zeiten des Misserfolgs überbrückt werden.

Fragen Sie sich: Bin ich ein Unternehmertyp,

- der auch am Wochenende bereit ist, für seine Kunden zur Stelle zu sein?

- der genug Zeit und Geld für die Startphase aufbringen kann?

- der kommunikationsfähig ist?

- der Durchsetzungsvermögen hat?

- der seine Stärken und Schwächen kennt?

Weitere Fragen über Ihre persönliche Eignung wie Kritikverträglichkeit, Risikobereitschaft, Entscheidungsfreudigkeit, unternehmerischer Mut oder Kommunikations- und Motivationsfähigkeit können Sie online testen. Verwenden Sie dazu die Checkliste „Dreh- und Angelpunkt: die Gründerperson" des Bundesministeriums für Wirtschaft und Technologie.

Prüfen Sie auch Ihre persönlichen und fachbezogenen Voraussetzungen wie:

- fachliches Know-how

- persönliche Motivation (neugierig und wissbegierig)

- technisches Interesse und internetaffin

- kaufmännisches Grundlagenwissen

Auf kaufmännisches Wissen können Sie auf keinen Fall verzichten. Als Shopbetreiber ist das ein absolutes Muss. Zudem sparen Sie Geld, wenn Sie sich selbst um die Buchhaltung kümmern und diese nicht extern von einem Steuerberater erledigen lassen müssen. So wissen Sie über Ihren Umsatz/Gewinn schneller Bescheid und können gegebenenfalls frühzeitig entsprechende Maßnahmen ergreifen.

Tipp
Checklisten und Übersichten finden Sie beim **Bundesministerium für Wirtschaft und Technologie (BMWi)** unter **www.existenzgruender.de**.

Gut zu wissen!
Fragen Sie sich: Wie sieht Ihre Familie diese Idee? Steht sie hinter Ihrem Vorhaben, auch wenn Sie weniger Zeit für sie haben oder finanzielle Einbußen hinnehmen müssten?

Betriebseinnahmen	
Umsatzeinnahmen (Warenverkäufe, Honorare, Provisionen)	61.545,00 €
Vereinnahmte Umsatzsteuer	9.600,00 €
Eigenverbrauch (private Nutzung von Kfz, Telefon usw.)	350,00 €
----	----
Summe Betriebseinnahmen	**71.495,00 €**
Betriebsausgaben	
Wareneinkäufe einschließlich Nebenkosten	29.350,00 €
Gezahlte Vorsteuer	4.725,00 €
Bezogene Fremdleistungen (Dienstleistung, Marketing)	3.802,00 €
Personalkosten (Lohn, Gehalt, Versicherungen)	1.205,00 €
Absetzungen für Abnutzung	1.800,00 €
Aufwendungen für geringwertige Wirtschaftsgüter bis 410 € (ab 2008: 150 €)	708,00 €
Kraftfahrzeug- und sonstige Fahrtkosten	450,00 €
Miet- und Raumkosten	0,00 €
Finanzierungskosten (Schuldzinsen, Leasingraten)	0,00 €
Versicherungen	1.215,00 €
Beschränkt abziehbare Ausgaben (Geschenke, Bewirtung) Unbeschränkt	160,00 €
Unbeschränkt abziehbare Ausgaben (Porto, Telefon, Bürobedarf, Fortbildung, Fachliteratur, Rechts-/Steuerberatung, Buchführung)	845,00 €
----	----
Summe Betriebsausgaben	**44.260,00 €**
Gewinnermittlung	
Summe Betriebseinnahmen	71.495,00 €
– Summe Betriebsausgaben	44.410,00 €
----	----
Gewinn oder Verlust	**27.085,00 €**

Abbildung 1.4: Selbst erstellte Einnahmenüberschussrechnung

> **Wichtig!**
> Achten Sie auf zu hohe Kosten, niedrige Rentabilität, sinkende Gewinne und Umsätze. Die Insolvenz ist die Folge für zu spätes Einschreiten.

1.5.1 Weiterbildung und Beratung

Wie sieht es mit Ihren betriebswirtschaftlichen Kenntnissen aus? Gibt es da Lücken? Welche Begriffe zu Buchführung & Co. kennen Sie und wie werden sie angewendet? Machen Sie sich Notizen und fragen Sie sich ehrlich, in welchen Bereichen Sie sich auskennen. Vielleicht kann Sie der eine oder andere Bekannte unterstützen und erste Tipps geben.

Wichtige Grundkenntnisse

1. Betriebliches Rechnungswesen (Grundsätze ordnungsgemäßer Buchführung (GoB)

2. Rechtsgrundlagen (Steuer-, Vertrags-, Arbeits- und Onlinerecht)

3. Vertrieb und Marketing

4. Lohn- und Gehaltsabrechnung (optional, falls Sie Mitarbeiter einplanen)

Sollten Ihnen diese Kenntnisse fehlen, schließen Sie Ihre Wissenslücken. Als ersten Schritt können Sie sich mit einem Fachbuch über wichtige Grundlagen informieren. Später besuchen Sie Kurse, um Ihr Wissen zu festigen und zu erweitern.

Deutschlandweite Schulungs- und Seminaranbieter:

- KURSNET – Das Portal der Bundesagentur für Arbeit
  `kursnet-finden.arbeitsagentur.de/kurs/index.jsp`

- DIHK Service GmbH mit Weiterbildungsportal der IHK – `wis.ihk.de`

- Volkshochschule mit preiswerten Kursen in Ihrer Nähe – `vhs.de`

- Seminus mit Weiterbildungsplattform im Internet – `seminus.de`

Schulungen werden finanziell gefördert

Spezielle bundesweite Informations- und Schulungsveranstaltungen zu verschiedenen Themen der Existenzgründung und Unternehmensführung finden Sie beim Bundesministerium für Wirtschaft und Technologie. Der Bund und der **Europäische Sozialfonds** (ESF) fördern diese Veranstaltungen.

Beratung

Gerade zu Beginn der Selbstständigkeit stehen jede Menge Fragen und Entscheidungen an. Und es ist nicht immer einfach, Entscheidungen zu treffen. Auch wenn Sie gerade denken: „Da lass ich mir nicht helfen, schließlich kostet das Geld, und das möchte ich lieber anderswo investieren.", sollten Sie nochmals in aller Ruhe überlegen, ob es nicht sinnvoller ist, in einen professionellen Berater zu investieren, als viel Zeit und Energie zu verschwenden. Zudem müssen Sie auch hier nur

> **Expertentipp**
> E-Learning – lernen Sie in Onlineseminaren und Webinaren. Dies sind webbasierende Trainingseinheiten, an denen Sie bequem und zu jeder Zeit teilnehmen können. Dabei verknüpfen die Dozenten den Lerninhalt mit Texten, Bildern, Sprache, Videos und Animationen, die Sie über Ihren Internetzugang und Browser abrufen. Weiterer Vorteil: Die Anreisekosten entfallen, da es ja keine Präsenzveranstaltung ist. Eine Auswahl an E-Learning-Portalen finden Sie unter **bildungsserver.de/ E-Learning-Portale-und-Verzeichnisse-Erwachsenenbildung-9745.html**.

einen Teil der Beratungskosten übernehmen. Den anderen Teil übernimmt, wie bei den Schulungsförderungen, der Bund und der Europäische Sozialfonds (ESF).

Die Förderung der Unternehmensberatung für „Kleine und Mittelständische Unternehmer" (KMUs) beinhaltet finanzielle Zuschüsse für Existenzgründungsberatungen, Existenzaufbauberatung und allgemeine Beratungen.

Die Berater helfen Ihnen bei

- der Erstellung des Businessplans
- der Wahl der passenden Firmenrechtsform: GmbH (Mini-GmbH), Ltd. usw.
- Fördermittelanträgen
- Anmeldeformalitäten und Rechtsfragen
- Vertragsprüfungen
- Firmenübernahmen

Häufig findet man vor Ort Berater, die Sie in der gesamten Gründungsphase begleiten. Es lohnt sich meist bei kleineren Unternehmensgründungen, sich einen einzigen Berater zu suchen, der Ihnen bei Bedarf weitere Fachberater empfiehlt.

1.6 Die Finanzierung

Nachdem Sie Ihre ersten Entscheidungen im Hinblick auf Shopidee, Marktanalyse und persönliche Eignung getroffen haben, erstellen Sie Ihren Businessplan, planen die Finanzierung und Firmengründung.

Eine solide Finanzierung Ihrer selbstständigen Tätigkeit ist die große Voraussetzung für Ihren Shop. Haben Sie sich einen ersten Überblick verschafft, wie viel Geld die Shopgründung kostet?

Wenn nicht, planen Sie Schritt für Schritt:

1. Erstellen Sie Ihren Businessplan.
2. Planen Sie Ihren Kapitalbedarf.

> **Gut zu wissen!**
> Das deutschlandweite Projekt „Gründerinnen-agentur" unterstützt speziell Frauen bei der Existenzgründung. In vielen Bundesländern entstanden dafür Netzwerke, Initiativen und Projekte. Neben Beratung und Qualifizierung unterstützen sie vor allem den Wandel des Frauenbildes in der Gesellschaft. Die IHK oder Agentur für Arbeit sind auch hier erste Anlaufstellen.

> **Tipp**
> Wertvolle Beratungsangebote finden Sie bei der **Beraterbörse** der **KfW Bankengruppe** unter:
> **https://gruenden.kfw.de/html/hilfe-bei-der-gruendung/**

3. Kontaktieren Sie Ihre Hausbank.

4. Beantragen Sie Fördermittel.

1.6.1   Der Businessplan

Mit dem Businessplan erarbeiten Sie schriftlich Ihr Unternehmenskonzept für Gespräche bei Banken, Beratern und Partnern. Ihr Businessplan ist das Aushängeschild Ihrer Idee, und mit ihm zeigen Sie Potenziale auf, erläutern die Umsetzung und die Ziele.

Er zeigt, ob eine Geschäftsidee erfolgreich umgesetzt werden kann – und das nicht nur Dritten. Auch Sie selbst machen sich schon während der Erstellung wichtige Gedanken zur Machbarkeit Ihres Vorhabens.

Stellen Sie den Inhalt so detailliert wie möglich dar. Ihre Geschäftspartner verstehen Ihr Vorhaben so auf Anhieb und sind leichter zu begeistern.

Wichtige Inhalte des Businessplans

1. Was steckt hinter Ihrer Idee? Erläutern Sie kurz, woraus sich Ihr Online Shop zusammensetzt und ob ein anderer Marktplatz wie ein Ladengeschäft besteht.

2. Gründerperson: Was befähigt Sie, einen Shop zu führen?

3. Produkte/Dienstleistungen: Welches Produkt bieten Sie an?

4. Markt-/Konkurrenzanalyse: Wer ist Ihr Kunde und wer Ihr Konkurrent?

5. Marketingstrategie: Welche Aktivitäten planen Sie?

6. Unternehmensorganisation: Welche Rechtsform kommt infrage? Mitarbeiter?

7. Chancen-/Risikobewertung: Wie und was könnte schiefgehen?

8. Ertrags- und Finanzplanung: Wie hoch ist Ihr Kapitalbedarf? Wie hoch ist der Gewinn?

Tipp

Zu jedem Businessplan gehören auf die ersten Seiten ein Cover und eine kurze Zusammenfassung! In den Anhang fügen Sie Ihren tabellarischen Lebenslauf und evtl. weitere wichtige Dokumente wie Gesellschaftervertrag, Gutachten, Schutzrechte, Kooperationsverträge usw. ein.

Anfangs enthält das Konzept noch wenige Informationen. Tag für Tag reift Ihr Businessplan innerhalb der dargestellten Struktur und wächst. Am Ende halten Sie ein stimmiges und strukturiertes Konzept in der Hand, das sich wie ein Puzzle aus Einzelbetrachtungen zusammensetzt.

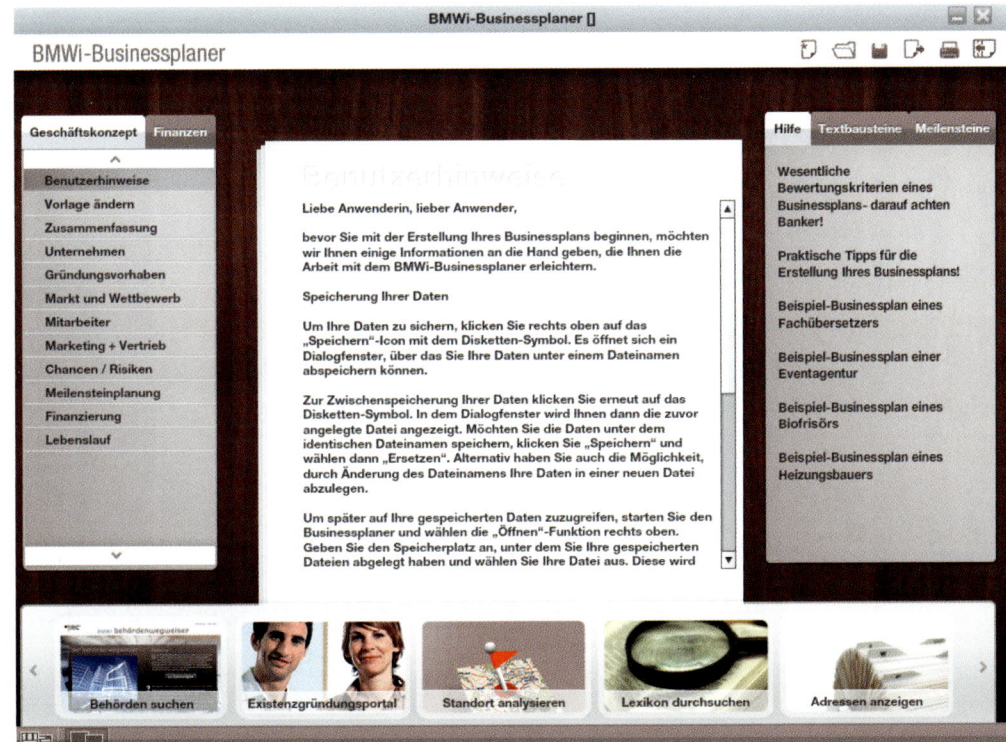

Abbildung 1.5: Startbildschirm „Businessplaner für Gründer" nach der Installation

Tipp
Unterstützung erhalten Sie mit dem Programm **Businessplaner für Gründer** vom **BMWi**. Daneben finden Sie verschiedene andere Tools, die Sie bei der Gründung prima einsetzen können: **existenzgruender.de/ gruendungswerkstatt**.

Was macht einen guten Businessplan aus?

Es ist nirgends festgelegt, wie ein Businessplan auszusehen hat. Dennoch haben sich gewisse Regeln etabliert. So haben Sie eine Richtschnur parat und können Punkt für Punkt erledigen. Behalten Sie folgende Fragen im Hinterkopf, damit Ihr Geschäftspartner merkt, wie ernst Ihnen die Planung ist.

Fragen zum Businessplan:

- Ist er **individuell** zugeschnitten auf die Gründerperson und die Shopidee?

- Ist eine **klare** Gliederung vorhanden, und erkennt man inhaltlich einen **roten Faden**?

- Bleiben Sie **sachlich** und beschränken Sie sich auf das **Wesentliche**?

- Geben Sie auf alle Fragen eine **klare und angemessene** Antwort?

- Ist Ihr Produkt **innovativ**, und ist ein **klarer Nutzen** für den Kunden erkennbar?

- Sind Sie **realistisch** oder haben Sie **übertrieben**?

- Ist Ihr Businessplan **optisch ansprechend**?

> **Tipp**
> Klammern Sie Ihren Businessplan nicht einfach nur am oberen Eck zusammen. Drucken Sie ihn am besten auf einem hochwertigen Laserdrucker auf gutem Papier aus. Anschließend stecken Sie ihn in einen schönen Hefter.

Meist umfasst ein Businessplan etwa 25 bis 35 Seiten ohne Anhang. Aus den bisherigen Gründerwettbewerben haben sich folgende Aufteilungen der Seitenanzahl bewährt, wie Abbildung 1.6 zeigt.

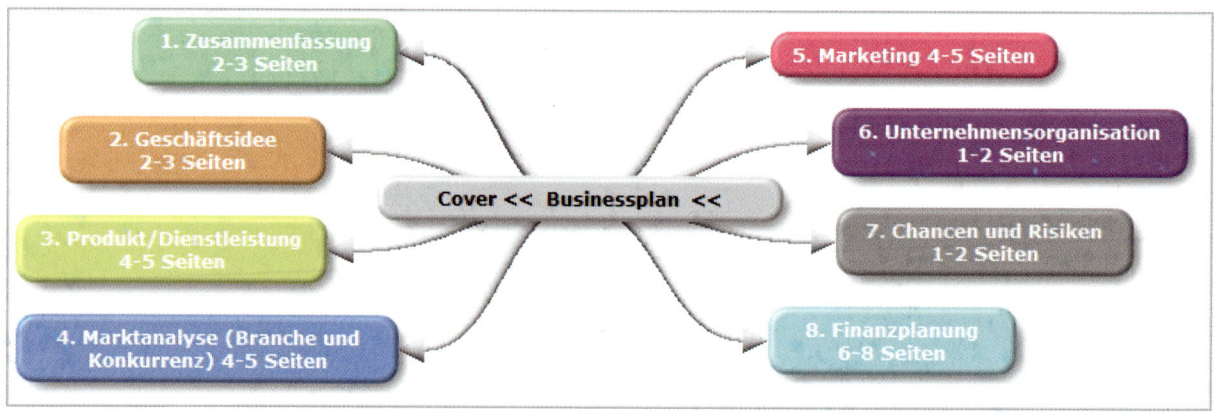

Abbildung 1.6: Seitenumfang des Businessplans

Besonderheiten im Businessplan
Es gibt noch einige zusätzliche Fragen, die Sie im Businessplan beantworten müssen. Hierbei geht es weniger um Ihre Fachkompetenz, sondern vielmehr um tech-

nische Voraussetzungen und organisatorische Entscheidungen. Damit Sie diese Fragen beantworten können, leisten wir Ihnen mit diesem Buch Hilfestellung. Die Ergebnisse halten Sie in Ihrem Businessplan fest.

E-Commerce-Zusatzinformationen:

- Ist das richtige Produkt/die richtige Dienstleistung gewählt?

- Ist das Produkt für einen Online Shop und den Marktplatz geeignet?

- Sind genügend Käufer Ihrer Zielgruppe online, und kaufen sie auch dort ein (Potenzial prüfen)?

- Sind die Rechtsvorschriften für den Onlinehandel bekannt (*Kapitel 4*)?

- Sind die technischen Voraussetzungen für den Online Shop gegeben (*Kapitel 2*)?

- Ist das gewählte Shopsystem für Ihre Bedürfnisse im Onlinehandel passend?

1.6.2 Fördermittel

Wie viel Eigenkapital bringen Sie auf? Fehlt ein Teil des Startkapitals? Das sind Fragen, die Sie sich zur Finanzierung Ihrer Shopidee stellen sollten. Der Bund, die Länder und die EU unterstützen Sie mit öffentlichen Förderprogrammen und Fördergeldern.

In Ihre Kapitalbedarfsplanung fließen ein:

- Zins- und Tilgungskosten von Krediten

- Gründungs- und Investitionskosten

- laufende Betriebskosten

Wie schon erwähnt, legen Sie Ihr Unternehmenskonzept im Businessplan fest. Ihren Geschäftspartnern dient er als Nachweis für Ihre fachliche und kaufmännische Qualifikation. Die Investitions- und Rentabilitätsplanung ist der Teil, der Banken am meisten interessiert. Sind Sie Existenzgründer, dann erwartet der Geldgeber, dass eine tragfähige **Vollexistenz** als Haupterwerb entsteht.

Tipp
Überlegen und prüfen Sie, welche Shopsoftware infrage kommt, um die Kosten im Businessplan darzustellen. Handelt es sich um eine Miet-, Kauf- oder Open-Source-Lösung? Lesen Sie dazu mehr in **Kapitel 2**.

Gut zu wissen!
Neben dem persönlichen Eindruck Ihrerseits zählen entscheidende Sicherheiten und eine profitable Rentabilitätsvorschau, um ein gelungenes Verhandlungsergebnis bei der Bank zu erreichen. Vergessen Sie nicht, Ihre Privatentnahmen in Ihre Finanzplanung mit einzuberechnen. Damit bestreiten Sie Ihren zukünftigen Lebensunterhalt. Denken Sie daran, Sie haften als Gründer privat für Ihr Vorhaben, erst recht bei einer GmbH-Gründung.

Tipp
Eine Datenbank für Förderprogramme, Förderassistent und Finanzhilfen des Bundes, der Länder und der EU der **BMWi** finden Sie unter **foerderdaten-bank.de**.

Die wichtigsten Förderprogramme für Gründer

Die Bank übernimmt für Sie, je nach Fördermittel, die Beantragung der Gelder und verlangt in der Regel für den Kredit von Ihnen gewisse Sicherheiten. Bei bestimmten Förderprogrammen kann die Bank jedoch eine **Haftungsfreistellung** beantragen. Für die Bank mindert sich somit das Ausfallrisiko, falls Ihre Sicherheiten zu gering ausfallen.

Spezielle Hilfen für Existenzgründer von Bund und Länder:

- **Mikrodarlehen**:
  Kleinkredite für die Selbstständigkeit (5000–10 000 Euro, Laufzeit: 2–5 Jahre)

- **ERP-Gründerkredit-StartGeld**:
  für Existenzgründer, Unternehmer und Freiberufler (bis 100 000 Euro, Laufzeit: 5–10 Jahre, auch für Nebenerwerb, wenn er später zum Haupterwerb wird)

Abbildung 1.7: KfW Bankengruppe förder Existenzgründer (kfw.de)

Vom Bund können Existenzgründer einen *Gründungszuschuss* über die *Agentur für Arbeit* erhalten, wenn gewisse Voraussetzungen gegeben sind. Dieser „kann" bewilligt werden, muss aber nicht. Einiges wurde im Jahr 2012 angepasst oder neu in das Gesetz mit aufgenommen.

Voraussetzungen für einen Gründungszuschuss:

- **Arbeitslosigkeit**, kein Anspruch bei Beschäftigung

- **Arbeitslosengeld**-**Restanspruch** von mindestens 150 Tagen

- **Businessplan**, der von einer fachkundigen Stelle auf Tragfähigkeit geprüft ist

- **Eignung** und **Kenntnisse** des Gründers für eine Selbstständigkeit

- Der Antragsteller darf das **65. Lebensjahr** nicht vollendet haben.

- Die Existenzgründung muss eine **hauptberufliche Tätigkeit** sein.

Der Gründungszuschuss ist aufgeteilt in zwei Phasen. In der ersten Phase erhält der Gründer für 6 Monate sein bisheriges Arbeitslosengeld plus 300 Euro als pauschalen Zuschuss für die Sozialversicherung. In der nächsten Phase kann die *Bundesagentur für Arbeit* diesen Zuschuss über 300 Euro für weitere 9 Monate gewähren.

Für die gesamte Zeit errechnet sich somit ein nicht rückzahlbares Fördermittel in Höhe von insgesamt 4500 Euro, wenn es voll genehmigt wurde.

> **Tipp**
> Starten Sie die Finanzierungsmaßnahmen so früh wie möglich und nicht erst, wenn Sie merken, dass Ihnen Kapital fehlt!

1.7 Rechtsformen für Unternehmer

Einen Online Shop gründen Sie als Einzelunternehmen oder Personengesellschaft. Das Einzelunternehmen ist eine übliche Unternehmensform, welche für viele kleine Existenzgründer der ideale Einstieg ist. Als offiziellen Geschäftsnamen führen Sie als Einzelunternehmer Ihren Familiennamen und mindestens einen ausgeschriebenen Vornamen, z. B. Klaus Muster.

Zusätzlich können Sie eine Geschäftsbezeichnung wählen, wie etwa „Max Mustermann Computerhandel". Eine Geschäftsbezeichnung ist frei wählbar und wird nicht in das Handelsregister eingetragen. Vor allem im Internetbereich nutzen viele Unternehmer werbewirksame Namen wie *mymüsli.com*. Aber die Geschäftsbezeichnung hat keinerlei rechtliche Befugnisse.

Vorteile des Einzelunternehmens:

- sehr geringe Gründungsformalitäten und -kosten

- Inhaber hat alleinige Entscheidungsbefugnis

- Einkünfte steuerlich mit anderen Einkommensquellen verrechenbar

> **Gut zu wissen!**
> Gerade für Sie als Online Shop-Betreiber ist es gut, wenn Geschäftsbezeichnung und Domainname übereinstimmen. Lesen Sie mehr zur Domainwahl in **Kapitel 2**.

Gründen Sie eine GmbH, ist dies eine Personengesellschaft und muss ins Handelsregister eingetragen werden. Neben dem Firmennamen erhält die Firma einen Zusatz wie „Modena 24 GmbH". Unter einer Firma (Firmennamen) versteht das Handelsgesetzbuch (HGB) den Handelsnamen eines Kaufmanns, der den Firmennamen zwingend in das Handelsregister eintragen lassen muss. Seit der Reform des Handelsgesetzbuchs ist es auch erlaubt, reine Sach- oder Fantasienamen zu führen.

Vorgabe für Firmennamen	Vermeiden Sie ...
Kennzeichnungs- und Unterscheidungskraft	Branchenbezeichnungen (Reifen GmbH)
Nicht irreführen	eine Übertreibung: Modena Deutschland GmbH für eine Einzelkämpferfirma
Beinhaltet Rechtsformzusatz	das Fehlen des Zusatzes GmbH am Firmennamen (im Impressum, Briefkopf)

Tabelle 1.2: Die wichtigsten Vorgaben für einen registrierten Firmennamen

> **Tipp**
> Mini-GmbH – Seit 1.11.2008 gibt es diese neue Rechtsform, auch 1-Euro-GmbH genannt. Mit nur 1 Euro Stammkapital können Sie damit eine GmbH gründen. Lesen Sie mehr dazu auf **gruenderszene.de/finanzen/wie-grundet-man-eine-mini-gmbh**.

Kleingründung vs. Kleinunternehmer

Kennen Sie den Begriff **Kleingewerbe**? Diesen dürfen Sie nicht mit dem Begriff **Kleingründung** verwechseln. Bei einer Kleingründung starten Sie mit wenig Eigenkapital und sind als Gründer der einzige Mitarbeiter. Man spricht von einer Kleingründung, wenn weniger als 60 000 Euro investiert und dafür weniger als 50 000 Euro Darlehen aufgenommen werden.

Hingegen gelten Sie als **Kleinunternehmer** (= Kleingewerbe), wenn Sie:

- im Vorjahr einen Bruttoumsatz unter 17 500 Euro erzielten,

- im laufenden Jahr einen Bruttoumsatz von 50 000 Euro nicht übersteigen.

Für Kleinunternehmer gibt es eine besondere Umsatzsteuerregelung. Die sogenannte Kleinunternehmerregelung befreit Sie von der Verpflichtung, Ihre Umsätze mit der Umsatzsteuer zu belasten und auf der Rechnung auszuweisen.

Sie senken mit diesem legalen Trick Ihren Verkaufspreis um die Höhe der Umsatzsteuer. Verkaufen Sie Ihre Waren lediglich an Endverbraucher, ergibt dies weder für Sie noch für Ihren Kunden einen Nachteil.

Durch die Kleinunternehmerregelung geben Sie beim Finanzamt keine Umsatzsteuervoranmeldung ab. Sie dürfen aber selbst auch keine Vorsteuer geltend machen. Möchten Sie diese Regelung in Anspruch nehmen, so vermerken Sie die obigen Angaben zum Umsatz schon bei der Meldung ans Finanzamt.

> **Tipp**
> Mehr Informationen finden Sie beim **GründerService Deutschland** und in der Broschüre **Kleingründungen**, die Sie online bestellen oder herunterladen können. Die Broschüre „Gründerzeiten: Kleingründungen" finden Sie auf **bmwi.de**.

1.8 Anmeldeformalitäten

Beim Start Ihres Unternehmens als Existenzgründer müssen Sie eine Reihe von Anmeldeformalitäten und gesetzlichen Vorschriften beachten. Beim zuständigen Gewerbeamt der Gemeinde bzw. Stadt muss jeder als Erstes sein Gewerbe als Tätigkeit anmelden. Vermeiden Sie Rückfragen und erscheinen Sie persönlich beim Gewerbeamt. Zur Anmeldung bringen Sie Ihren Personalausweis und die Gebühr mit.

Von dieser **Gewerbeanmeldung** erfahren mehrere Behörden, Institutionen und Träger. Sie erhalten automatisch von dort Formulare zu weiteren Anmeldungen.

Die wichtigsten Anmeldestellen sind:

1. **Finanzamt**: erteilt Steuernummer und Umsatzsteuer-Identifikationsnummer
2. **Industrie- und Handelskammer (IHK)**: Interessenvertretungen für Gewerbe
3. **Agentur für Arbeit**: Betriebsnummer für eigene Mitarbeiter
4. Optional: **Amtsgericht**: Eintragung ins Handelsregister (falls erforderlich)
5. Optional: **Berufsgenossenschaft:** Unfallverhütung und Unfallversicherung

Eröffnen Sie einen Online Shop, dann führen Sie laut Gewerbeverordnung in erster Linie ein **Gewerbe**. Denn Sie sind auf Gewinnerzielung ausgerichtet, selbstständig tätig und führen dies nicht nur gelegentlich aus, sondern fortgesetzt. Klingt etwas überzogen, ist aber in der Gewerbeverordnung so nachzulesen.

Jeder, der im Netz also „gewerblich" auftritt und eine Rechnung ausstellen möchte, benötigt eine Gewerbeanmeldung.

Finanzamt

Ihnen wird ein Fragebogen zur steuerlichen Erfassung zugesandt. Darin beantworten Sie verschiedene Fragen, die Ihren zukünftigen Umsatz (Einkünfte) und die Tätigkeit betreffen. Nach der Bearbeitung Ihrer Gewerbeanmeldung erhalten Sie Ihre Steuernummer.

Industrie- und Handelskammer

Da die *IHK* eine gesetzlich vorgeschriebene Interessenvertretung für Industrie und Handel ist, sind alle Gewerbetreibenden darin Pflichtmitglieder. Die Höhe des Gewerbeertrags teilt das Finanzamt automatisch auch Ihrer zuständigen *IHK* mit. Daraus berechnet sich Ihr Mitgliedsbeitrag. Der Beitrag beläuft sich je nach Betriebsgröße auf 25 bis 500 Euro pro Jahr. Dafür erhalten Sie so manche Beratungsgespräche und Informationsmaterialien gratis. Falls Sie keinen Gewerbeertrag anzeigen, zahlen Sie einen geringen Grundbetrag bzw. gar keinen.

> **Gut zu wissen!**
> Ihre **IHK** vor Ort macht kostenpflichtige Angebote, wie z. B. die fachkundige Stellungnahme zu Ihrem Businessplan.

Agentur für Arbeit

Sobald Sie in Ihrem Betrieb einen Mitarbeiter beschäftigen, brauchen Sie eine Betriebsnummer für die Meldung zur Sozialversicherung. Die Betriebsnummer wird erst zugeteilt, wenn Sie Ihr Unternehmen bei der *Agentur für Arbeit* mit einem formlosen Schreiben melden.

Fazit

Wenn Sie sich intensiv mit den Themen Zielgruppe, Marktanalyse, Preiskalkulation, Finanzierung und persönliche Eignung beschäftigen, erkennen Sie frühzeitig mögliche Chancen und Risiken für Ihre Existenzgründung. Mit diesen Erkenntnissen bauen Sie eine stabile und erfolgversprechende Firmengründung auf.

Ich bin nicht kompliziert,
sondern eine Heraus-
forderung

Sticky Jam Magnet

Kapitel 2

Shopumgebung und Shopkonzept

Zu Beginn des Kapitels erfahren Sie, worauf es bei der Provider- und Domainwahl für ein Shopsystem ankommt, und lernen die unterschiedlichen Shopsysteme kennen. Sie entscheiden, welche Schnittstellen „Zahlungsmodule und Versandlösungen" Sie den Kunden anbieten wollen. Mit diesem Wissen fassen Sie alles Wichtige zu einem sinnvollen Shopkonzept zusammen.

Ein gut gehendes Onlinegeschäft braucht neben der passenden Geschäftsbezeichnung (*Kapitel 1*) einen einprägsamen Domainnamen, einen vertrauensvollen Provider und eine passend ausgewählte Shopsoftware.

Entscheiden Sie sich für einen Mietshop, enthält das Mietpaket meist schon ausreichend Webspace. Der Begriff Webspace bezeichnet den Speicherplatz auf einem Webserver, auf den ein Surfer über das Internet auf Dateien zugreift. Bei der Bestellung geben Sie den gewünschten Domainnamen an, unter dem der Shop erreichbar sein soll (*Kapitel 2.2*).

2.1   Der geeignete Domainname

Geht es Ihnen auch so? Sie haben bereits die zündende Idee für einen Domainnamen im Kopf und wollen sofort loslegen. Überstürzen Sie nichts und prüfen Sie ihn erst einmal anhand von wertvollen Merkmalen.

Gut zu wissen!
Leicht zu merken und eine Hilfe ist die Überlegung anhand des sogenannten Espresso-Prinzips: Klein – stark – schwarz. Für Domainnamen heißt es dann: Kurz – einprägsam – beschreibend.

Merkmale für den Domainnamen

Kriterien	So ist es besser …	Vermeiden Sie …
Kurz	dank der Kürze weniger fehleranfällig und leichter zu tippen: *sixt, ebay, dell, tui, otto*	Viele Buchstaben erschweren das Eintippen einer Domain: Produktpreiswertkaufen.de.
Einprägsam	dank einfacher Silben, Reime oder Wortspiele leichter zu merken: *Cocacola, allesklar, mut*	Bindestriche und Zahlen sind schwerer zu sprechen und zu schreiben: cappuccino24-produkte.
Beschreibend	dank des Namens, der das Produkt beschreibt, leichter assoziierbar: *autoscout, pc-welt, holidaycheck*	Fremdwörter, die viele User nicht verstehen oder schwer buchstabieren können

Tabelle 2.1: Merkmale und Grundregeln für Domainnamen

Tipp
Firmennamen werden in das Handelsregister eingetragen (**Kapitel 1**). Diese Eintragung gewährleistet dem Inhaber das alleinige Recht an dessen Nutzung. Eine eingetragene Firma besitzt demzufolge ältere Namensrechte, verzichten Sie daher besser auf Domains mit Markennamen. Durch die Markenrechtsverletzung drohen Ihnen unnötige Rechtskosten und der Verlust der Domain. Mindern Sie durch ausreichende Recherche dieses Risiko oder beauftragen Sie im Zweifelsfall für die Prüfung der Wunschdomain einen Fachanwalt für Domainrecht.

2.1.1 Domain-Registrierungsrichtlinien

Einprägsam, kurz, einfach, einzigartig und obendrein auch noch beschreibend – das sind die bestmöglichen Eigenschaften, die Ihr Domainname besitzen sollte. Daneben gibt es auch Richtlinien der Vergabestellen, das ist z. B. die *DENIC* für .de-Domains.

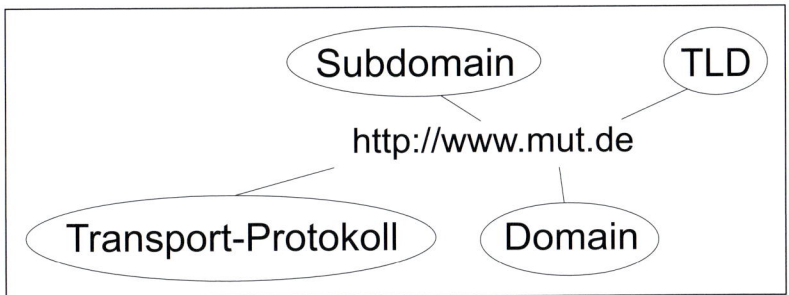

Abbildung 2.1: Aufbau einer Internetadresse (URL)

Gut zu wissen!
TLD steht für Top-Level-Domain und ist die oberste Ebene der Domain. Domains bestehen aus einer Folge von Begriffen, die durch Punkte voneinander getrennt sind. Die **TLD** bezeichnet dabei den letzten Begriff dieser Folge und stellt die höchste Ebene der Namensauflösung dar, wie .de für DE-Domains.

Beachten Sie:

1. Die Domain kann aus Ziffern (0 bis 9), Bindestrichen, den Buchstaben A bis Z und den weiteren Buchstaben bestehen, die bei der *DENIC* aufgeführt sind.

2. Sie muss mit einer Ziffer oder einem Buchstaben beginnen oder enden. Es darf an dritter UND vierter Stelle kein Bindestrich sein.

Fehlerhaft wären z. B.: -shop.de, shop-.de, sh--op.de.

3. Sie besteht in der Regel aus mindestens 1 bis maximal 63 Zeichen. Fehlerhaft wäre z. B.: ein-domainname-mit-64-zeichen-wenn-wir-uns-nicht-verzaehlt-haben.de.

Tipp
Lesen Sie die kompletten Domainrichtlinien der **DENIC** incl. der technischen Richtlinien bei Bedarf nach unter: **denic.de/domains/ allgemeine-informationen/domainrichtlinien. html**

4. Es wird nicht unterschieden zwischen Groß- und Kleinschreibung. Identisch sind z. B.: telecom.de, Telecom.de, TeLeCom.de.

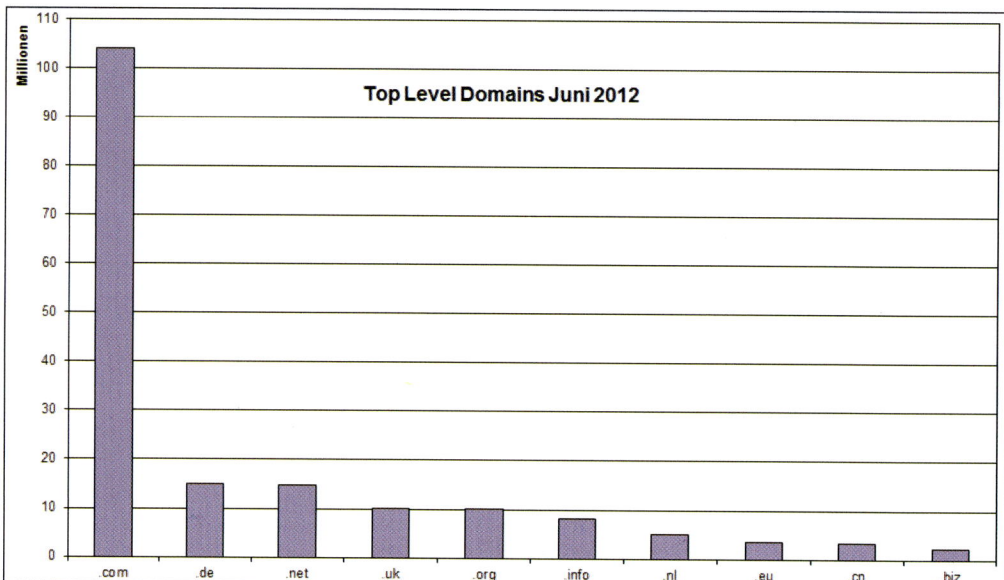

Abbildung 2.2: Domainzahlen der großen TPL-Domains (denic.de)

2.1.2   Tipps zur Wahl des Domainnamens

Die Namenswahl einer .de-Domain wird immer schwieriger, da das Angebot immer knapper wird. 15 Millionen .de-Domains sind bereits registriert. Überlegen Sie sich verschiedene Namen und prüfen Sie bei *DENIC*, *INTERNIC* oder Ihrem jeweiligen Provider, welche davon noch frei sind.

Wertvolle Tipps für den richtigen Domainnamen:

- Wählen Sie eine passende Top Level Domain.

  Richten Sie Ihr Shopangebot rein an deutsche Endverbraucher, sind .de-, .net- oder .info-Domains die richtige Wahl. Für eine internationale Ausrichtung kommen eher die .com- oder die .eu-Domain infrage.

- Verwenden Sie keine Bezeichnung einer **Top Level Domain**!

Unerlaubt wären z. B. Com.de, net.de und sämtliche länderbezogene **TLD**s.

- Nutzen Sie thematisch **relevante Schlüsselwörter**!

Suchmaschinen binden bei der Indexierung die gesamte Webadresse in die Suchergebnisse ein. Dadurch erkennt der Kunde schon während der Suche, wo er nach dem Klick landen wird. Vermeiden Sie Spamwörter, z. B. gratis-versand. de, billig-einkaufen.de, besser sind Keywords, z. B. „Spielzeug", in Kombination mit dem Firmennamen (**Brand Domain**) wie spielzeug-huber.de.

- Registrieren Sie **ähnliche Schreibweisen**!

Vielleicht ergeben sich aus Ihrer Wunschdomain verschiedene Schreibweisen, die Sie bei Bedarf als zusätzliche Domains registrieren, oder Sie nehmen eine Domain einmal mit Bindestrich und einmal ohne Bindestrich, z. B. spielzeug-huber.de und spielzeughuber.de.

- Verletzen Sie **keine Markenrechte Dritter**!

Klären Sie diesen wichtigen Punkt noch vor der Registrierung, damit keine bösen Überraschungen in Ihrem Briefkasten landen. Zwar gilt der Grundsatz „First come – first served", dennoch kann die *DENIC* bei offensichtlichen Rechtsverletzungen den Registrierungsauftrag ablehnen. Im Internetrecht ist die Konkurrenz zudem recht schnell mit Mahnungen oder Unterlassungsklagen.

- Verwenden Sie **keine Ortsnamen oder Namen von Berühmtheiten**!

Personen unterliegen dem Persönlichkeitsschutz, und Städte bzw. Gemeinden haben die Rechte an Ortsnamen.

Nehmen Sie sich genug Zeit für die Domainwahl. Sollten Sie später wechseln wollen, ist das gar nicht mehr so einfach. Ihre Kunden haben bereits Ihren Shop als Favoriten bzw. Lesezeichen gespeichert, die Suchmaschinen indexierten alle URLs Ihrer Produktseiten, und mühevoll aufgebaute Backlinks gehen ins Leere. Zum Thema Backlinks finden Sie in *Kapitel 5 „Suchmaschinenoptimierung"* mehr, prinzipiell geht es hierbei um Links von externen Seiten auf eine beliebige Seite der eigenen Website.

> **SEO-Tipp**
> Keyword-Recherche mit dem **Google AdWords Keyword-Tool**: Schreiben Sie alle Begriffe auf, die Ihnen zum Shopangebot einfallen, und messen Sie ihr Suchvolumen mit dem kostenlosen Keyword-Tool unter **googlekeywordtool.com**. Welche Begriffe eignen sich am ehesten für einen Domainnamen, wenn Sie die oben genannten Tipps berücksichtigen?

Expertentipp
Ein Wechsel der Domain bedeutet einen massiven Trafficverlust für Ihren Shop. Suchmaschinen benötigen für die neue Aufnahme aller Produkt-, Kategorie- und Shoplinks mehrere Wochen und die bis dato bestehende URLs Ihres Shops gehen ins Leere. Fangen Sie dies ab mit einem Migrationsplan, indem Sie einen Umzug der Domain planen und rechtzeitig Weiterleitungen einrichten, d. h. Umleitung der alten URL auf die neue URL. Lesen Sie in **Kapitel 5**, wie das geht.

Haben Sie mithilfe dieser Anregungen Ihren Domainnamen gefunden, dann beginnt die Suche nach dem richtigen Webspace-Provider. Dort wird Ihr Domainname bei der Bestellung des Webspace-Pakets registriert.

2.2   Webhosting und Providerwahl

Wer die Wahl hat, hat auch online die Qual bei der Suche eines guten Providers für einen Online Shop. Bei einem Provider mieten Sie Ihr persönliches Webhosting. Das besteht aus der Domain und dem Speicherplatz für Ihren Shop mit den Artikelinformationen und Ihren Mailboxen. Mindestens eine oder mehrere Domains und der Datentransfer (Traffic) sollten im Preis enthalten sein.

Wie bereits erwähnt, ist es meist sinnvoller, gleich mit der Domainregistrierung zu einem Provider zu gehen, statt die Domain nur bei einem Registrar zu melden. Letzteres ist nur sinnvoll, wenn Sie schneller Ihre Domain sichern wollen. Denn nur eine Registrierung des Domainnamens können Sie bei `united-domains.de` vornehmen.

2.2.1   Webhosting-Features für einen Online Shop

Ihr zukünftiger Provider muss einige Features im Webhosting-Paket anbieten, damit eine Installation und ein einwandfreier Betrieb des Online Shops überhaupt möglich sind.

Webhosting-Features	Achten Sie auf:
Inklusivdomains	Anzahl? Top Level Domains (.de, .com, .at …)?
Speicherplatz	1 GByte oder mehr?
Transfervolumen	begrenzt oder unbegrenzt?
Datenbankanzahl	mindestens 1, besser mehrere Datenbanken?
PHP-Unterstützung	mindestens Version 5?
Mailadressen	Menge und Postfachgröße?
Subdomain (shop.name.de)	Anzahl?

Grundpreis	mtl. Kosten plus Kosten für Zusatzfeatures?
Einrichtungsgebühr	einmalige oder keine?
Hotlinekosten	kostenloser Support?
Vertragslaufzeit	monatlich oder jährlich kündbar?
Serverperformance	Prozessor und Arbeitsspeicher?
Betriebssystem (optional)	Windows oder Linux?
Backupsystem (evtl. RAID)	manuelle/automatische Sicherung auf FTP-Server?

Tabelle 2.2: Beispielhafte Webhosting-Features

> **Gut zu wissen!**
> Unter Serverperformance versteht man die Geschwindigkeit, mit der ein Server externe und interne Abfragen (Datenbankabfragen, Scripts usw.) abarbeitet. Bei hohem Besucheraufkommen auf dem Online Shop, beispielsweise zur Weihnachtszeit, sollte sich der Seitenaufruf nicht extrem verlangsamen.

2.2.2 Tarifwahl des Webhostings

Wie viele Artikel möchten Sie verkaufen? Günstige Pakete unter 10 Euro reichen in der Regel für einen kleinen Online Shop mit geringer Artikelanzahl völlig aus. Die niedrigen Preise kommen dadurch zustande, dass sich mehrere Kunden einen Webserver miteinander teilen. Sobald Sie jedoch mehrere Hundert Artikel einpflegen wollen, brauchen Sie einen leistungsfähigen und ausfallsicheren Webserver. Ein eigener dedizierter Server ist dann dringend ratsam.

Egal ob Webhosting oder eigener Webserver, planen Sie diese Kosten unbedingt in Ihren Businessplan ein, denn diese Kosten sind ein ständiger Begleiter im E-Commerce (*Kapitel 1*). Je nach Wahl zahlen Sie wenige Euros oder bis zu 200 Euro pro Monat für einen eigenen Server, die als Umsatz wieder in die Kasse zurückgelangen müssen.

> **Expertentipp**
> Nur wer sich mit Serveradministration richtig gut auskennt oder wer einen großen Shop plant, der sollte sich für einen **dedizierten**, **managed** oder **Rootserver** entscheiden. Im Unterschied zum Webhosting arbeitet ein solcher Server nur für Ihr Webangebot allein. Sie mieten somit einen kompletten physikalischen Server mit vollem Zugriff, auch auf das Betriebssystem, inklusive Stellplatz, Klimatisierung und Energieversorgung. Sie sind selbst verantwortlich für die Erreichbarkeit des Servers und somit des Online Shops und Ihrer Mailpostfächer. Solche Serverpakete sind inzwischen günstiger geworden, wobei die wirklich gut ausgestatteten Profiserver sehr teuer sind.

Gut zu wissen!
Achten Sie auf den monatlichen Grundpreis, die einmalig fällige Einrichtungsgebühr und die Vertragslaufzeit. Die Servicebedingungen sind auch ein Kriterium, das Sie dringend beachten sollten. Denn wenn der Shop einmal nicht erreichbar ist, ist eine schnelle und kostenlose Hotline Gold wert.

Wichtige einmalige bzw. regelmäßige Kosten sind dabei:

- monatlicher Grundpreis
- Bearbeitungs- und Einrichtungsgebühren
- Vertragslaufzeit – entstehen weitere Kosten nach einer Kündigung?
- Kosten für den Support

2.2.3   Webhosting-Angebote

	Einsteiger	**Fortgeschrittene**	**Profis**
Anbieter	*All-Inkl.de*	*Hetzner*	*domainFACTORY*
Tarifpaket	Premium	Level 19	ManagedHosting Pro
Speicherplatz	50 GByte	10 GByte	100 GByte
Postfachgröße/Mailadresse	5000	unbegrenzt	unbegrenzt
Transfervolumen	unbegrenzt	unbegrenzt	unbegrenzt
Inklusivdomains	5	1	keine
Datenbankanzahl	50 x MySQL	unbegrenzt	1000 x MySQL
PHP	PHP	PHP	PHP
Grundpreis	9,95 Euro/Monat	19,90 Euro/Monat	32,95 Euro/Monat
Einrichtungsgebühr	14,95 Euro	0 Euro	9,95 Euro
Vertragsmindestlaufzeit	optional, nach Wunsch	30 Tage zum Monatsende	30 Tage zum Monatsende

Tabelle 2.3: Vergleich von Webhosting-Angeboten

Obwohl im obigen Vergleich das Angebot von *Hetzner* einen geringeren Speicherplatz und weniger Inklusivdomains aufweist, ist es eher für Fortgeschrittene geeignet. Vergleichen Sie selbst zusätzliche Features auf der Website des Providers, da die Server oft sehr unterschiedlich konfiguriert sind.

Hervorzuheben sind Datenbanksysteme und PHP in Ihrem Webhosting-Paket. Denn Ihre Artikel und alle Texte, die Sie in das Shopsystem einpflegen, landen in der Datenbank, die in Ihrem Webhosting-Paket integriert und angelegt ist. Die Shopsoftware selbst ist meist auf Basis von PHP programmiert worden und benötigt für eine richtige Funktion dieses PHP auf dem Server des Webhostings. Bei PHP handelt es sich um eine serverseitig interpretierte und in HTML eingebettete Skriptsprache. Damit greift die Webseite auf Datenbankinhalte zu. Achten Sie daher auf diese Features, denn meist sind diese in einem Account für private Zwecke nicht inbegriffen.

2.3 Shopsysteme kennenlernen und vergleichen

Eine nicht ganz leichte Entscheidung für angehende Shopbetreiber ist neben der Suche des Domainnamens und der Providerwahl die Wahl der richtigen Shopsoftware. Tummeln sich doch inzwischen so viele verschiedene Anbieter am Markt. Und je größer die Auswahl und je mehr man vergleicht, umso schwieriger wird die Suche.

Das Allerwichtigste für Sie ist daher: Verschaffen Sie sich vorab einen Überblick und lernen Sie die **Auswahlkriterien** und die verschiedenen **Arten von Shopsystemen** kennen. Somit trennen Sie die Spreu vom Weizen und treffen eine bessere Entscheidung, die sich mit Ihren persönlichen Voraussetzungen und Wünschen deckt.

2.3.1 Auswahlkriterien, auf die Sie achten sollten

Bedenken Sie bei der Wahl der Software, welche zu Ihren Vorstellungen von **Kosten**, **Know-how** und **Bedienbarkeit (Administration)** am besten passt. Es bringt recht wenig, wenn der recht teure Shop im Nachhinein für Sie kaum zu administrieren ist. Zudem ist Frust vorprogrammiert, und Ihre Ziele rücken in weite Ferne.

Kosten

Gerade was die Kosten für den Shopeinstieg anbelangt, sollten Sie dazu die einzelnen Systeme unter die Lupe nehmen und auf Ihre Bedürfnisse hin ausfiltern.

Expertentipp
Möchten Sie neben Ihrem Shop auch einen Blog, eine Website auf CMS-Basis oder sogar ein Wiki installieren, ist eine MySQL-Datenbank pro Anwendung anzuraten. Dies ist einfacher zu verwalten und viel übersichtlicher, und Dritte wie Dienstleister haben somit nur Zugang zu einer Datenbank.

Gut zu wissen!
Die meisten Shopsysteme bieten eine kostenlose Testphase, die Sie unbedingt während Ihrer Konzeptphase in Anspruch nehmen sollten.

> **Drei wichtige Auswahl-kriterien für Shopsoftware**
>
> 1. Welche Produktanzahl ist machbar mit dem Shopsystem?
>
> 2. Welche Schnittstellen und Anpassungsmöglichkeiten bietet das System?
>
> 3. Welches programmiertechnische Know-how Ihrerseits ist notwendig?

Unterteilen lassen sich diese grob in Anfangs- und regelmäßige Betriebskosten. Darauf werden wir später noch näher eingehen. Denn je nach Software entstehen hohe Anfangskosten oder eher höhere monatliche Kosten.

Regelmäßige Kosten, egal welche Shopsoftware, entstehen durch:

- das Webhosting für den Shop

- den mtl. Internetzugang im Büro

- Social-Media-Kampagnen (*Kapitel 8*) und Onlinemarketing (*Kapitel 9*)

- Payment-Anbindungen (optional: Kreditkarte, *Sofortüberweisung* usw.)

und je nach Shopsoftware durch:

- die einmalige Anschaffung

- oder die laufende monatliche Mietgebühr

- die Erstinstallation durch einen Dienstleister (optional)

- die Erstkonfiguration durch einen Dienstleister (optional für Zahlungsarten, Schnittstellen) (*Kapitel 3*)

- weiteres Hinzukaufen von Modulen, Plug-ins und Zahlungsschnittstellen (*Kapitel 2.2*)

- das Shopdesign (optional: Standardtemplate oder exklusives Template)

Hinzu kommt Ihr persönlicher zeitlicher Aufwand für Planung, Umsetzung und Pflege.

Möchten Sie nur wenige Produkte (< 100) anbieten, ist anfangs ein Einstieg ohne große Shopsoftware sogar sinnvoller. Auf Plattformen wie *eBay*, *amazon* & Co. machen Sie Ihre ersten Erfahrungen und steigen dann später auf eine eigene Online Shop-Plattform um.

Know-how und Administration
Wählen Sie Ihre Einstiegs-Shopsoftware auch anhand Ihres persönlichen Technik-Know-hows und Ihrer vorhandenen Programmierkenntnisse aus. Später steigern

sich Know-how und Bedürfnisse automatisch, und Sie können in einer zweiten Phase auf eine Experten-Shopsoftware umsteigen.

Überfordern Sie sich nicht am Anfang, damit der Spaß nicht auf der Strecke bleibt.

Um einen Shop besser zu verstehen und zu administrieren, ist folgende Erklärung gerade für Neueinsteiger aufschlussreich: Die Architektur eines elektronischen Shopsystems ist unterteilt in den **Frontend**- und den **Backendbereich**. Auf das Frontend des Shops greifen Ihre Kunden per Webbrowser über das Internet zu (siehe Abbildung 2.3). Der Zugriff auf das **Backend** bleibt Ihnen als Shopbetreiber vorbehalten. Vorteil dieser Trennung: Sie können im Backendbereich arbeiten, während gleichzeitig der Kunde bestellt (Abbildung 2.4).

Damit Ihr Kunde im Frontend bestellen kann und alle Informationen zu Ihrem Unternehmen erhält, nehmen Sie im Backend einige grundlegende Einstellungen und Installationen vor.

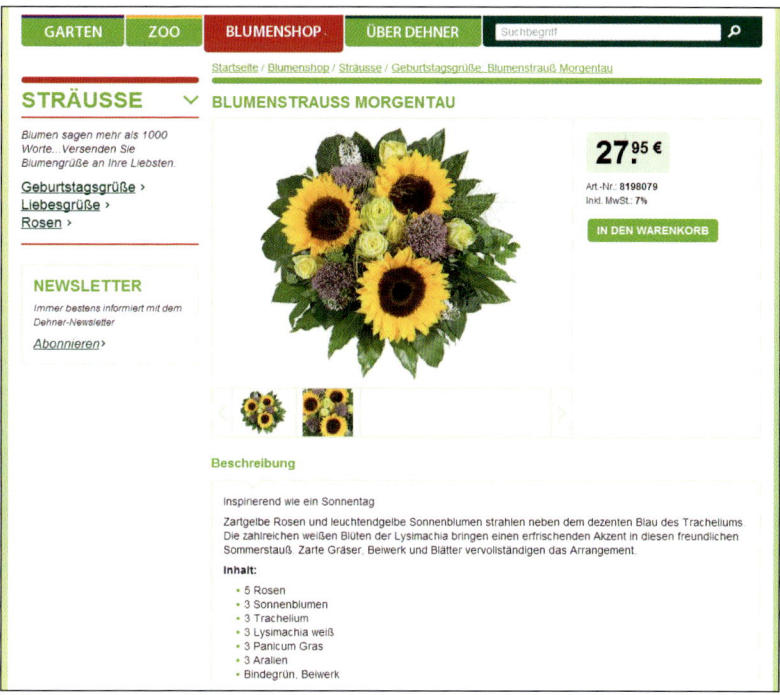

Abbildung 2.3: Frontendbereich mit Produkt- und Contentseiten

Den Backendbereich öffnen Sie je nach Shopsoftware entweder über den Webbrowser oder direkt über Ihren lokalen Rechner. Welche Aufgaben und Daten dazu zählen, erfahren Sie detailliert in *Kapitel 3*. Hier schon mal ein kurzer Überblick: Das Hauptaugenmerk liegt auf dem Produkt-, Zahlungs- und Versandmanagement und rechtlichen Teil wie Impressum, AGB, Datenschutz und Widerrufsbelehrung.

Gut zu wissen!
Im **Backendbereich** (auch bekannt als Administrationsbereich) pflegen Sie die Produktdaten, bearbeiten Bestellungen und kümmern sich um Versand und Zahlung der Waren. Bei Online Shops mit vielen Bestellungen lohnt sich die Anbindung eines Warenwirtschaftssystems. In ein solches System exportieren Sie teils automatisch alle Daten und bearbeiten diese von dort aus weiter.

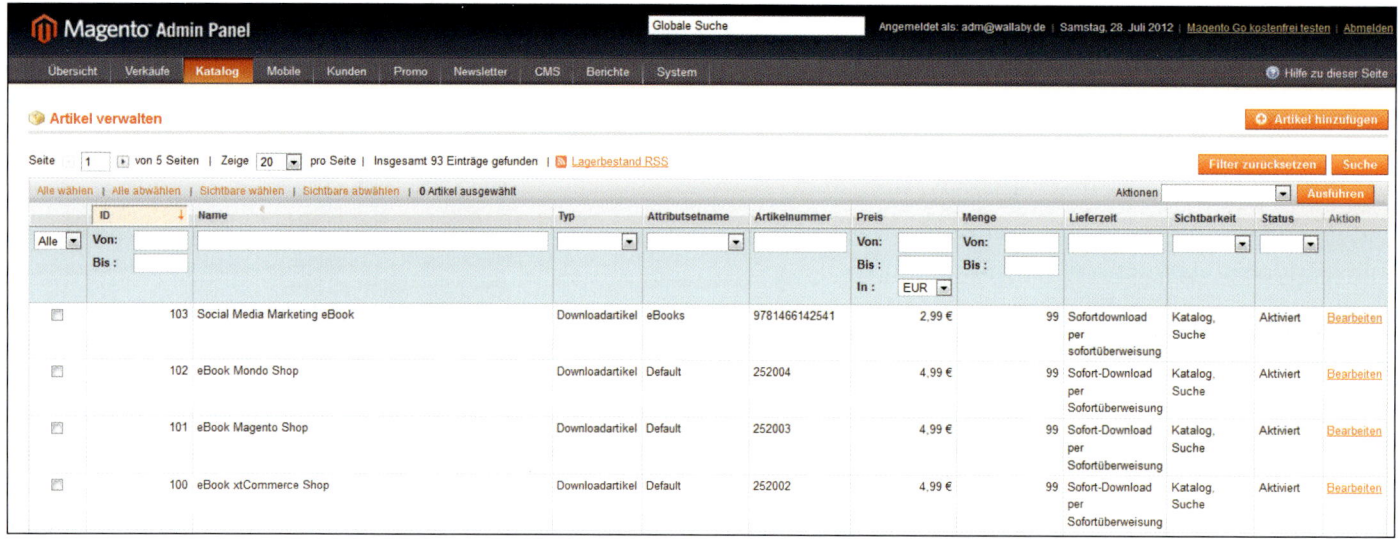

Abbildung 2.4: Backendbereich der Shopsoftware Magento

2.3.2 Miet-, Kauf- und Open-Source-Shopsysteme

Grundsätzlich werden die auf dem Markt angebotenen Softwareprodukte in drei Kategorien unterteilt:

- **Mietshop**: Die technische Struktur wird von einem Provider gestellt.

- **Kaufshop**: Standardlösung auf CD oder zum Download

- **Open-Source-Shop** (= Individuallösung): Die Software erhält man per Download und installiert sie selbst.

Eine schwere Entscheidung, daher nennen wir Ihnen hier einige Vor- und Nachteile der drei Shopsysteme.

Mietshop

Sehr gut eignen sich für Neueinsteiger **Online Shops auf Mietbasis**. Die Anfangskosten sind relativ gering, und auch das benötigte Know-how hält sich in Grenzen. Zudem steigen Sie relativ rasch in den Onlinehandel ein. Allerdings summieren sich die monatlichen Mietkosten im Laufe der Zeit.

Im monatlichen Preis inbegriffen sind häufig:

- Shopsoftware
- Domainregistrierung und Webspace
- regelmäßige Wartung und Updates des Systems
- Hilfsprogramme und Zusatzfeatures (optional)

+	Mit einem Mietshop sind Sie immer auf dem neuesten Stand!
+	Sie benötigen geringe bis keine Programmierkenntnisse!
+	Die Administration per Webbrowser ist einfach!
+	Mit einigen Zusatzfeatures wie Zahlungsoptionen und Marketing schnell erweiterbar!
-	Eine individuelle Anpassung an Ihr bereits bestehendes oder gewünschtes Warenwirtschaftssystem ist oft nicht mit der passenden Schnittstelle realisierbar!
-	Vertragslaufzeiten liegen oft bei bis zu 12 Monaten!
-	Achten Sie auch auf Ihre Produktanzahl, denn bei einigen Anbietern steigen die Grundkosten, je mehr Produkte Sie anbieten!
-	Meist können Sie nur Standarddesigns verwenden!

Tabelle 2.4: Vor- und Nachteile eines Mietshops

In relativ kurzer Zeit ist ein Mietshop aufgebaut, konfiguriert und mit wenigen Produkten schnell bestückt. Denken Sie jedoch an Ihr Marketing! Denn auch wenn der Shop bereits online ist, heißt das noch lange nicht, dass sofort viele Bestellungen eintrudeln (*Kapitel 9*).

Anbieter	Preis/Monat (netto)	Website
1&1 E-Shop	ab 20 Euro	lund1.de
apt-ebusiness GbR	ab 20 Euro	apt-ebusiness.com
Cosmo Shop ECO	ab 35 Euro	cosmoshop.de
Host Europe GmbH	ab 10 Euro	hosteurope.de

Expertentipp
Bei einem Wechsel von einer Mietlösung zu einer anderen Shopsoftware ist die Übernahme der Shopdaten nicht immer möglich. Achten Sie daher bei der Wahl des Anbieters darauf, ob Sie Ihre Datenbank komplett exportieren können.

Sage Shop	ab 49 Euro	sage.de
Supreme NewMedia GmbH	ab 24 Euro	de.supr.com
ShopSystems	ab 50 Euro	shopsystems.biz
Xonic	ab 30 Euro	xonic-solutions.de

Tabelle 2.5: Anbieter von Mietshops

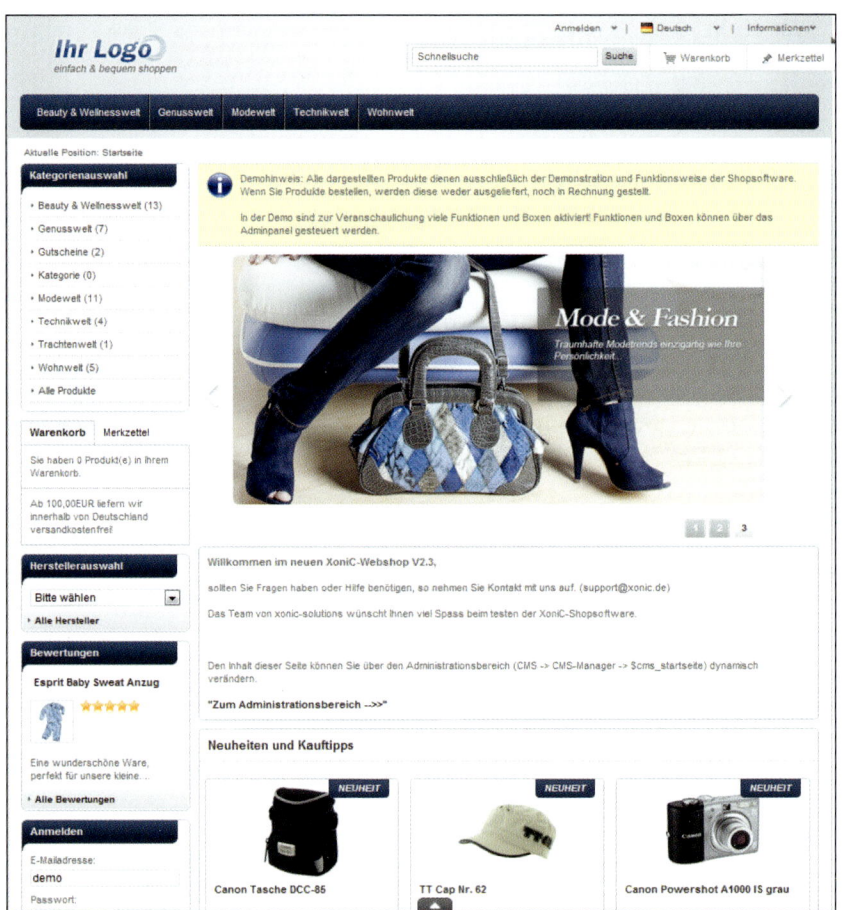

Abbildung 2.5: Demoshop der
Mietshop-Software Xonic

Kaufshop

Neben den Mietshops eignen sich zum Einstieg in den Onlinehandel auch **Kaufshops**. Oft schrecken die etwas höheren Anfangskosten ab, doch amortisieren sich diese im Laufe von ein bis zwei Jahren. Die gekaufte Shopsoftware installieren Sie offline auf Ihrem lokalen Rechner, bestücken den Shop und veröffentlichen ihn im Anschluss online auf Ihren Server beim Provider. Dazu müssen Sie nicht unbedingt Programmierkenntnisse besitzen.

Jede Shopsoftware stellt andere Voraussetzungen an die Serverumgebung. Diese variieren ebenso wie der Kaufpreis. Achten Sie daher sehr genau darauf, dass der gewählte Provider die benötigten Programmiersprachen bzw. Funktionen anbietet, z. B. PHP, Perl, MySQL, und sie auch in der richtigen Versionsnummer unterstützt.

Zusätzliche Kosten bei einem Kaufshop entstehen durch:

- monatliche Webspace-Gebühr
- regelmäßige Updatekosten (das erste Jahr ist oft kostenfrei)
- Design, Zusatzmodule und Plug-ins

Verschaffen Sie sich vor dem Kauf eines Kaufshops einen detaillierten Überblick über die verschiedenen Möglichkeiten und vergleichen Sie die Preise auf den jeweiligen Websites. Nehmen Sie dazu Ihr vorab erstelltes Konzept mit den Angaben der gewünschten Shopfeatures zur Hand (*Kapitel 2.3*).

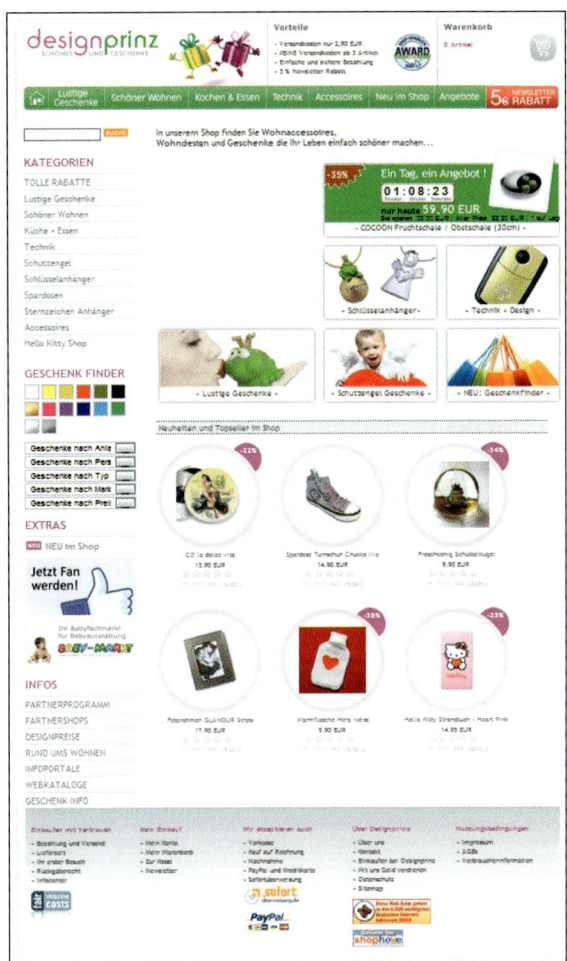

Abbildung 2.6: Referenzshop (Frontend) des Kaufshops Mondo

Expertentipp

Einige gute, meist teurere Kaufshops haben bereits ein Warenwirtschaftssystem an Bord. Zusatzkosten und Schnittstellen für die Anbindung entfallen dadurch!

+ Monatliche Kosten entstehen nur durch den Webspace!

+ Sie benötigen geringe bis keine Programmierkenntnisse!

+ Die Administration ist offline möglich!

+ Langfristig günstiger als Mietshops!

- Einmalige hohe Anschaffungskosten!

- Oft entstehen Extrakosten für Updates und Zusatzmodule!

- Je mehr Artikel Sie einbinden wollen, desto höher liegen die Paketpreise bei der Software!

- Sie finden wenige Standarddesigns!

Tabelle 2.6: Vor- und Nachteile eines Kaufshops

Anbieter	Preis (netto)	Website
Caupo Shop	ab 290 Euro	Caupo.net
Data Becker web to date	ab 550 Euro	shoptodate.de
Gambio GmbH	ab 149 Euro	gambio.de
GS Software GmbH	ab 99 Euro	gs-shopbuilder.de
OXID eShop	kostenlose Community-Edition	oxid-esales.com/de/
MONDO MEDIA eBusiness-Systems GmbH	ab 249 Euro	mondo-media.de
ShopFactory	ab 399 Euro	shopfactory.de
ShopXS	ab 249 Euro	shopxs.de
Smartstore	ab 199 Euro	smartstore.de
Xaranshop	ab 199 Euro (oder Freeware)	xaran.de

Tabelle 2.7: Anbieter von Kaufshops

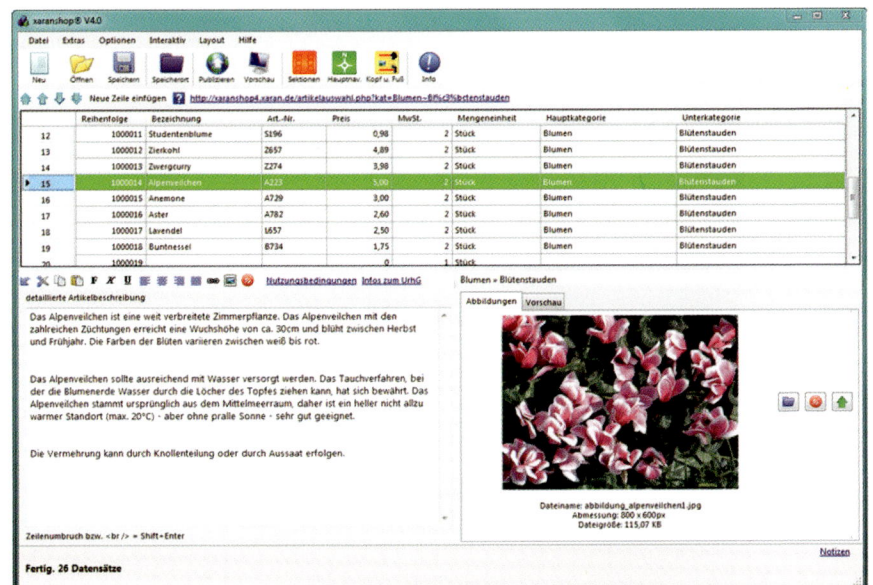

Abbildung 2.7: Administrationsbereich (Backend) des Kaufshops von Xaran

Open-Source-Shop (Individuallösung)

Open-Source-Lösungen eignen sich für einen individuellen Einsatz, und Ihr Know-how für Technik und Programmierung sollte bereits vorhanden sein. Darüber hinaus müssen Sie etwas mehr Zeit aufbringen, profitieren aber von einer Shopsoftware ohne Anfangsinvestitionen und mit niedrigen laufenden Kosten.

Bei Miet- oder Kaufshops (geschlossene Software) haben Sie meist keinen Zugriff auf die Programmierung, über die Sie einzelne Shopmodule selbst individuell anpassen oder neu erstellen könnten. Mit dem notwendigen technischen Know-how können Sie bei Open-Source-Software (offene Software) die Module und den gesamten Quellcode einsehen und bearbeiten.

Gut zu wissen!
Achten Sie bei einer Open-Source-Lösung auf eine Version, die an die speziellen deutschen Rechtsvorgaben angepasst ist oder dafür passende Zusatzmodule anbietet. Die Shopsoftware des US-amerikanischen Anbieters **Magento** bietet ein eigenes Modul an, um die Software im deutschen Sprachraum und mit der entsprechenden gesetzlichen Preisangabenverordnung (**Kapitel 4**) nutzen zu dürfen.

+	Shopsoftware ist kostenlos mit allen Features (optional: Supportkosten)!
+	Der Quellcode lässt sich bearbeiten!
+	Sehr flexibel, denn sie lässt sich an die eigenen Bedürfnisse anpassen!
+	Die Software wird weiterentwickelt und bietet kostenlose Updates an!
-	Eigene Verantwortung für das Einspielen von Softwareupdates!
-	Hohes technisches Know-how erforderlich!
-	Teilweise hohe technische Anforderungen an den Webspace!
-	Sehr zeitaufwendige Aufbauphase des Shops!

Tabelle 2.8: Vor- und Nachteile einer Open-Source-Lösung

Falls Sie sich mit einem Open-Source-Shop befassen wollen, dann empfehlen wir
Ihnen die Shoplösungen in Tabelle 2.9.

Anbieter	Website
Bigware	`bigware.de`
FWP Shop	`fwpshop.org`
Magento	`magentocommerce.com/de/`
OXID eShop	`oxid-esales.com/de/`
OSCommerce	`oscommerce.de`
Shopware AG	`shopware.de`
VirtueMart (engl.) für Joomla	`virtuemart.net`
xt:Commerce Veyton	`xtcommerce.com`
ZenCart	`zen-cart.com`

Tabelle 2.9: Anbieter von Open-Source-Shops

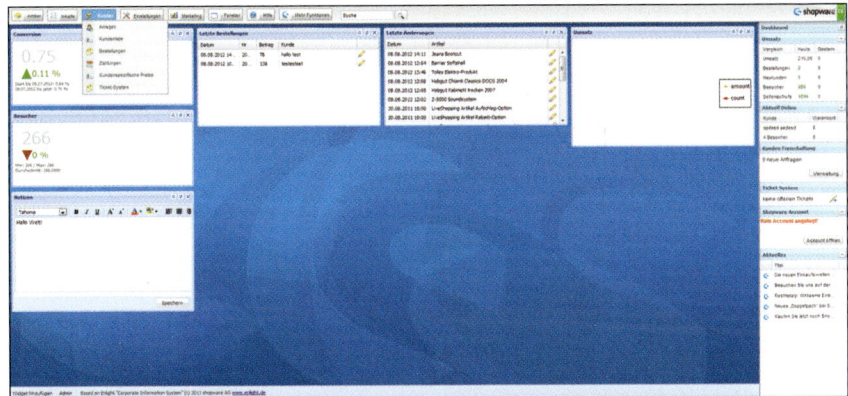

Abbildung 2.8: Backendbereich der Community-Software shopware

Bei einer Open-Source-Software steckt häufig eine sogenannte Community dahinter. Diese Supportforen werden von Usern und Entwicklern gepflegt, tauschen Fragen und Antworten aus und unterstützen sich gegenseitig.

> **Praxistipp**
> Open-Source-Software ist meist wie ein Baukasten-prinzip aufgebaut. Einzelne Contributions (Erweiterun-gen, Module) bzw. einen kompletten Softwarecode verwenden Sie aus anderen Projekten oder von ande-ren Usern, die Sie teilweise kostenlos oder gegen einen geringen Aufpreis erhalten. Durch die Verwendung solcher Baukastenmodule ist der eingesetzte Program-mieraufwand überschaubar. Den Einbau bzw. die Installation der Module müssen Sie selbst vornehmen oder Sie beauftragen einen Dienstleister.

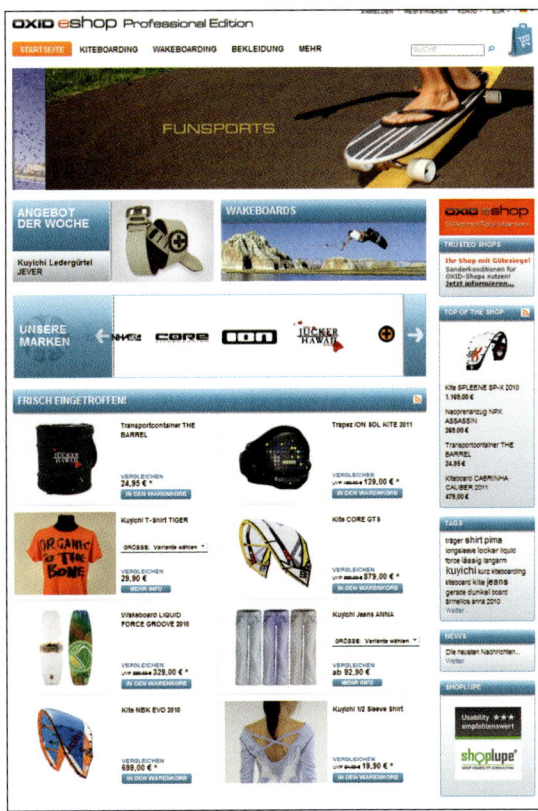

Abbildung 2.9: OXID eShop als quelloffene Community-Lösung

2.3.3   Schnittstellen

Eine zentrale Rolle bei der Wahl der Shopsoftware spielen die Schnittstellen. Denken Sie als Shopbetreiber genau darüber nach, denn gerade hier liegen enorme Einsparpotenziale in Bezug auf Wartungskosten und Zeitgewinn durch effiziente Arbeitsabläufe.

Im Einzelnen geht es um diese Schnittstellen:

- Produktdatenexport

- Kundendatenexport

- Zahlungsmodule

- Versandlösungen

- Statistiken

Export von Produktdaten

■ Suchmaschinen, Produktsuchmaschinen und Preisvergleichsportale

Wo beginnen Kunden ihre Produktsuche? In aller Regel bei *Google (Shopping)*, *bing*, *billiger.de*, *ciao.de* oder einer anderen (Produkt-)Suchmaschine. Als Shopbetreiber brauchen Sie ein Shopsystem, mit dem Sie Produktdaten auf externe Portale exportieren (siehe *Kapitel 9*). Überlegen Sie sich eine erste grobe Marketingstrategie bzw. analysieren Sie Ihre eigene persönliche Vorgehensweise und Erfahrung bei der Produktsuche im Netz. Damit auch Ihre Produkte in diesen Portalen gelistet sind, sind ein Exportmodul in Ihrer Shopsoftware und ein Account auf dem jeweiligen Portal notwendig.

■ Erfassen von Produktbeschreibungen

Schneller und effizienter ist eine Erfassung Ihrer Daten über ein Tabellenkalkulationsprogramm. Damit Sie bereits erfasste Artikel überarbeiten können, benötigen Sie eine Import- und Exportschnittstelle. Relevant sind solche Datenaustauschformate ebenso für den Umzug von einem alten System auf ein neues Shopsystem (Migration).

Export von Kunden- und Bestelldaten

■ Newsletter-Marketing

Hat Ihre Shopsoftware kein eigenes Modul für Newsletter an Bord oder arbeitet dieses nicht nach Ihren Vorstellungen, dann setzen Sie ein externes Tool ein. Dieses Tool füttern Sie mit Ihren exportierten Kundendaten und Newsletter-Anmeldungen.

■ Warenwirtschaftssystem

Warenwirtschaftssysteme erleichtern Ihre Arbeitsabläufe nach einer Bestellung. Ihr Shopsystem muss dazu mit einer passenden Schnittstelle an Ihr Warenwirtschaftssystem angeschlossen sein, damit Produkt-, Kunden- und Bestelldaten übernommen werden. Prüfen Sie, ob die Shopsoftware und ihre Schnittstellen auf Ihr bereits verwendetes Warenwirtschaftssystem passen. Ähnliche Tools gibt es speziell für Verkäufer auf *eBay* oder *amazon*.

Integration von Zahlungsmodulen

- Je mehr Schnittstellen zu Payment-Dienstleistern (Kreditkarte, *Sofortüberweisung*, *PayPal* usw.) vorhanden sind, desto mehr Zahlungsarten können Sie den Kunden anbieten. Konzentrieren Sie sich auf die Bezahlarten, die die Kunden am liebsten verwenden. Gleichzeitig hilft eine Vielzahl von Bezahlarten, die Absprungrate im Bestellvorgang zu senken, weil Kunden einfach mehr Auswahl haben.

Anbindung an Versanddienstleister

- Neben den Zahlungsarten sind die Versandarten bzw. -kosten für Ihre Kunden sehr kaufentscheidend. Im Vergleich zu sofort über das Internet lieferbaren digitalen Produkten erfordern klassische Produkte einen logistischen Aufwand – Etikettendruck, Lieferscheindruck, Verpackung und Abholung der Ware durch den Versender. Einige Versender sind sogar per Schnittstelle an ein Shopsystem anzukoppeln.

Überlegen Sie sich schon vorab, welche Länder Sie mit Ihren Waren beliefern wollen. Schauen Sie sich dazu die Versandkosten Ihres Logistikpartners an. Selbst kleinere Online Shops mit geringen Umsätzen haben die Möglichkeit, professionelle Versanddienstleister wie **DHL**, **DPD**, **Hermes** usw. anzubinden.

Fehleranalyse mit Logfiles

- Mit Logfile-Analysetools protokollieren Sie das Kundenverhalten und fehlerhafte Seitenaufrufe. Manche Tools stellen die Auswertung auch grafisch in übersichtlichen Diagrammen dar. Sehr beliebt ist beispielsweise `awstats.sourceforge.net`. Damit erfahren Sie, wann Ihr Shop am häufigsten besucht wird, wo bzw. wie lange sich die Kunden in Ihrem Shop aufhalten und über welche Website die Kunden auf Ihren Shop kommen. Dadurch können Sie Gestaltung oder Platzierung Ihrer Artikel verbessern, die Shopstruktur optimieren oder Ladenhüter aufstöbern und letztendlich Ihre Verkäufe erhöhen.

Gut zu wissen!
Bankdaten nach Zahlungseingang per Vorauskasse mit den Bestellungen abzugleichen ist bei vielen Verkäufen mühsam. Sie als Shopbetreiber möchten diesen Teil auch automatisieren, denn wer quält sich schon gerne mit Suchen, Finden und Vergleichen von Namen, Bestellnummer und Rechnungsbetrag auf dem Bankkonto? Abhilfe schafft hier ein automatischer Zahlungsabgleich, den manche Shopsysteme oder Warenwirtschaftsprogramme schon integriert haben.

Sie wissen nun bereits, dass Sie einen Domainnamen und ein Webhosting benötigen und auf welche Kriterien Sie bei der Wahl der Shopsoftware achten müssen. Zusätzlich sind Sie mit dem Wissen über die drei verschiedenen Arten von Shopsystemen bestens gerüstet. Sie haben jetzt eine optimale Basis, um sich auf die Suche nach einer passenden Shopsoftware zu machen und damit Ihr persönliches Online Shop-Konzept zu erstellen.

2.4   Online Shop-Konzept erstellen

Theoretisch wissen Sie jetzt, worauf es bei der Umsetzung eines Online Shop ankommt, Nun sollten Sie sich für die Praxis ein schriftliches Konzept mit den eigenen Eckdaten erarbeiten.

Notieren Sie darin Ihre Vorstellungen, Wünsche und entscheiden Sie anhand dieses Konzepts zusammen mit Ihrer Recherche, welcher Domainname, welches Webhosting und welche Shopsoftware zu Ihnen passen. Unsere Meilensteine werden Ihnen dabei eine Hilfe sein.

2.4.1   Meilensteine kennen und setzen

Anhand von Fragen helfen wir Ihnen bei der Planung und geben Meilensteine vor, die Sie mit einem Zeitfenster planen. Beispiel: Meilenstein I. erledigen Sie in xy Tagen/Wochen. So steht Ihr Konzept, das auch in den Businessplan einfließt, auf einer stabilen Basis. Nebenbei versüßen Ihnen erste Erfolgserlebnisse den Start in die Selbstständigkeit. Wir empfehlen Ihnen diese ersten vier wichtigen Meilensteine:

- **Meilenstein I. – erarbeiten**: persönliche Shopidee mit Mehrwert

- **Meilenstein II. – finden**: Shopsystem, Schnittstellen, Domainname und Webhosting

- **Meilenstein III. – festlegen**: Layout , Inhalt und Datenpflege

- **Meilenstein IV. – planen**: Marketing und Öffentlichkeitsarbeit

> **Gut zu wissen!**
> Planen Sie Ihren Online Shop auf jeden Fall langfristig im Voraus. Sie sollten einen gut durchdachten Leitfaden als persönliches Konzept für Ihren Shop entwickeln und einen Businessplan zur Existenzgründung aufstellen **(Kapitel 1)**.

Inhalte zu den Meilensteinen = Checkliste

Grob ergeben sich für die Meilensteine folgende Fragen, die Sie auch erweitern und anpassen können:

Shopidee

Welche Zielgruppe bedienen Sie mit welchen Produkten?

Welche Konkurrenten gibt es am Markt?

Was ist Ihr Alleinstellungsmerkmal?

Wie teuer sind die Produkte im Einkauf?

Sind Sie in Kontakt mit Ihrem Lieferanten?

Steht Ihr Businessplan?

Shopsystem

Welches technische Know-how bringen Sie mit?

Für welche Shopsoftware entscheiden Sie sich?

Was kosten die Software, die Realisierung und der laufende Betrieb?

Welche Zahlungsarten aktivieren Sie?

Welche Versandart bieten Sie an, und wie hoch sind die Versandkosten?

Welche rechtlichen Vorgaben sind notwendig, wie Texte, AGB, Impressum etc.?

Layout

Welches Layout bekommt der eigene Online Shop?

Wie viele Produkte und Kategorien möchten Sie anlegen und wie erfassen Sie diese?

Erhalten Sie dazu eine Produktliste von Ihren Lieferanten oder erstellen Sie diese selbst?

Woher erhalten Sie Produktbilder?

Welche SEO-Maßnahmen ergreifen Sie bereits bei der Shopkonfiguration?

Verwenden Sie ein Warenwirtschaftssystem?

Marketing

Welche Strategie für den Marketingmix planen Sie?

Schreiben Sie Pressemeldungen?

Welches Webanalyse-Tool setzen Sie ein?

Betreiben Sie Social Media bzw. ab wann steigen Sie damit ein?

Bieten Sie eine Website oder einen Weblog neben Ihrem Shop an?

Ist ein Newsletter geplant?

Tabelle 2.10: Checkliste Meilensteine

2.4.2 Checkliste Shopsoftware, Zahlungs- und Versandart

Damit Sie nichts vergessen und einen besseren Überblick behalten, können Sie während der Suche nach einer Shopsoftware unsere Checkliste zur Hand nehmen. Genauso sollten Sie sich vorab über verschiedene Zahlungsarten und Versandarten (-kosten) kundig machen. Überlegen Sie noch vor dem Go-Live-Termin, welche Bezahl-/Versandarten Sie gleich anbieten und welche Sie zu einem späteren Zeitpunkt einplanen.

Bietet die Shoplösung eine kostenlose Testmöglichkeit?

Ist der Administrationsbereich intuitiv bedienbar?

Wie viele Produkte können Sie mit dem Shopsystem erfassen?

Können Sie damit Produktvarianten (z. B. Farbe) anbieten?

Sind die wichtigsten Zahlungsarten möglich?

Welche Marketingfeatures (z. B. Social Media, Newsletter) sind eingebaut bzw. mit Modulen machbar?

Sind zahlreiche Import- und Exportschnittstellen vorhanden (z. B. E-Payment, Warenwirtschaft, Versand)?

Welche Vertragslaufzeiten und Kündigungen gelten für Hosting und Mietshop?

Wie hoch sind Transfer-, Einrichtungs- und Monatsgebühren?

Gibt es aussagekräftige Report- und Statistikinformationen?

Können Sie eine Datensicherung beim Provider einrichten?

Ist es möglich, ein SSL-Zertifikat zur Absicherung der Datenverbindung zu verwenden?

Ist der Support gut und günstig (Mail, FAQ, Telefon)?

Welche Designs stehen zur Verfügung (CSS, Template etc.), und wie sind diese individuell änderbar?

Welche aussagekräftigen Referenzkunden gibt es?

Ist der Shop zukunftssicher (Update) und ausbaufähig?

Tabelle 2.11: Checkliste Shopsoftware

Tipp
Möchten Sie diese Checkliste gerne ausdrucken und Notizen hinzufügen? Laden Sie sich unsere Checkliste als PDF-Dokument online herunter unter **online-shopbuch.de/download**.

> **Gut zu wissen!**
> Von einem Online Shop erwarten immerhin 6 von 10 Internetnutzern verschiedene Zahlungsmethoden. Gut jeder Dritte bricht seine Bestellung ab und lässt einen vollen Warenkorb stehen, wenn die gewünschte Bezahlart nicht angeboten wird.

Zahlungsarten – nur welche?

Die Zahlungsarten Vorauskasse, Rechnung und Nachnahme lassen sich am einfachsten realisieren und sind mit den gängigsten Shopsystemen sofort einsetzbar. Zudem sind diese Zahlarten, bis auf Vorauskasse, bei Online Shoppern sehr beliebt. Starten Sie Ihr E-Business mit diesen Zahlarten, kommen auch keine großen Abwicklungsgebühren auf Sie zu. Aber bedenken Sie den möglichen Zahlungsausfall.

Damit Sie sich im Vorfeld bei der Shopauswahl nichts verbauen, sollte die Shopsoftware die Integration von „elektronischen" Bezahlarten ermöglichen. Denken Sie daran: Werden spezielle Onlinezahlungssysteme genutzt, wie Kreditkarte, *PayPal* oder *Sofortüberweisung*, so müssen Sie eine sichere Übertragung per SSL gewährleisten. Zudem benötigen Sie für die Abwicklung bei Onlinezahlungsarten sogenannte Payment Service Provider. In *Kapitel 3* lesen Sie mehr über die Vorteile einzelner Zahlungsarten.

Vorab ein paar Entscheidungskriterien im Kurzüberblick: Kauf auf Rechnung ist bei Kunden immer noch am beliebtesten, besonders bei Frauen. Danach folgt das Zahlen auf elektronischem Wege mit 45 %, aufgeteilt auf *PayPal*, Lastschriftverfahren oder Bankeinzug. Vorauskasse akzeptieren 14 % der Verbraucher. Zahlung per Kreditkarte verlor sogar 1 % und ist mit 14 % in Deutschland noch nicht so beliebt wie in anderen europäischen Ländern.

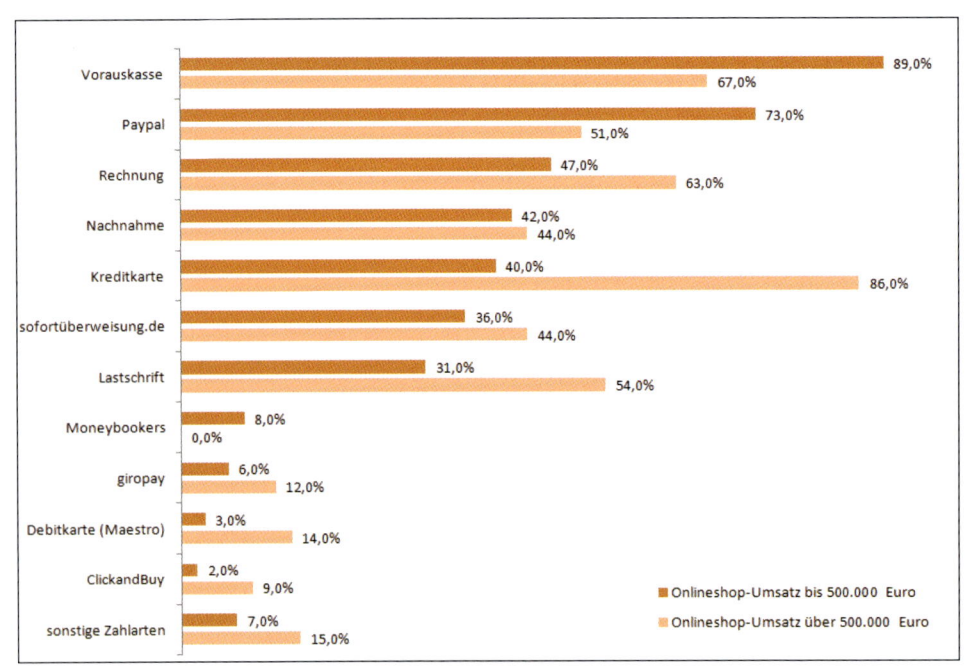

Abbildung 2.11: Bezahlarten, die Onlinehändler anbieten (Quelle: ibi research)

Versandarten und Versandkosten

Die Versandarten und -kosten sind neben den Zahlungsarten für Ihre Kunden sehr wichtig. Denken Sie daran: Im Vergleich zu sofort lieferbaren digitalen Download-produkten erfordern klassische Produkte einen größeren logistischen Aufwand. Vergewissern Sie sich, ob Sie diesem Aufwand und einem steigenden Versandaufkommen gewachsen sind.

Zusätzlich sollten Sie die Preise einiger Versender genau vergleichen und auf die vielen verschiedenen Versand-zonen in Deutschland achten. Planen Sie, Ihre Produkte auch ins Ausland zu verkaufen, dann achten Sie auf interna-tionale Versandpreise. Mehr auch dazu in *Kapitel 3*.

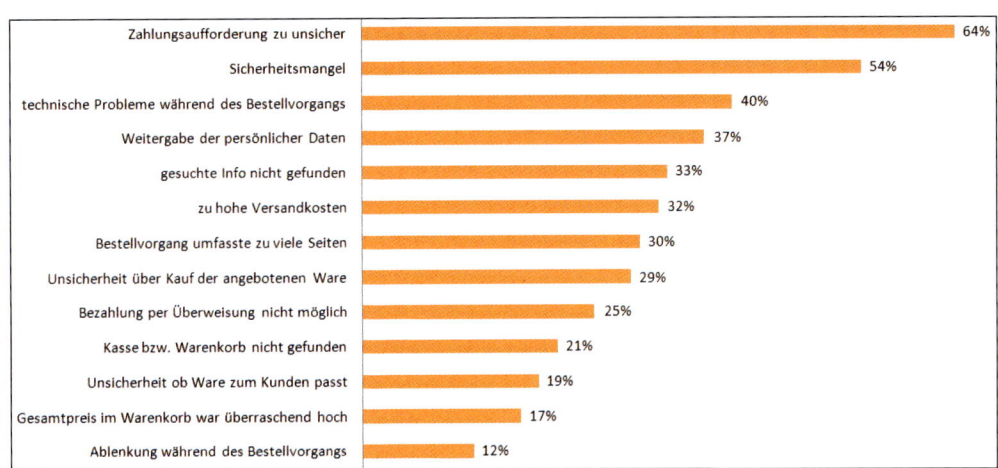

Abbildung 2.12: Gründe für Kaufabbrüche (Quelle: novomind.de)

Zahlungsaufforderung zu unsicher	64%
Sicherheitsmangel	54%
technische Probleme während des Bestellvorgangs	40%
Weitergabe der persönlicher Daten	37%
gesuchte Info nicht gefunden	33%
zu hohe Versandkosten	32%
Bestellvorgang umfasste zu viele Seiten	30%
Unsicherheit über Kauf der angebotenen Ware	29%
Bezahlung per Überweisung nicht möglich	25%
Kasse bzw. Warenkorb nicht gefunden	21%
Unsicherheit ob Ware zum Kunden passt	19%
Gesamtpreis im Warenkorb war überraschend hoch	17%
Ablenkung während des Bestellvorgangs	12%

Fazit

Beantworten Sie alle Fragen der Checklisten so exakt wie möglich und überneh-men Sie die Antworten schriftlich in Ihr Konzept. Es dient Ihnen auch später als Dokumentation, falls Sie einen Berater oder Programmierer hinzuziehen.

Ist Ihr Konzept fertiggestellt, ist das weitere Etappenziel ein installierter, voll funktionsfähiger Online Shop beim Hosting-Provider bzw. auf Ihrem Webserver. Nehmen Sie unbedingt die angebotenen Testphasen der Shopsoftware-Anbieter in Anspruch und vergleichen Sie diese auch in der Praxis.

Da die Installation bei jeder Shopsoftware unterschiedlich verläuft, gehen wir in diesem Buch nicht näher auf die Installation ein.

Was man lernen muss, um es zu tun,
das lernt man, indem man es tut.

Aristoteles

Kapitel 3

Die Shopkonfiguration

Mit dem bereits erarbeiteten Shopkonzept und dem Kapitel „Shop-konfiguration" richten Sie Schritt für Schritt die Stammdaten in Ihrem Online Shop ein. Sie erfassen Ihre Firmenanschrift, hinterlegen Ihr Logo und speichern Steuerinformationen und Mailtexte. Des Weiteren konfigurieren Sie die Bezahl- und Versandarten. Anschließend bearbeiten Sie die Grundeinstellungen für Verkaufseinheit, Preis und Lieferhinweis.

Gut zu wissen!
Jede Shopsoftware benötigt eine andere Installation. Einen einheitlichen Leitfaden können wir daher in diesem Buch nicht geben. Entweder Sie investieren Zeit und lesen die jeweilige Dokumentation oder Sie beauftragen einen kostenpflichtigen Dienstleister.

File-Transfer-Protokoll (engl. für Datenübertragungsverfahren)
Mit einem speziellen Tool wie **FileZilla** übertragen Sie per FTP einzelne Daten und Verzeichnisse auf Ihren Webserver, auf dem Ihre Shopsoftware installiert ist. Dieses Tool installieren Sie auf Ihrem lokalen Rechner, um dann Daten einfach und schnell per Mausklick auszutauschen.

Während der **Shopkonfiguration** dient Ihr erarbeitetes Konzept als Leitfaden. Ergänzen Sie dieses durch die jeweiligen Schritte, die Sie im Laufe der folgenden Konfiguration tätigen.

Lesen Sie dieses Kapitel erst einmal in Ruhe durch. Finden Sie heraus, welche Daten Ihnen noch fehlen oder zu welcher Konfiguration Sie noch mehr Infos benötigen. Ihr Online Shop sollte in dieser Zeit noch nicht online sein, damit keine unerwünschten Anfragen oder sogar Abmahnungen ins Haus flattern, nur weil Ihre **Widerrufsbelehrung** gerade erst in Arbeit ist.

Nach der **Shopinstallation** loggen Sie sich in den Administrations-/Backendbereich ein und nehmen hier jede Menge Einstellungen vor und geben Grunddaten ein. Diese Anpassungen sind vor der Inbetriebnahme ein Muss und gewährleisten eine einwandfreie Funktion Ihres Online Shops. Wir haben dies in fünf große Teilbereiche gegliedert:

- Allgemeine Daten

- Onlinebezahlarten

- Versandzonen, -arten und -kosten

- Produktinformationen (Optimierungsmaßnahmen unter *Kapitel 6*)

- Internetrecht (siehe *Kapitel 4*)

Bevor wir mit den einzelnen Schritten beginnen, machen wir Sie auf dringende **Sicherheitsvorkehrungen** aufmerksam. Unserer Erfahrung nach hilft es gerade Einsteigern, darüber informiert zu werden. Denn schnell führt eine falsche Anpassung zum Crash eines Online Shops und zu einer teuren Wiederherstellung.

Bei einigen Shopanpassungen müssen Sie die Änderungen direkt an den Shopdateien per *FTP* vornehmen. Vorsicht! Eine Shopdatei mit der Endung *.php* oder auch eine andere Datei überschreibt man nicht so einfach. Sonst kann es passieren, dass ein Modul Ihres Shops nicht mehr funktioniert. Bevor Sie also die Anpassung beginnen, müssen Sie unbedingt die zu ändernde Shopdatei duplizieren. Auf diese Weise können Sie die funktionsfähige Originaldatei wiederherstellen. Nach dem Duplizieren benennen Sie die vorherige Version auf Ihrem Webserver beispielsweise um in *alteDatei.OLDv1.php* oder Sie verwenden eine Versionsnummer im Dateinamen.

Expertentipp:
Notieren Sie alle Änderungen, die von der Standardeinstellung abweichen. **Screenshots** eignen sich dazu hervorragend. Sie lassen sich am schnellsten und am einfachsten erstellen. Am besten erzeugen Sie eine Vorher/Nachher-Ansicht. Sobald der Shop läuft und Sie sich in der Shopumgebung sicherer fühlen, können Sie bei kleineren Anpassungen das Erstellen von Screenshots überspringen.
Screenshot mit **Microsoft WordPad** speichern:

1. Klicken Sie auf den oberen Teil des Fensterrahmens, um das gewünschte Fenster zu aktivieren.

2. Danach drücken Sie die Taste `Druck` für den kompletten Bildschirminhalt oder die Tastenkombination `Alt`+`Druck` für ein einzelnes markiertes Fenster.

3. Öffnen Sie Microsoft WordPad über **Start/Alle Programme/Zubehör** und fügen Sie den Screenshot mit der Tastenkombination `⇧`+`Einfg` ein.

4. Schreiben Sie eventuell einen Infotext dazu.

3.1 Grundkonfiguration

Die folgende Grundkonfiguration gilt für alle Shopsysteme. Sie entnehmen der Anleitung der jeweiligen Shopsoftware, wo Sie die folgenden Eingaben machen müssen.

- Firmenanschrift und Kontaktdaten

- Länderliste und Steuerzonen

- Steuerinformationen und Belegnummernkreise

- Logo und Homepage

- Infotexte der Bestellabwicklung

3.1.1   Firmenanschrift und Kontaktdaten

Meistens geben Sie Ihre Firmenanschrift und Ihre Kontaktdaten schon während der Installation an. Änderungen können Sie entsprechend der Software im Shopbackend vornehmen, oft benannt als „Mein Shop".

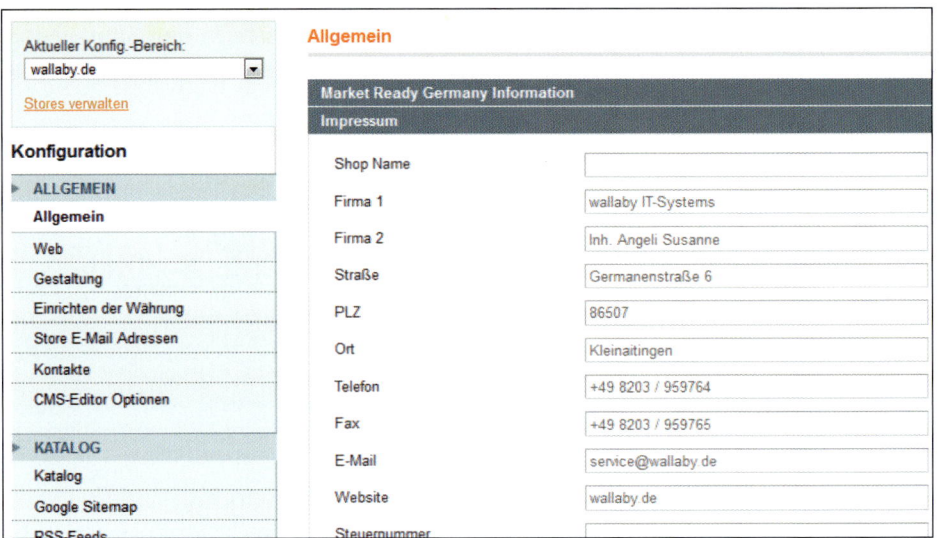

Abbildung 3.1: Firmendaten pflegen (Magento)

3.1.2   Länderliste und Steuerzonen

In die Länderliste tragen Sie sämtliche Länder ein, in die Sie liefern wollen. Nach der Shopinstallation ist diese Liste schon mit allen Ländern der Welt bestückt, die Sie Ihren Wünschen entsprechend nur noch anpassen. Zusätzlich tragen Sie pro Land den dort jeweils gültigen Steuersatz ein, damit die richtige Umsatzsteuer berechnet werden kann. Diese Informationen fließen in die Konfiguration der Steuerzonen ein (z. B. B2B, EU oder EU-Ausland) bzw. Steuersätze (z. B. 0 %, 7 % oder 19 %).

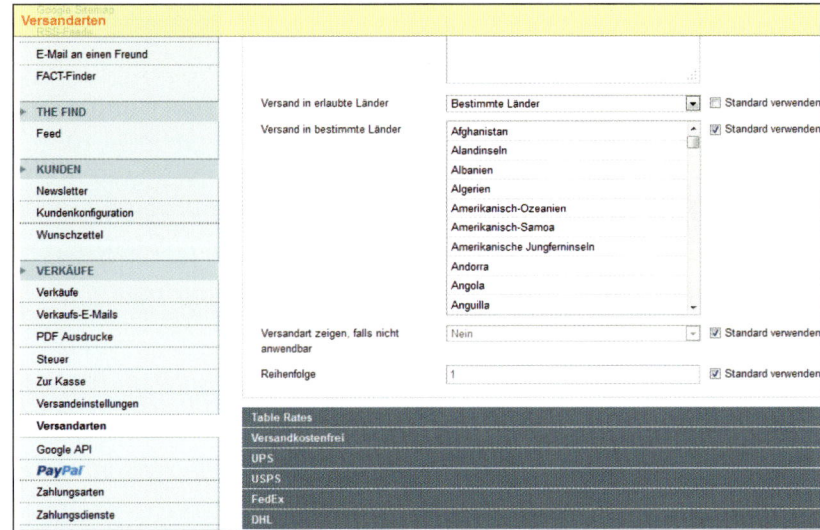

Abbildung 3.2: Länderliste und Versandeinstellungen (Magento)

3.1.3 Steuerinformationen und Belegnummernkreise

Falls Sie ausländische Unternehmer (keine Endverbraucher) beliefern, ist ein weiterer wichtiger Aspekt Ihre gültige Umsatzsteuer-Identifikationsnummer (**USt-IdNr.**). Denn tätigen Sie Geschäfte mit ausländischen Firmen, ist gemäß **§ 18e Umsatzsteuergesetz** eine Prüfung der Gültigkeit von ausländischen Umsatzsteuer-Identifikationsnummern erforderlich. Daneben konfigurieren Sie Ihren allgemeinen Steuersatz, damit dieser automatisch bei der Produkterfassung berechnet werden kann und im Artikel angezeigt wird. Je nach Shopsoftware kann dieser Begriff variieren.

> **Tipp**
> Das **Bundeszentralamt für Steuern** bietet auf der Website **bzst.de** mehr Informationen dazu.

Als Shopbetreiber sind Sie verpflichtet, alle Daten „eindeutig" zu speichern und zu archivieren. Die einfachste Art, dies zu gewährleisten, ist die Vergabe einer einzigartigen Belegnummer. Durch diese fortlaufende Nummer muss sichergestellt werden, dass Ihre erstellten Belege einmalig sind. Es ist erlaubt, eine oder mehrere Zahlen- oder Buchstabenreihen einzusetzen. Für eine bessere Struktur und Übersicht legen Sie unterschiedliche Nummernkreise für Kunden, Produkte, Lieferanten und vor allem Belege (Bestellung, Lieferschein oder Rechnung) an. Sie dürfen auch mehrere separate Nummernkreise anlegen, die sich zeitlich (Zeitraum), geografisch (Orte) oder organisatorisch (Filiale) unterscheiden.

Beispiel: Der Nummernkreis für Kunden beginnt immer mit K, und danach folgt eine Zahl wie 00001 = K0001 Herr Mustermann. Bestellungen erhalten eine „10" und dann eine Nummer (1000001), die darauf folgende Lieferscheinnummer beginnt mit „20" und dann mit einer fortlaufenden Nummer 00001 = 200001. Für die Rechnung, Gutschriften bzw. Stornierungen ergeben sich die weiteren Nummernkreise „30" und „40".

> **Gut zu wissen!**
> Ihre **Belege** buchen Sie anhand der Belegnummern incl. der Nummernkreise in Ihre **Steuerunterlagen** ein. Belegnummern sind daher steuer- und handelsrechtlich besonders relevant!

Abbildung 3.3: Belegnummernkreise für Rechnungs- (8xxxx) und Kundennummern (3xxxx)

3.1.4   Logo und Homepage

Nach dem Erfassen von Produkten können Sie diese besonders auf der **Startseite** hervorheben. Informieren Sie Ihre Kunden über Angebote und besondere Aktionen. Machen Sie Ihren Besucher neugierig! Animieren Sie ihn mit packenden Inhalten, sodass er gleich weiterlesen will.

Vergessen Sie nicht, Ihr bestehendes **Firmenlogo** bzw. **Shoplogo** per FTP hochzuladen. Lesen Sie dazu die Dokumentation der Shopsoftware.

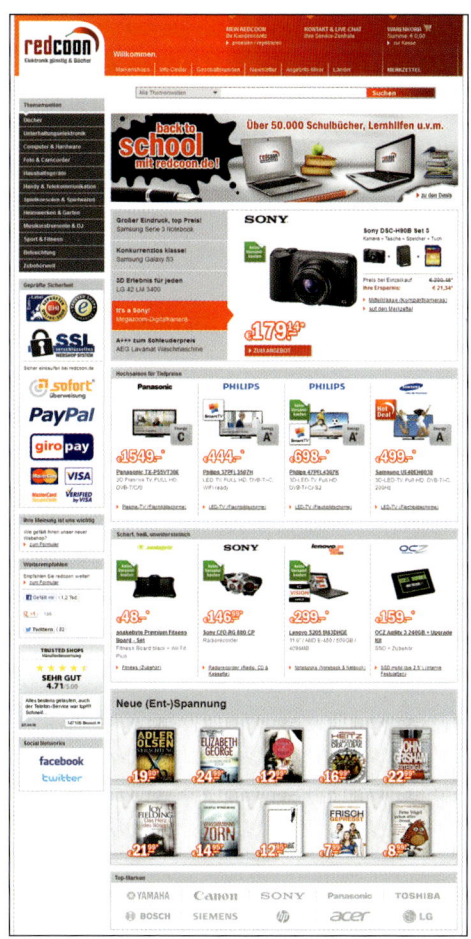

Abbildung 3.4: Startseite mit saisonalen Angeboten, Prospektware und Neuzugängen

3.1.5 Infotexte

An dieser Stelle geht es um die Infotexte für Bestellabwicklung, Liefer- und Zahlungsart sowie Verordnungen und Kennzeichnungspflichten. Alle **Infotexte**, die ein Kunde zur Abwicklung einer Bestellung beansprucht, sind in den Bestellprozess integriert. Diese wichtigen Bestellinformationen erhält er per Mail, und sie stehen auf den Shopseiten (wie in Abbildung 3.6) zum Nachlesen bereit. Viele dieser Texte sind in den Shopsystemen mit Standardtexten nach der Installation bereits vorformuliert und müssen noch von Ihnen an Ihr Unternehmen angepasst werden. Im ersten Schritt ergänzen bzw. ändern Sie die bereits vorhandenen Infotexte, die notwendig sind für

- Kundenregistrierung und Login
- Bestellabwicklung: Warenkorb, **Checkout-Prozess** (Bestellvorgang), **Bestätigungsmails**
- Liefer- und Zahlungsarten

Diese Aufgabe ist nicht zu unterschätzen und kostet mehr Zeit, als man denkt! Überprüfen Sie die Texte während der Testphase sehr sorgfältig, indem Sie Testkunden anlegen, Bestellungen tätigen, Lieferungen anstoßen und den Rechnungslauf starten. Prüfen Sie dazu den kompletten Mailverkehr und die dazugehörigen Texte. Einige Texte müssen Sie an rechtliche Vorgaben anpassen, damit Sie keine Abmahnung erhalten (*Kapitel 4*).

Gut zu wissen!
In die Bestellbestätigungsmail gehört zwingend der komplette Text der Widerrufsbelehrung! Siehe auch **Kapitel 4**.

Bitte beachten Sie:
Artikel können aufgrund unerwartet starker Nachfrage oder wegen Lieferschwierigkeiten des Herstellers vergriffen sein (auch wenn diese zum Zeitpunkt Ihrer Bestellung als verfügbar gekennzeichnet waren).

Widerrufsrecht
Sie können Ihre Vertragserklärung innerhalb von zwei Wochen, soweit diese Widerrufsbelehrung nach Vertragsschluss erfolgt, innerhalb von einem Monat, ohne Angabe von Gründen in Textform (z.B. Brief, Fax, E-Mail) oder - wenn Ihnen die Sache vor Fristablauf überlassen wird - durch Rücksendung der Sache widerrufen. Die Frist beginnt nach Erhalt dieser Belehrung in Textform, jedoch nicht vor Eingang der Ware beim Empfänger (bei der wiederkehrenden Lieferung gleichartiger Waren nicht vor Eingang der ersten Teillieferung) und auch nicht vor Erfüllung unserer Informationspflichten gemäß Artikel 246, § 2, in Verbindung mit § 1 Abs. 1, 2 EGBGB sowie unserer Pflichten gemäß § 312g Abs. 1 S. 1 BGB in Verbindung mit Artikel 246 § 3 EGBGB. Zur Wahrung der Widerrufsfrist genügt die rechtzeitige Absendung des Widerrufs oder der Sache.

Im Falle eines wirksamen Widerrufs sind die beiderseits empfangenen Leistungen zurückzugewähren und gegebenenfalls gezogene Nutzungen (z. B. Zinsen) herauszugeben. Können Sie uns die empfangene Leistung sowie Nutzungen (z. B. Gebrauchsvorteile) nicht oder teilweise nicht oder nur in verschlechtertem Zustand zurückgewähren bzw. herausgeben, müssen Sie uns insoweit Wertersatz leisten. Für die Verschlechterung der Sache und für gezogene Nutzungen müssen Sie Wertersatz nur leisten, soweit die Nutzungen oder die Verschlechterung auf einen Umgang mit der Sache zurückzuführen ist, der über die Prüfung der Eigenschaften und der Funktionsweise hinausgeht. Unter „Prüfung der Eigenschaften und der Funktionsweise" versteht man das Testen und Ausprobieren der jeweiligen Ware, wie es etwa in

Abbildung 3.5: Beispiel einer Bestätigungsmail mit Widerrufsbelehrung

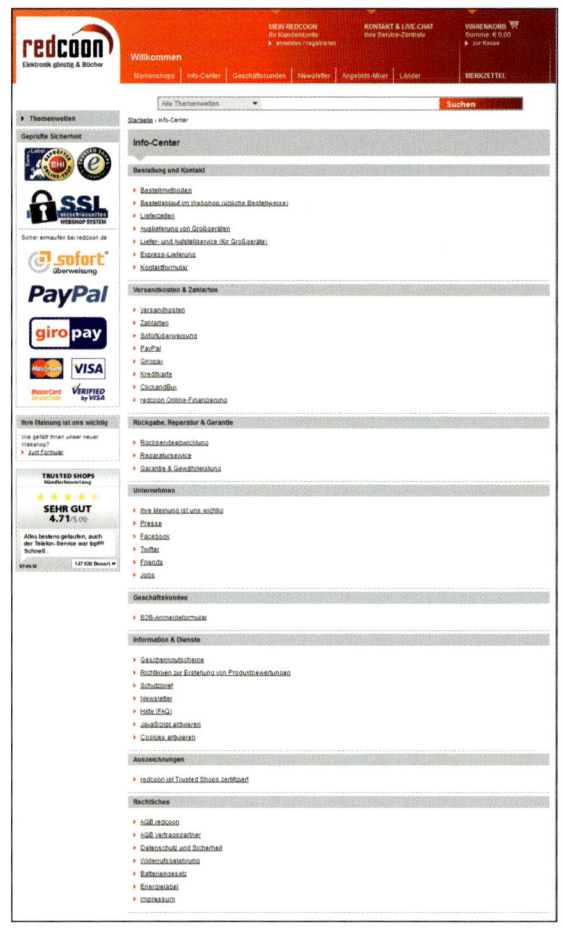

Abbildung 3.6: Infotexte für Kunden auf einer Shopwebsite (redcoon.de)

Tipp
Eine Beispielverordnung für den Verkauf von Batterien finden Sie unter **it-recht-kanzlei. de/Thema/batteriege-setz-batterien.html**.

Im weiteren Verlauf verfassen Sie die Infotexte, die Sie auf die Shopwebseite packen möchten oder auch müssen. Darunter fallen **Verordnungen** zu bestimmten Produkten (Lebensmitteln, Batterien, Weißware (Kühlschränke & Co.), Kosmetik, Spielzeug usw.). Teilweise relevant sind auch Erklärungen zum technischen Ablauf der Bestellung, Lieferung und Zahlung.

3.2 Zahlungsarten

Je nach Bedarf implementieren Sie die folgenden Varianten: Vorauskasse, *PayPal*, Lastschrift, *Sofortüberweisung*, Kreditkarte, Micropayment, Rechnung, Nachnahme usw. Für Letzteres erhöhen sich die Versandkosten, denn für Nachnahme zahlen Sie spezielle Aufschläge.

Kriterien für die Wahl einer Zahlungsart aus der **Sicht des Shopbetreibers**:

- Welche Zahlungsart passt am besten zu Ihrer **Zielgruppe**?

- Wann können Sie mit dem Zahlungseingang rechnen?

- Sind **Zahlungsausfälle** einzuberechnen, und wie hoch ist das Risiko?

- Kommen **Transaktionsgebühren** oder monatliche Gebühren für diese Zahlungsart auf Sie zu (Vergleich: *PayPal*/Vorauskasse)?

- Kann die Zahlungsart einfach eingebaut werden per Schnittstelle?

- Optional: Unterstützt die Zahlungsart auch das wiederholte Zahlen für Abonnementkunden?

Aus Kundensicht muss eine Zahlungsart drei wichtige Kriterien abdecken:

1. Schutz vor Missbrauch!

2. Haftung bei Missbrauch!

3. Einsicht in den Transaktionsverlauf!

Der Erfolg Ihres Online Shops hängt nicht nur von einem bedienfreundlichen System ab oder von Ihren Produkten. Der tollste Shop bringt keinen Umsatz, wenn der Kunde nicht sicher und bequem zahlen kann. Untersuchungen belegen, dass Internetkäufer als Hauptgrund für den Bestellabbruch eine fehlende Bezahlungsart nennen. Immerhin rund 64 % der Shopkunden brechen eine Onlinebestellung ab, weil ihnen die Zahlungsaufforderung im Online Shop unsicher erscheint. Sie sehen, es rentiert sich auf jeden Fall, genügend Zeit und einfache Mittel für eine passende Zahlungsart zu investieren.

> **Gut zu wissen!**
> Bauen Sie **Zahlungsarten** vor den gewünschten Versandzonen und den Versandkosten in die Shopsoftware ein, denn Ihren ausländischen Kunden bieten Sie meist weniger oder andere Bezahlmöglichkeiten an. Erst später erfassen Sie die Versandzonen und ordnen diese den Zahlungsarten zu.

Gut zu wissen!
Möchten Sie digitale Güter verkaufen, deren Beträge unter fünf Euro liegen? Dann ist **Micropayment** die richtige Zahlungsart. Es geht sogar noch kleiner: Den unteren Centbereich bezeichnet man als **Picopayment**. Gerade der Vertrieb von digitalen Gütern wird dank Produkten von **Apple** (**iPhone** und **iPad**), Smartphone und Tablet-PC allmählich zum Massenmarkt, z. B. Musik, Spiele, Tickets, Nachrichten usw.

3.2.1   Überblick über Bezahlarten

Zahlungsarten lassen sich in klassische und internetbasierende Zahlungssysteme einteilen:

- klassisch: offline nach der Bestellung zu bezahlen

- internetbasiert: online während der Bestellung zu bezahlen

Klassische Bezahlarten

Vorauskasse, Rechnung, Lastschriftverfahren und Nachnahme zählen zu den klassischen Zahlungsarten und sind bis auf Vorauskasse ziemlich beliebt bei Kunden. Für den Onlinehändler bergen Rechnung und Lastschriftverfahren allerdings ein **erhöhtes Ausfallrisiko**. Die Rücklastschriften im **Einzugsermächtigungsverfahren** und offene Rechnungen sind das Hauptproblem. Aus diesem Grund gibt es Anbieter, die als Treuhänder oder Factoringgesellschaft fungieren. Sie bieten Shopbetreibern eine sichere Zahlungsabwicklung durch eine Zahlungsgarantie. *Billpay*, *Billsafe*, *Klarna* oder *iclear* sind hier zu nennen. Einen zusätzlichen Schutz erhalten Sie bei Überweisungen, da Kunden solche Zahlungen nicht zurückgehen lassen können.

Onlinebasierende Zahlungsarten

Des Weiteren ist im Netz für Käufer und Händler die **Onlineüberweisung** besonders interessant geworden. Die Bezahlsysteme von *giropay*, *eps* und *sofortüberweisung* sind dabei die bekanntesten Anbieter.

Zu diesem Thema wird viel über den sicheren Verbindungsaufbau zur Bank diskutiert. Während der Überweisung über das Internet übermittelt der Käufer seine PIN und eine TAN, die an keine anderen Personen gelangen dürfen. Einen sehr guten Schutz bietet bereits die Software des jeweiligen Anbieters solcher Onlineüberweisungen. Erstens nehmen diese die Daten nur per **SSL-Verbindung** entgegen, und zweitens ist eine Speicherung der vom Kunden eingegebenen Daten für eine weitere Bearbeitung nicht nötig. So kann wirklich niemand diese Daten einsehen. Aus Kundensicht sind also die wesentlichen Anforderungen an ein Bezahlsystem erfüllt: SSL-Schutz, Anonymität und Bedienbarkeit. Rundherum also eine interessante, zuverlässige und sichere Angelegenheit.

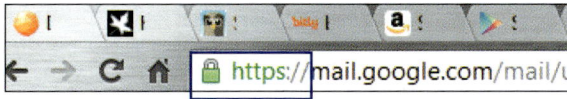

Abbildung 3.7: Sichere SSL-Verbindung erkennen im Adressfeld des Browsers

Ein weiteres onlinebasierendes Bezahlsystem ist das **E-Mail-Payment**. Stetige Zuwachsraten verzeichnen hier die Anbieter *PayPal* und *Skrill* (ehemals *moneybookers*). Mit dem Basiskonto nutzen Sie eine Ihrer E-Mail-Adressen als Zahlungskonto bzw. Kontonummer. Mit *PayPal* und seinen Partnern akzeptieren Sie als Shopbetreiber zusätzlich Zahlungen per Kreditkarte, Lastschrift und Banküberweisung.

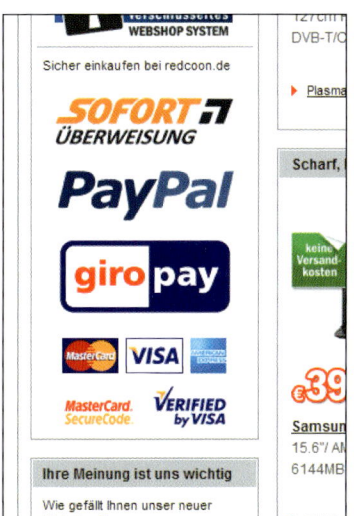

Abbildung 3.8: Zahlungsarten des Online Shops in einer Box

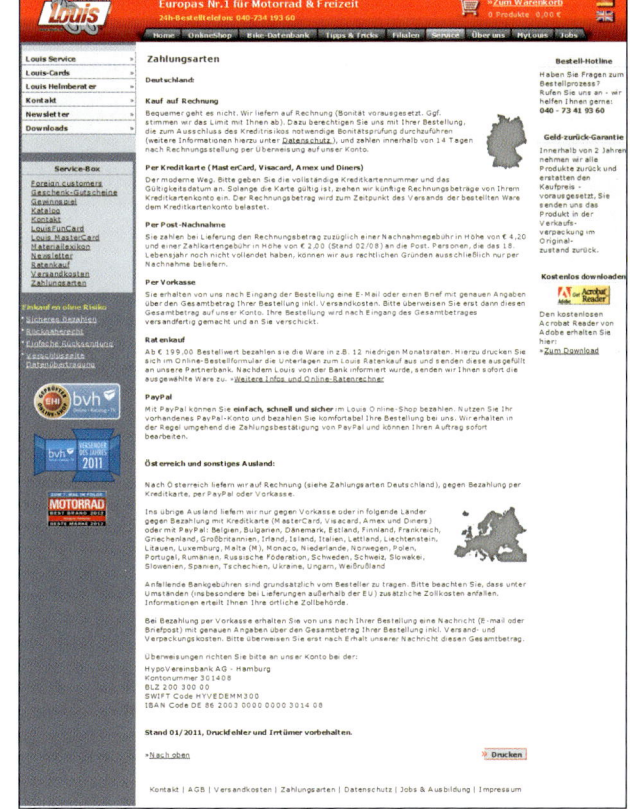

Expertentipp
Mit **PayPal Express** ist Ihre Kaufabwicklung automatisch für mobiles Bezahlen optimiert. Integrieren Sie Ihr **PayPal**-Logo prominent in Ihre Shopseiten und/oder in Ihren Bestellprozess bei den Zahlungsarten, denn 16 Millionen Onlinekunden suchen danach.

Praxistipp
Neben den Infotexten zeigen Sie Logos Ihrer Zahlungsarten prominent auf jeder Shopseite in einer Extrabox in der linken oder rechten Spalte. Zusätzlich verlinken Sie das einzelne Bild mit dem Infotext der jeweiligen Zahlungsart.

Abbildung 3.9: Infotexte zu den Zahlungsarten auf einer Shopseite (louis.de)

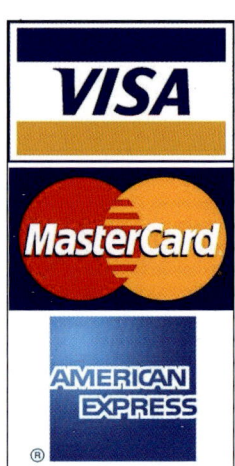

Abbildung 3.10: Logos von Kreditkartenanbietern

Gut zu wissen!
Mithilfe von Mobiltelefon, Smartphone oder TabletPC können Sie heute mobil bezahlen. Dies wird auch einfach **mPayment** genannt. Laut Schätzungen von **Gartner** wächst diese Zahlungsart jährlich um 62 %. Diese Bezahlvariante bieten am deutschen Markt **mpass** von **Vodafone**, **heidelpay** und **Sybase**.

Aber auch die Kreditkartenzahlung, virtuelle Geldbörse, Prepaid-Karte/Guthabenkarte, Treuhandservice, Leasing/Finanzierung und **mPayment** zählen zu den internetbasierenden Zahlungssystemen. Bei den meisten Anbietern dieser Verfahren erhält der Kunde oder der Onlinehändler bis zu einem gewissen Betrag sogar einen **Ausfallschutz**.

Kreditkartenzahlung ist eine oft erwähnte und viel diskutierte Zahlungsart. Wichtig dabei: *Visa* und *MasterCard* schließen im Gegensatz zu *American Express* keine direkten Verträge mit Onlinehändlern ab. Sie schalten als Vertragspartner sogenannte **Acquirer**, also **Akzeptanzstellen**, hinzu. Deren Hauptaufgabe ist das Abrechnen von Kreditkartenumsätzen von Onlinehändlern.

Zusätzlich hört man oft den Begriff **Payment Service Provider**. Dieser fungiert als technisches Bindeglied zwischen **Acquirer** und Onlinehändler, wie *ipayment. de, payone.de, moneybookers.com*. Es gibt jedoch auch Dienstleister, die beides, **Acquirer** und **Payment Service Provider**, als Doppelrolle anbieten. *WorldPay* und *WireCard* sind solche Anbieter und sowohl für die Technik als auch für die kaufmännische Abwicklung zuständig.

Den Zahlungseingang einer Kreditkartenzahlung verbuchen Sie nicht sofort nach Bestelleingang wie bei Vorauskasse oder Lastschrift, sondern je nach Anbieter erst deutlich später. Manche zahlen schon nach einer Woche, bei anderen dauert es noch länger. Denken Sie auch an die Monats-, Jahres- und/oder Transaktionsgebühren, die ein **Payment Service Provider** berechnet.

3.3   Versandzonen und Versandarten

Damit Sie die Versandkosten eingeben können, benötigen Sie vorweg Ihre Zonen und Ihre Versender. Gehen Sie daher unabhängig vom Shopsystem in dieser Reihenfolge vor:

■   Versandzonen konfigurieren

■   Zahlungs- und Versandarten einrichten

- Mindermengenzuschlag anpassen

- Versandkostenfreie Lieferung anlegen

3.3.1 Versandzonen konfigurieren

Die Versandzonen variieren je nach Land und Gewicht oder Warenwert. Ist ja auch klar, denn nach Österreich ist eben ein PC etwas teurer im Versand als ein kleines Päckchen innerhalb Deutschlands. Hierfür benötigen Sie also Ihre **Lieferländerliste** und eine **Preisliste Ihres Logistikpartners**, damit Sie in Ihrer Shopsoftware die Versandkosten den jeweiligen Versandzonen korrekt zuordnen können.

Diese Länderliste ist aufgeteilt nach einzelnen Bereichen, wobei jedes Land nur in einer Zone enthalten sein kann! Beispiel: Legen Sie eine Versandkostentabelle mit den gewünschten Zonen und den passenden Versandpreisen an, z. B. eine Standardzone für Deutschland (DE) und optional Zone A (Belgien – Luxemburg – Niederlande – Österreich), Zone B (Dänemark – Liechtenstein – Schweiz – Tschechien) usw.

Die Versandkostentabelle Ihres Logistikpartners dient dabei als Anhaltspunkt. Einige Shopsoftware-Systeme bieten ein Modul oder Plug-in für bestimmte Versender an. Darin sind die Länderlisten und die Preise bereits angekoppelt. Sie müssen das Modul/Plug-in nur noch an Ihre Bedürfnisse anpassen.

> **Tipp**
> Wissenswertes rund um die Verpackungsverordnung für Internet- und Versandhändler:
> **ihkzuschwerin.de/ ihksn/Medien/Dokumente/Industrie/ mb_verpackv_1108.pdf**

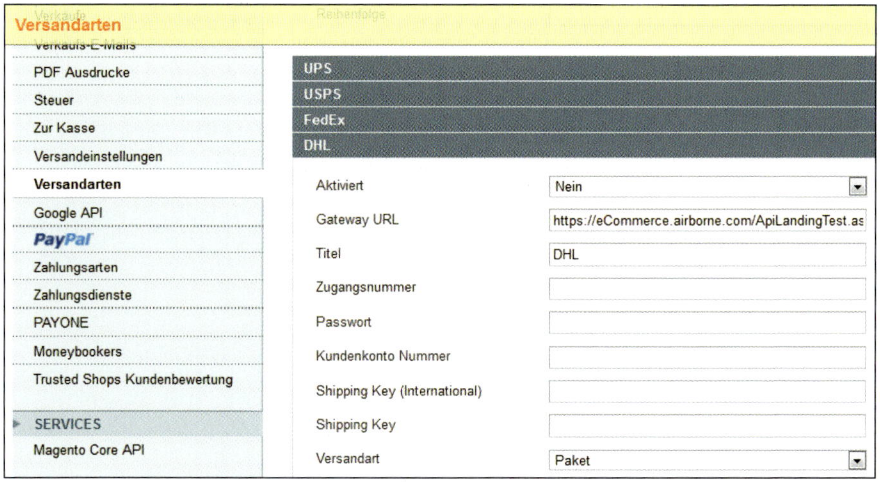

Abbildung 3.11: Modul des Versenders DHL im Shopbackend konfigurieren (Magento)

3.3.2   Zahlungs- und Versandarten einrichten

Wie bereits in *Kapitel 3.1* erwähnt, sollten Sie zuerst Ihre gewünschten Zahlungsarten anlegen und dann die zugehörige Versandzone aus Schritt 1 diesen Zahlungsarten zuordnen. Beispiel: Mit der Zahlungsart Kreditkarte darf kein Kunde aus der Schweiz bezahlen. Also dürfen Sie die Versandzone für die Schweiz nicht der Kreditkartenzahlung zuordnen.

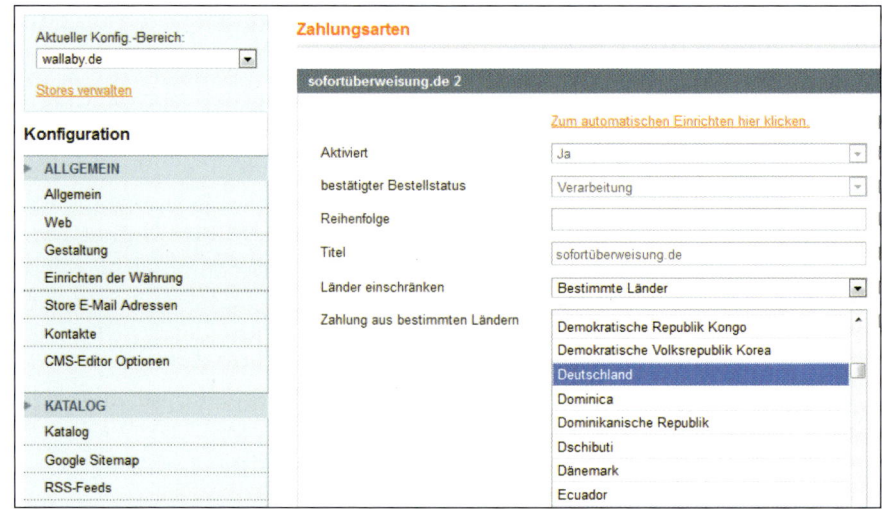

Abbildung 3.12: Ein Land der Zahlungsart zuordnen (Magento)

Sie brauchen mindestens einen Logistikpartner als Versender für Ihre Produkte. Je nach Bedarf sind ein bis zwei Anbieter sinnvoll, z. B. *DPD*, *GLS*, *UPS*, *DHL*, *Hermes*. Das entspricht Ihrer Versandart, die Sie Ihren Zonen zuordnen. Lesen Sie bei Ihrer Shopsoftware nach, wo dies eingegeben wird (siehe Abbildung 3.11).

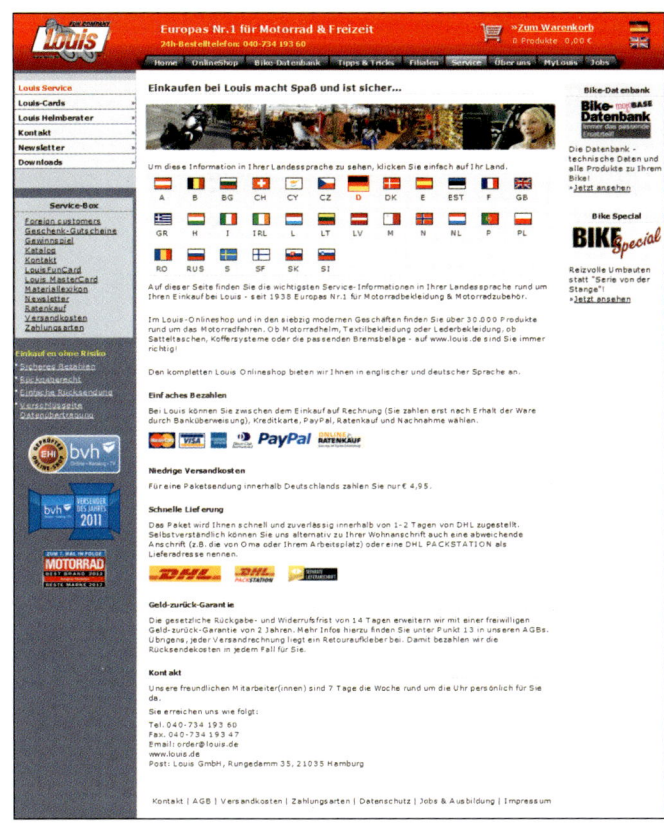

Abbildung 3.13: Infotext für den Versand und die Zahlungsarten (louis.de)

Praxistipp
Erstellen Sie in Ihrem Shop eine eigene Informationsseite **Liefer- und Versand- kosten** und fügen Sie dort Ihre Versandkos- tentabelle und Liefer- hinweise ein. Im Shop- system steht später neben dem Preis „inkl. USt. zzgl. Versandkos- ten". Der Link **Versand- kosten** führt zu dieser Hinweisseite. Halten Sie sich an die Anleitung der Shopsoftware, um diese Seite zu erstellen. Dieser Link zu den Versandhinweisen gehört rechtlich gese- hen zu den **vorvertrag- lichen** Angaben und kann bei Nichteinhaltung abgemahnt werden.

3.3.3 Mindermengenzuschlag und versandkostenfreie Lieferung

Für manche Produkte eignen sich Mindermengenzuschläge. Beispiel: Bei einem Bestellwert unter 20 Euro erheben Sie einen Zuschlag auf die Versandkosten von 2,50 Euro. Aber aufgepasst, verstecken Sie diese nicht so einfach in den Versand- kosten, sondern führen Sie diese Kosten extra in der Bestellübersicht und mit einem Hinweis in der Preisauszeichnung auf!

Viele Onlinehändler bieten bereits versandkostenfreie Lieferungen innerhalb Deutschlands an. Oder Sie können Ihre Kunden mit diesem Angebot auch erst ab einem bestimmten Warenwert belohnen. Testen Sie verschiedene Möglichkeiten, nachdem Sie mit Ihrem Shop online sind. Bedenken Sie: Da die Versandkosten ins Ausland teilweise sehr hoch sind, sollten Sie bei diesen Lieferungen eine versandkostenfreie Lieferung nur bedingt anbieten.

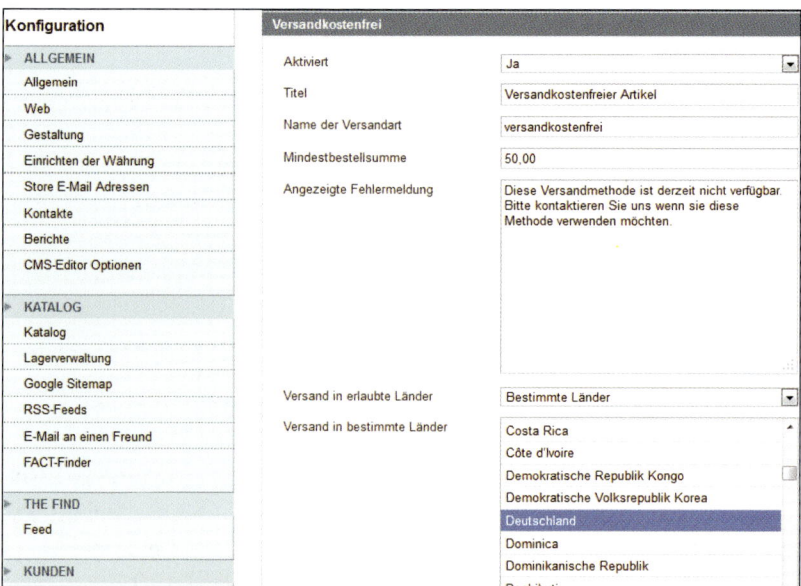

Abbildung 3.14: Angaben zur versandkostenfreien Lieferung (Magento)

3.4   Produktinformationen

Bei dem letzten Konfigurationspunkt geht es um das ausschlaggebende Must-Have eines Online Shops: die rechtlichen Mindestangaben zu Ihren Produkten.

3.4.1 Preis, Lieferhinweis und Verkaufseinheit

Als Gewerbe gilt jede wirtschaftliche Tätigkeit (Ausnahmen: freiberuflich oder landwirtschaftlich), die auf eigene Rechnung, eigene Verantwortung und auf Dauer mit der Absicht zur Gewinnerzielung betrieben wird. Bieten Sie gewerbsmäßig Waren oder Leistungen speziell für Endverbraucher an, müssen die Produktpreise im Shop laut **Preisangabenverordnung** einschließlich Umsatzsteuer ❶ und mit dem Hinweis auf sonstige Preisbestandteile angegeben sein. Dazu zählen die Versandkosten inklusive Link zu den Liefer- und Versandhinweisen ❸.

Selbstverständlich benötigen Sie daneben die Verkaufs- oder Leistungseinheit (Stück, Packung usw.). In Abbildung 3.15 sehen Sie, dass die Verkaufseinheit in der Produktinformation steht. Zwingend erforderlich ist eine Nennung der exakten Lieferzeit ❹. Nennen Sie keine Lieferzeit, werben Sie hiermit mit einem „unverzüglichen" Versand der Ware. Handeln Sie dann aber nicht unverzüglich, kann dies irreführend sein und abgemahnt werden. Dies wurde bereits von einem Gericht entschieden.

3.4.2 Optionaler Grundpreis

Für offene Packungen oder bei Verkaufseinheiten ohne Umhüllung müssen Sie laut Preisangabenverordnung einen **Grundpreis** ❷ angeben. Der Grundpreis muss unmittelbar neben dem Artikelpreis angegeben sein, wenn Sie Ware nach Gewicht (Gramm, Kilo), Volumen (Liter, Kubik), Länge oder Fläche verkaufen. Beispiel: 100 g Pralinen zu 5,99 Euro mit einem Grundpreis von 59,90 Euro bei 1 kg. Für das Errechnen des Grundpreises in der Shopsoftware nennen Sie einen Faktor bei der Artikelerfassung, wie hier im Beispiel einen Faktor von 0,1.

Es reicht nicht aus, den Grundpreis „nur" in der Artikelbeschreibung neben den Preis zu platzieren. Auch in Artikellisten muss er zum schnellen Vergleich ersichtlich sein. Zusätzlich bietet es sich hierfür an, eine weitere Übersichtsliste mit den Preisangaben in einer Hinweisseite einzubinden.

> **Tipp**
> Die **Preisangabenverordnung** finden Sie zum Nachlesen unter **gesetze-im-internet.de/pangv/**.

Abbildung 3.15: Produktinformationen auf der Artikeldetailseite

3.4.3   Kategorien, Produktbeschreibung und Produktbilder

Zu Anfang legen Sie Ihre gewünschten Produktkategorien an, die Sie in Haupt- und Unterkategorien unterteilen. Diese Kategorien stellen einen baumartig aufgebauten Katalog dar und stehen meist im linken Navigationsbereich Ihres Online Shops und dienen zum Zugriff auf Ihre Produkte und teils sogar als Landing Page.

Kunden bevorzugen eine sehr gründliche Artikelbeschreibung mit einer aussagekräftigen Warenbezeichnung und einer zutreffenden Bebilderung des Produkts. Legen Sie bei Bedarf auch produktbezogene Attribute fest, d. h., erstellen Sie zu den angelegten Produkten unterschiedliche Varianten, etwa verschiedene Farben, Größen usw. Benötigen Sie bei vielen Produkten die gleiche Variante? Dafür bieten manche Shopsysteme globale Attribute an, die nur einmal angelegt werden und dann für alle Produkte verwendbar sind. Je detaillierter, übersichtlicher und ansprechender Sie Ihre Produkte beschreiben, desto leichter begeistern Sie einen Kunden für den Kauf Ihres Shopprodukts. Mehr zur Shoppflege und Optimierung lesen Sie in *Kapitel 6*.

Fazit

Sie haben die Basiskonfiguration Ihres Shops gemeistert. Und nun: Testen Sie, testen Sie, testen Sie!Erfassen Sie für den Testshop eine Handvoll Artikel als Dummys. Laden Sie zum Test Familienmitglieder, Freunde und Kollegen ein. Jeder sollte auf Basis einer Kundenregistrierung mehrere Bestellungen tätigen und alle Zahlungsarten durchtesten. Denken Sie daran, den Shop in verschiedenen Browseransichten zu überprüfen. Wie wirkt das Layout? Wo sind Unstimmigkeiten und Fragen über einzelne Vorgänge? Findet der Tester alles auf Anhieb oder sucht er etwas Bestimmtes länger? Sind die E-Mail-Texte richtig ausformuliert? Lassen Sie alle Fragen und Fehler schriftlich festhalten, damit nichts vergessen wird. Mit diesem Wissen entsteht frühzeitig ein voll funktionsfähiger Online Shop, und Sie gehen beruhigter die Optimierung mit rechtlichen Anpassungen, SEO-Maßnahmen und Artikelpflege an.

SEO-Tipp
Oft lassen sich Kategorieseiten als sogenannte **Landing Pages** ausbauen. Nutzen Sie das meistgesuchte Keyword als Kategorienamen. Achten Sie auf sinnvolle Suchbegriffe, die nur zu dieser Kategorie passen und die der Kunde auch tatsächlich sucht. So ist z. B. das Suchvolumen für den Suchbegriff „Spiegelreflexkamera" laut **Google AdWords Keyword-Tool** etwa fünfmal höher als bei dem Keyword „Digital Spiegelreflex".

Auch aus Steinen, die in
den Weg gelegt werden,
kann man Schönes bauen.
Erich Kästner

Kapitel 4

1 x 1 des Onlinerechts

Richten Sie Ihren Online Shop nun rechtskonform ein. Bei der Abwicklung von Onlineverkäufen müssen Sie einige Informationspflichten gegenüber dem Kunden erfüllen. Mithilfe dieses Kapitels erzeugen Sie Ihr Impressum und binden die Widerrufsbelehrung und die Datenschutzerklärung korrekt in den Bestellprozess ein. Wir geben Ihnen Tipps, wie Sie die allgemeinen Geschäftsbedingungen (AGB) in den Shop integrieren.

Wir möchten Sie darauf aufmerksam machen, dass dieses Kapitel keine Rechtsberatung ist oder gar ersetzt. Sie erhalten lediglich einen ersten Überblick über die wichtigsten Anforderungen und Vorschriften zum Start in den Onlinehandel.

Wichtig! Viele Themen aus dem Bereich **Onlinerecht** sind ziemlich rasch überholt und ändern sich durch neue Gesetzentwürfe oder Urteile fast täglich. Daher ein dringender Appell an Sie: Halten Sie sich stets über neue Gesetze im Bereich Onlinehandel auf dem Laufenden! **Abmahnungen** an Shopbetreiber sind inzwischen zur Tagesordnung geworden. Durch eine Abmahnung entstehen Anwaltskosten, egal ob die Abmahnung berechtigt ist oder ob der Abgemahnte den Sachverhalt akzeptiert, um dann eine bestimmte Handlung künftig zu unterlassen oder vorzunehmen.

Die nachfolgenden Fehler sollten Sie in Ihrem Shop vermeiden. Aus Platzgründen werden wir Ihnen nicht alle Einzelheiten erläutern, dennoch helfen die Stichwörter bei der Recherche. In diesem Kapitel erfahren Sie, wie Sie wesentliche Fehler im Onlinerecht vermeiden:

- Unvollständige **Anbieterkennzeichnung** bzw. unvollständiges **Webimpressum** oder missverständliche Verweise, z. B. steht statt der E-Mail-Adresse im Impressum der ungenügende Verweis zum **Kontaktformular**.

- Die Angaben in vorvertraglichen und nachvertraglichen Informationen sind unzureichend, z. B. fehlender Link zu den Versandkosten, **Widerrufsbelehrung**, **E-Mail-Bestätigung**, fehlende Steuern usw.

- Datenschutzinhalte sind unzureichend bzw. es fehlt eine separate **Datenschutzerklärung**.

- Lieferungsangaben falsch: fehlende Hinweise zu längeren Lieferzeiten.

- Produktfotos oder Beschreibungen sind unzulässig übernommen: **Copyright** wird nicht ernst genommen.

- Fehlender Hinweis, falsche Einbindung der **AGB** bzw. offensichtlich unzulässige Klauseln in den AGB, z. B. unzulässige **salvatorische Klausel**. Damit ist eine Bestimmung in einem Vertrag gemeint, welche Rechtsfolgen eintreten, wenn sich einzelne Vertragsbestandteile als unwirksam oder undurchführbar erweisen.

Tipp
Der Onlinehandel unterliegt dem **Telemediengesetz**. Hier zum Nachlesen für Sie: **gesetze-im-internet.de/tmg/BJNR017910007.html**.
Die **IHK München** hat ein kostenloses Whitepaper „E-Commerce – Rechtliche Grundlagen" herausgegeben: **muenchen.ihk.de/mike/ihk_geschaeftsfelder/recht/Anhaenge/E-Commerce-Rechtliche-Grundlagen.pdf**

- Fehlerhafte Anwendung und Umsetzung des **Widerrufsrechts**. Einige Shops hatten im Verlauf der Bestellung nicht auf das Widerrufrecht hingewiesen.

- Fehler beim **Newsletter-Versand**: Newsletter ohne vorheriges Einverständnis durch den Kunden versendet, d. h. ohne ausdrückliche Einwilligung per Double-Opt-In-Verfahren.

- Werben mit Falschaussagen: Mit Worten wie „24 Monate Gewährleistung" zu werben ist nicht gleichbedeutend mit „24 Monate Garantie". Eine **Garantie** erhält ein Kunde freiwillig vom Hersteller für das Produkt, eine **Gewährleistung** hingegen ist gesetzlich geregelt und beträgt im Kaufrecht für Verbraucher sowieso stets 2 Jahre.

4.1 Impressum

Als Shopbetreiber haben Sie bestimmte Informationen im **Impressum** zu hinterlegen. Das Impressum, auch als **Anbieterkennzeichnung** bekannt, ist für alle geschäftsmäßigen Internetauftritte Pflicht und muss die folgenden drei Merkmale aufweisen:

1. Leicht erkennbar!
2. Unmittelbar zugänglich!
3. Ständig verfügbar!

> **Tipp**
> Um diesen Geboten gerecht zu werden, fügen Sie auf allen Webseiten einen Link zu Ihrem Impressum ein.
>
> Im Normalfall fügt die Shopsoftware automatisch einen Textlink in den Header oder Footerbereich ein. Bei Unterlassung oder Nichtbeachtung dieser Vorgaben drohen Bußgelder bis zu 50 000 Euro.

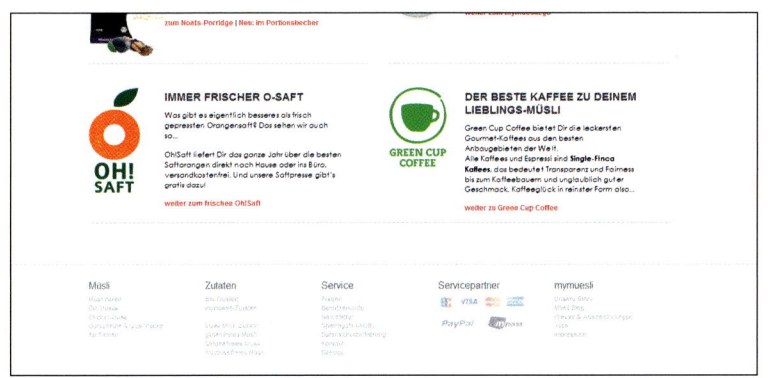

Abbildung 4.1: Impressum im Header oder Footer anzeigen (mymuesli.com)

> **Wichtig!**
> Die Angabe eines Postfachs genügt nicht. Abgekürzte Vornamen im Impressum berechtigen zur Abmahnung (**KG Berlin**).

Für alle Gewerbetreibende gelten einheitliche Rahmenbedingungen und Verpflichtungen, die folgende allgemeine **Informationspflichten** beinhalten:

- Sie als Anbieter müssen Ihren kompletten Namen bzw. die vollständige Firmenbezeichnung **inklusive Rechtsformzusatz** angeben. Zudem müssen Sie Straße, Hausnummer, Postleitzahl und Ort angeben.

- Ermöglichen Sie eine schnelle Kontaktaufnahme. Der Gesetzgeber versteht darunter insbesondere die Angabe der **Telefonnummer**, **Faxnummer** (nicht zwingend) und **E-Mail-Adresse**. Verzichten Sie nicht auf die Angabe einer Telefonnummer im Impressum. Zwar hat der **EuGH** entschieden, dass die Angabe einer Telefonnummer nicht zwingend ist. Allerdings müssen Sie in diesem Fall andere Kommunikationsmittel anbieten, die eine schnelle und direkte Kontaktaufnahme ermöglichen und sicherstellen, dass Sie die Anfrage unmittelbar beantworten können. Sie als Shopbetreiber müssen in Ihrem Impressum zusätzlich zur E-Mail eine weitere Möglichkeit der Kontaktaufnahme angeben, damit Ihr Kunde Sie auch **ohne** Internet kontaktieren kann.

- Ist Ihr Online Shop eine **juristische Person, Personengesellschaft** oder ein sonstiger **Personenzusammenschluss** wie GmbH usw.? Beachten Sie folgende Punkte:

  Achten Sie auf die korrekte Firmierung!

  Sie müssen zwingend den Vertretungsberechtigten angeben!

  Hinterlegen Sie die Angaben über Handels-, Vereins-, Genossenschafts- oder Partnerschaftsregister mit entsprechender Registernummer im Impressum.

- Falls Ihr Angebot eine **behördliche Zulassung** erfordert, ist die Angabe der **Aufsichtsbehörde** nötig.

- Gehört Ihr Gewerbe zu einer **speziellen Berufsgruppe**, müssen Sie folgende Angaben machen:

  Berufskammer!

  Berufsbezeichnung und Staat, in dem die Berufsbezeichnung verliehen wurde!

  Bezeichnung der berufsrechtlichen Regelungen und der Zugänglichkeit!

- Besitzen Sie eine **Umsatzsteuer-Identifikationsnummer**? Geben Sie diese ebenso an.

> **Gut zu wissen!**
> Denken Sie auch daran, Ihre E-Mails und Faxkorrespondenz mit den erforderlichen Pflichtangaben zu versehen. Diese Angaben sind bei Geschäftsbriefen schon längst vorgeschrieben. Seit 2007 ist es laut **Signaturgesetz** festgelegt, dass auch in E-Mails (und bei Fax) bestimmte Angaben zur jeweiligen Rechtsform nicht fehlen dürfen: **www.gesetze-im-internet.de/sigg_2001/**.

> **Tipp**
> Mit einem Onlineassistenten erstellen Sie schnell und einfach ein vollständiges Impressum bzw. eine E-Mail-Signatur:
>
> **Impressum-Generator: it-recht-kanzlei.de/ Tools/Impressum/ generator.php**
>
> **E-Mail-Generator: it-recht-kanzlei.de/ Tools/Pflichtangaben/ generator.php**

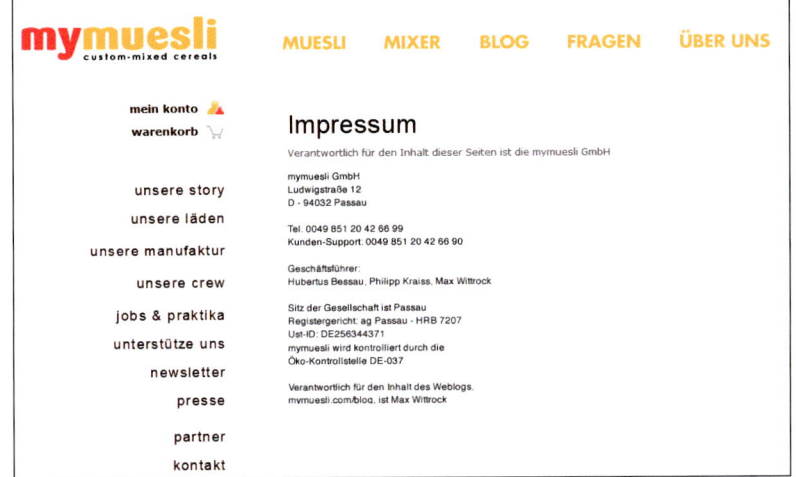

Abbildung 4.2: Klare Anbieterkennzeichnung (mymuesli.com)

4.2 Bestellabwicklung

Viele User und auch Shopbetreiber wissen das oft gar nicht: Nach dem deutschen Recht erfolgt ein **Vertragsschluss** mit dem Onlinehändler erst mit dessen E-Mail-Bestätigung zur Bestellung, also durch ein übereinstimmendes Angebot und Annahme der Bestellung seitens des Händlers. Somit ist die im Online Shop präsentierte Ware noch kein Angebot, sondern lediglich eine sogenannte „invitatio ad offerendum" – Sie fordern quasi Ihre Kunden auf, ein Angebot abzugeben. Dieses Angebot gibt der Kunde dann durch seine Bestellung ab. Dieses müssen Sie als Onlinehändler unter regelmäßigen Umständen, d. h. keine zu lange Annahmefrist

Gut zu wissen!
Ein Shopbetreiber ist nicht verpflichtet, die Bestellung, also das Angebot, anzunehmen. Es herrscht der Grundsatz der Vertragsfreiheit in Deutschland. Sie als Shopbetreiber machen sich also nicht ersatzpflichtig, wenn Sie das Angebot bzw. die Bestellung nicht annehmen, weil Sie z. B. nicht liefern können oder der Kunde Ihnen nicht zahlungsfähig erscheint.

Gut zu wissen!
Setzen Sie Service-Rufnummern auf Ihrem Shop ein, z. B. 0700-, 0900- (ehemals 0190-) oder 0180-Nummern? Dann müssen Sie alle relevanten Zusatzkosten angeben, die Ihr Kunde für bestimmte Premium-Dienste, Auskunftsdienste, Massenverkehrsdienste, Service-Hotline etc. trägt.

verstreichen lassen, annehmen und bestätigen, z. B. per E-Mail. Die Abwicklung nennt man auch Abschluss eines **Fernabsatzvertrags**.

Um rechtzeitig Ihren Kunden aufzuklären, führen Sie ihn während des Bestellungsablaufs über Linkverweise auf verschiedene Webseiten, die alle relevanten Informationen beinhalten. In den meisten Shopsystemen sind diese Links bereits in den Bestellablauf eingebaut: „Ich stimme den Allgemeinen Geschäftsbedingungen zu und möchte mit der Bestellung fortfahren." Sie müssen nur die entsprechenden Texte und Webseiten anpassen. Wichtig! Erst wenn der Kunde vor diesen Satz einen Haken setzt, kann er seinen Bestellvorgang fortsetzen. Damit es **vor** der Bestellung gelesen wurde. Die Anzeige Ihrer Vertragsbedingungen im Überblick und die Möglichkeit, die **AGB** auf dem Bildschirm aufzurufen und durch einen entsprechen Klick zu speichern, sind ausreichend.

4.2.1   Informationspflichten vor der Bestellung

Viele Angaben und Pflichten fließen in die Entscheidung **während der Bestellung** ein. Denn die Angaben erfüllen erst ihre verbraucherschützende Wirkung, wenn Ihr Kunde sie vor der Abgabe einer Bestellung aufrufen kann und sein Einverständnis gibt.

Vor dem Absenden einer Bestellung benötigt der Kunde also im Online Shop den Zugriff zu sämtlichen pflichtgemäßen Informationen. Aber welche Informationen sind nötig, und wie schaffen Sie es, rechtzeitig vor Abschluss des **Fernabsatzvertrags** Ihren Pflichten in der jeweils entsprechenden Art und Weise nachzukommen?

Impressum mit Angaben Ihrer persönlichen Identität und allen rechtlichen Inhalten (ladungsfähige Anschrift des Unternehmers, Vertretungsberechtigter bei juristischen Personen, Personenvereinigungen oder -gruppen usw.)

In den AGB hinweisen, wie der Vertrag zustande kommt. Legen Sie fest, dass der Vertrag mit Lieferung der Ware zustande kommt und nicht schon mit der Bestellbestätigung per E-Mail. Sonst bekommen Sie Probleme, falls Ihre Ware nicht mehr verfügbar ist.

Tabelle 4.1: Informationspflicht auf der Website und im Bestellablauf

Wesentliche Merkmale der Ware oder Dienstleistung – am besten noch einen Link zur Detailansicht des Produkts

Gesamtpreis einer Ware oder Dienstleistung inklusive aller damit verbundenen Kosten; besonders relevant sind hier die von Ihnen abgeführten Steuern. Zumindest ist die Berechnungsgrundlage zur Preisprüfung anzugeben, falls es keinen genauen Preis geben sollte.

Gegebenenfalls **zusätzlich anfallende Liefer- und Versandkosten** (separat für jedes Exportland) sowie ein Hinweis auf mögliche weitere **Steuern** oder **Kosten**, z. B. **Zollgebühren**

Details bezüglich der Zahlung (z. B. Kreditkarte, Rechnung oder Lastschrift), Versand oder Erfüllung, d. h. wie die geschuldete Leistung erbracht wird

Mindestlaufzeit des Vertrags bei dauernd oder regelmäßig wiederkehrenden Leistungen

Gültigkeitsdauer des **Preises** für Angebote, die nur befristet zur Verfügung stehen

Widerrufs- oder Rückgaberecht: Darunter fallen hauptsächlich die Bedingungen und die Einzelheiten der Rücksendung. Ein Hinweis als Zweizeiler reicht aus, wie „Ihnen steht ein 14-tägiges Widerrufsrecht nach Lieferung der Ware zu. Hier finden Sie Einzelheiten zum Widerrufsrecht" (als Link zu den AGB mit dem Widerrufsrecht). Mehr dazu lesen Sie in *Kapitel 4.3*.

Link zu Ihren AGB, die auf einer Shopwebsite nachzulesen sind und zusätzlich zum Download bereitstehen sollten.

Tabelle 4.2: Informationspflicht in Bestellübersicht, Warenkorb oder Kasse

4.2.2 Informationspflichten nach Eingang der Bestellung

Es besteht für Sie als Onlinehändler die Pflicht gegenüber allen Kunden, den Eingang einer Bestellung unverzüglich per E-Mail, Post oder online zu bestätigen. Es reicht aus, wenn das Shopsystem eine automatisch generierte **Empfangsbestätigung** über die Bestellung per E-Mail versendet und der Kunde diese in seinem E-Mail-Postfach abrufen kann. Nicht ausreichend ist „nur" eine Bestellübersicht in HTML-Format zum Nachlesen im Kundenkonto, die Bestellung muss auf elektronischem Weg bestätigt werden.

Zudem müssen Sie mit dieser Bestätigung den Kunden über alle relevanten Vertragsbestimmungen belehren (**Belehrungspflicht**):

- Informationen zur **Anbieterkennzeichnung** (Impressum)

> **Praxistipp**
> Die Shopsoftware versendet vordefinierte Bestellbestätigungen mit den Informationen in der Regel von allein. Viele dieser Angaben sind bereits standardisiert enthalten, und Sie müssen nur an ein paar Stellen mit persönlichen Angaben selbst Hand anlegen.

- Hinweise zu den **Vertrags- und Zahlungsbedingungen**: AGB, Vertragsschluss, Leistungsvorbehalte, Widerrufs- oder Rückgaberecht, Kündigungsbedingungen bei Dauerschuldverhältnissen (Abo)

- Produktübersicht mit Produktbeschreibung, Einzelpreise, Endpreis sowie zusätzliche Porto- und Versandkosten, Steuern, Zölle

- Hinweise über Kundendienst sowie geltende Garantie- und Gewährleistungsbedingungen und Rabatte

Vergessen Sie nicht, über die **Leistungserbringung** zu informieren. Bei Online Shop-Produkten betrifft dies:

- Beschränkungen des Liefergebiets (z. B. Deutschland, Österreich, Schweiz oder EU)

- erkennbare Nichteinhaltung voraussichtlicher Liefertermine oder die Nichtverfügbarkeit

- vergriffener Produkte

Setzen Sie den Kunden davon unverzüglich in Kenntnis!

4.3   Widerrufsrecht und Rückgaberecht

Sehr wichtig für den Onlinehandel ist das **Widerrufs**- (§ 355 BGB) oder **Rückgaberecht** (§ 356 BGB). Kunden haben grundsätzlich bei Onlinebestellungen ein Widerrufsrecht. Ihr Kunde darf ohne Angabe von Gründen innerhalb von 14 Tagen widerrufen, indem er die Ware an Sie zurücksendet oder Sie in Textform über die Rücksendung der Ware informiert, entweder per E-Mail oder Brief.

Gut zu wissen!
Eine mündliche Erklärung des Kunden, wie per Telefon, ohne Rücksendung der Ware reicht jedoch nicht aus für den Widerruf. Beachten Sie zudem, dass die **Widerrufsfrist** mit 14 Tagen **Rückgabefrist** erst mit Ihrer Lieferung der Ware beginnt und nur für Verbraucher gilt.

4.3.1   Die rechtlich wirksame Widerrufsbelehrung

Die **Widerrufsbelehrung** beinhaltet das **Widerrufs- und Rückgaberecht**. Diese **müssen** sie dem Kunden in geeigneter Form als **Text** übermitteln, damit diese wirksam wird. Sie erfolgt als Vorabinformationen **vor** Vertragsschluss und **spätestens unverzüglich nach Vertragsschluss**. Das heißt, Sie müssen einerseits vor der Bestellung deutlich auf das Widerrufsrecht **hinweisen** und zusätzlich in der Bestellbestätigung die Belehrung aufführen.

Verwenden Sie die dafür vorgesehenen **Musterbelehrungen**. Formulieren Sie diese gesetzlich vorgeschriebenen Texte nicht um und verwenden Sie keine alten Vorlagen.

Um bei einem möglichen Streitfall einen Beweis für die Annahme der Belehrung vorlegen zu können, sollte die Belehrung mit einem Haken während des Bestellprozesses bestätigt werden. Dieser Klick wird im Logfile des Shops protokolliert. Der Versand der Bestellbestätigung ist nur ein Indiz, aber kein Beweis.

Nehmen Sie die Belehrung in Ihre AGB mit auf und stellen Sie diese online zum Nachlesen und zum Download zur Verfügung. Mehr dazu unter *Kapitel 4.4*.

Tabelle 4.3: Art und Weise der Belehrung

Sie müssen Ihren Namen samt Anschrift aufführen, um den Kunden in Kenntnis zu setzen, gegen wen der Widerruf zu erklären ist. Daneben informieren Sie den Verbraucher über die rechtlichen Folgen des Widerrufs oder der Rückgabe, einschließlich des Betrags, den er für eine bereits erbrachte Dienstleistung zu zahlen hat.

Die Widerrufsfrist muss mindestens 14 Tage ab Lieferdatum betragen.

Die Rückerstattung für gezahlte Rechnungsbeträge müssen Sie innerhalb von 30 Tagen erledigen. Sie geraten gegenüber dem Verbraucher automatisch in Verzug, wenn Sie diese Frist überschreiten.

Der Kunde ist verpflichtet, die Ware nach dem Widerruf zurückzusenden, außer sie kann nicht mit dem Paket versendet werden. Die Kosten und die Risiken im Zusammenhang mit der Rücksendung tragen Sie als Shopbetreiber. Durch eine entsprechende Vereinbarung in der Widerrufsbelehrung und zusätzlich in den AGB wälzen Sie die **Rücksendekosten** (nicht die Versicherung) von Artikeln mit einem Wert unter 40 Euro auf den Käufer über. Nehmen Sie daher unbedingt diese **40-EURO-Klausel** zusätzlich in Ihren AGB unter dem Punkt **Kostentragungsvereinbarung** mit auf, auch wenn Sie die Widerrufsbelehrung bereits in die AGB platziert haben.

Tabelle 4.4: Inhalt der Belehrung

> **Keine Telefonnummern in Belehrungen!**
> Achten Sie darauf, dass im Gegensatz zum Impressum in der Widerrufs- oder Rückgabebelehrung keine Telefonnummer enthalten sein darf. Abmahngefahr!

Abbildung 4.3: Widerrufsbelehrung und AGB vor der Bestellabgabe

Der Bestellbutton ❶ muss ab August 2012 klar und unmissverständlich auf eine finanzielle Verpflichtung hinweisen. Das heißt, die Buttonbeschriftung, auch „Neue Buttonlösung" genannt, soll z. B. „kostenpflichtig bestellen", „zahlungspflichtigen Vertrag schließen" oder „kaufen" lauten.

> Sie haben ein vierzehntägiges Widerrufsrecht. Hier finden Sie die Einzelheiten zu Ihrem **Widerrufsrecht**
>
> (Link einfügen auf "Widerrufsrecht" zu einer separaten Shopseite mit der Widerrufsbelehrung oder setzen Sie einen Anker zu der Stelle in Ihren AGB)

Abbildung 4.4: Alternative Anzeige der Widerrufsbelehrung vor Bestellabgabe

Tipp
Wird die Widerrufsbelehrung nicht rechtzeitig in Textform vor der Bestellabgabe oder in der **Bestellbestätigung** nur über einen Link zum Nachlesen angeboten, entstehen beispielsweise Schadensersatzansprüche, oder dem Kunden steht dadurch ein zeitlich unbegrenztes Widerrufsrecht zu. Informieren Sie den Käufer nicht über das Widerrufsrecht und seine damit verbundenen Pflichten bezüglich der ordnungsgemäßen Rückgabe, müssen Sie die Ware wohl oder übel annehmen. Vermeiden Sie solche unternehmerischen Risiken auf jeden Fall.

Halten Sie sich bei diesem Thema stets auf dem Laufenden! Während wir dieses Buch verfassten, lag bereits ein Referentenentwurf für ein neues Widerrufsrecht vor. Ob und welche Neuerungen ab wann gelten lesen Sie unter `http://www.shopbetreiber-blog.de/2012/10/19/umsetzung-der-vrrl-das-neue-widerrufsrecht-2/`

4.3.2 Was bedeutet Rückgaberecht?

Da Sie als Shopbetreiber dem **Fernabsatzvertrag** unterliegen, haben Sie die Wahl, ob Sie ein Widerrufsrecht oder ein **Rückgaberecht** einräumen. Sie dürfen aber **nicht beide zusammen** anbieten, das verwirrt oft Ihren Kunden und könnte schon abgemahnt werden.

Bei der Widerrufsbelehrung kann sich der Verbraucher bereits durch eine einfache Erklärung in Textform vom Vertrag lösen. Der Kunde ist in der Lage, sofort nach Erhalt der Widerrufsbelehrung vom Vertrag zurückzutreten. Hierzu braucht er die Ware zunächst nicht zurückzusenden, es reicht schon eine Textnachricht per Mail oder Fax.

Beim Rückgaberecht bedarf es keiner schriftlichen Erklärung vorab, der Verbraucher tritt innerhalb von 14 Tagen durch die Rücksendung der Ware vom Vertrag zurück. Somit stehen Sie sofort nach Erhalt der Rücksendung in der Schuld des Verbrauchers. Den bereits erhaltenen Warenwert und eventuell angefallene Versandkosten müssen Sie innerhalb von 30 Tagen zurückerstatten (**Rückgewährschuld**). Die Versandkosten und Gefahrbezüglich der Rücksendung tragen immer Sie als Shopbetreiber. Sie dürfen jedoch im Rückgaberecht keine 40-Euro-Klausel verwenden.

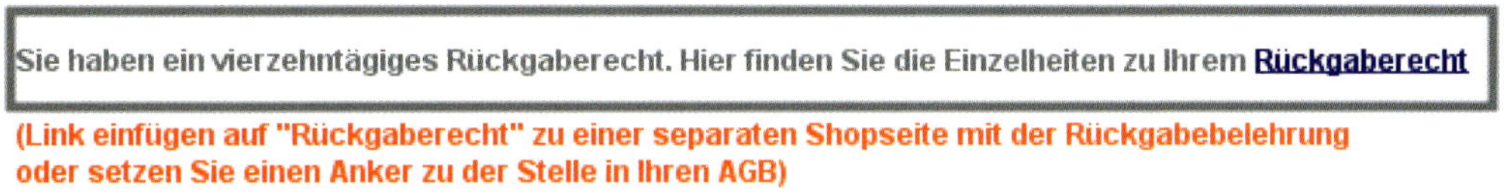

Sie haben ein vierzehntägiges Rückgaberecht. Hier finden Sie die Einzelheiten zu Ihrem **Rückgaberecht**

(Link einfügen auf "Rückgaberecht" zu einer separaten Shopseite mit der Rückgabebelehrung oder setzen Sie einen Anker zu der Stelle in Ihren AGB)

Abbildung 4.5: Hinweis über Rückgaberecht im Online Shop

> **Praxistipp**
> Auch bei eBay gilt ein 14-tägiges Widerrufsrecht, solange der Verbraucher sowohl vor Vertragsschluss als auch unmittelbar nach Vertragsschluss in Textform darüber belehrt wird.

> **Gut zu wissen!**
> Verwenden Sie die **angepasste** Rückgabebelehrung für **Warenlieferung** im elektronischen Geschäftsverkehr, müssen Sie ebenso auf diese Belehrung laut Fernabsatzgesetz im Online Shop innerhalb der AGB und unverzüglich auch nach Vertragsschluss in Textform hinweisen.

> **Achtung!**
> Für Angebote im **Dienstleistungsbereich** gelten gesondert angepasste Musterbelehrungen für Widerrufs- und Rückgaberecht.

Vorteile mit dieser Regelung erhalten Sie dadurch, dass Sie sich sicher sein können, zügig Ihre Ware zurückerhalten, um danach erst einmal den Zustand der Ware auf Wertminderung zu prüfen, bevor Sie den Kaufpreis erstatten. Sie können auch darauf spekulieren, dass dem Kunden die Rücksendung zu kompliziert ist und er die Ware behält.

4.4   Allgemeine Geschäftsbedingungen und Datenschutzerklärung

Alle vertragsrelevanten Bedingungen legen Sie für den Verbraucher am einfachsten in den **Allgemeinen Geschäftsbedingungen** (AGB) fest. Laut **Fernabsatzgesetz** und Verbraucherschutzregeln **(§§ 307** bis **309 BGB)** müssen Sie den Verbraucher informieren über:

- Zahlungsmodalitäten

- Lieferung/Lieferverzug

- Vertragsabschluss

- Haftung

- Mängelhaftung

- Eigentumsvorbehalt

> **Gut zu wissen!**
> Ihre AGB sind nur dann gültig, wenn Sie die Vorschriften von **§ 305 BGB** beachten. Holen Sie sich unbedingt den fachkundigen Rat eines Rechtsanwalts, der Ihre AGB-Vorschriften inhaltlich kontrolliert, und kopieren Sie diese nicht einfach von Ihrem Konkurrenten. Darin könnten auch Fehler sein!

Wichtig! Diese sind nur wirksam, wenn sie rechtzeitig in den Bestellvorgang einbezogen wurden. Der Kunde muss auch hierfür **vor** Vertragsschluss davon Kenntnis nehmen und mit der Gültigkeit einverstanden sein. Besser gesagt: Vor seiner Bestellung müssen Sie ihm die Möglichkeit geben, die AGB zu lesen. Lediglich eine nachträgliche Zustellung per Bestätigungsmail ist wirkungslos, denn diese wurde nicht einbezogen in den Bestellprozess.

Die meisten Shopsysteme verfügen auf der Startseite und der Bestellseite über einen eigenen Link zu den AGB.

Abbildung 4.6: AGB und Datenschutz vor Abgabe der Bestellung mit Link zum Text

Praxistipp
Binden Sie die AGB in den Bestellablauf ein, um eine entsprechende Bestätigung **vor** Abgabe der Bestellung von Ihrem Kunden zu erhalten. Hierfür eignet sich auch die Funktion per Häkchen, wodurch der Kunde Ihre AGB akzeptiert.

Sind die **Widerrufsbelehrung** und die **40-Euro-Klausel** (unter „Kostentragungs-vereinbarung") in den AGB-Text eingebunden, so sollten Sie die Widerrufsbeleh-rung zusätzlich besonders hervorheben (etwa durch Fettschrift oder durch Umrah-mung). In diesem Fall müssen Sie **zwingend** die AGB bereits auf dem Online Shop Ihrem Kunden zum Nachlesen anbieten und nicht erst im Bestellablauf mitteilen.

Speichern Sie dazu die AGB-Seiten in wiedergabefähiger Form ab, wobei sich dafür HTML nicht wirklich gut eignet. Besser ist es, Sie bereiten ergänzend eine PDF-Datei zum Herunterladen vor.

Tipp
Lesen Sie weitere Tipps, wie und wann Sie AGB anbieten müssen und was Sie bei der Verwen-dung von AGB beachten sollten, auf der Seite **Auflistung gängiger Abmahngründe für Shopbetreiber**: it-recht-kanzlei.de/ abmahnung-ebay. html#cc402

Befolgen Sie auf jeden Fall folgende Tipps und überprüfen Sie, ob:

- Sie an deutlich sichtbarer Stelle **vor** Vertragsschluss bzw. mit einem sofort sichtbaren Hinweislink im Bestellprozess über Ihre AGB informieren! (Informationspflicht)

- Ihre **vollständigen** AGB über die **Shopseiten** einsehbar sind!

- Ihre AGB auf dem Bildschirm leicht zu lesen sind ohne Verwendung von kleinsten Schriftengrößen!

- der Text Ihrer AGB so kurz gehalten ist, dass Ihr Kunde diesen in zumutbarer Art auch vom Bildschirm aus zur Kenntnis nehmen kann – vermeiden Sie unbedingt einen 20-seitigen AGB-Paragraphen-Dschungel!

- Ihre AGB zum Download zur Verfügung stehen!

4.4.1   Datenschutzbestimmungen

Eine weitere wichtige Informationspflicht für Onlinehändler bezieht sich auf die Datenverarbeitung. Sie sind verpflichtet, in einer **Datenschutzerklärung** den Kunden zu Beginn seines Einkaufs über Art, Umfang und Zwecke der Datenverarbeitung zu informieren.

Halten Sie dabei folgende Punkte ein:

1. Der komplette Text muss an zentraler, gut sichtbarer Stelle in Ihrem Shop aufzurufen sein, z. B. in der Navigationsleiste.

2. Ihr Kunde muss der Datenschutzerklärung zur Verwendung seiner persönlichen Daten ausdrücklich **zustimmen** können. Somit reicht es nicht aus, wenn Sie lediglich in Ihren AGB darauf aufmerksam machen (siehe Abbildung 4.6).

3. Die **Verarbeitung der Daten** ist nur insoweit zulässig, als sie zur Abwicklung des Vertrags erforderlich ist (Prinzip der Erforderlichkeit). Für Internetbestellungen reichen Ihnen Kundenname, Anschrift sowie die E-Mail-Adresse und Angaben zur Zahlungsabwicklung. Das Abfragen von Geburtsdatum oder Telefonnummer der Kunden stellt zwar kein rechtliches Problem dar, ist aber meist nicht nötig.

Tipp
Einen Mustertext einer Datenschutzerklärung zum Download finden Sie auf unserer Website: **onlineshopbuch.de/download**. Diese müssen Sie noch an Ihre Bedürfnisse anpassen. Der Text dient lediglich als Orientierungshilfe und kann keine rechtliche Beratung ersetzen.

Link zum **Bundesdatenschutzgesetz** des **Bundesministeriums der Justiz**: **http://bundesrecht. juris.de/bdsg_1990/**

4. All Ihre Vorkehrungen zielen darauf ab, die Privatsphäre des Kunden und seine Daten vor Missbrauch zu schützen.

5. Ihrem Kunden steht ein **Auskunftsrecht** zu. Jederzeit kann er unentgeltlich Auskunft über seine gespeicherten Daten verlangen. Auf seinen Wunsch hin müssen Sie seine Daten löschen oder korrigieren.

6. Informieren Sie Ihre Kunden über **Cookies**, wie **Session-Cookies**, die Ihre Shopsoftware für die Warenkorbfunktion oder das **Tracking** benötigt. Teilen Sie auch mit, dass der Kunde über die Browsereinstellungen das Setzen der Cookies ausschalten kann, jedoch das Einkaufen im Online Shop dadurch beeinträchtigt wird.

7. Optional: Setzen Sie einen entsprechenden Hinweis auf die Verwendung von **Analyseprogrammen** wie *Google Analytics* und auf deren Widerspruchsmöglichkeiten ein (mehr, wie Sie *Google Analytics* datenschutzkonform einsetzen lesen Sie in *Kapitel 10*).

8. Optional: Klären Sie in Ihrer Datenschutzerklärung darüber auf, dass Sie den *Facebook*-„Like"-Button und/oder den Button „*Google+*" in den Shop eingebaut haben.

An Bestandskunden dürfen Sie nur Werbung über eigene Produkte versenden und das auch nur, falls Ihnen eine nachweisbare Einwilligung vorliegt. Sie müssen sogar diese Einwilligung protokollieren. Zudem muss der Kunde selbst in der Lage sein, den Informationsdienst einfach einzustellen, z. B. einen **Newsletter-Versand** abzubestellen. Nehmen Sie einen dementsprechenden Hinweis vor Erklärung seiner Einwilligung und zusätzlich in Ihren Newsletter auf, dass der User jederzeit der Zusendung widersprechen kann. (siehe *Kapitel 9*).

> **Gut zu wissen!**
>
> **Cookies** sind ursprünglich recht harmlos. Sie richten keinen Schaden auf Ihrem Computer an, sondern spähen eher die Privatsphäre während des Surfens auf Ihrem Shop oder Ihrer Website aus. Cookies sind kleine Textdateien, die der Online Shop oder eine Website mit einigen Daten auf Ihrem Rechner abspeichert.
>
> Ein Server kann mithilfe dieser lokalen Datei dem User beim nächsten Besuch seine letzten Einstellungen wiederherstellen (= dauerhafte Cookies oder **persistente Cookies**, schlummern auf der Festplatte und müssen manuell gelöscht werden). Oder Cookies erkennen den User für die Dauer der Sitzung, um ihm somit die ständige Eingabe von Benutzername und Kennwort zu ersparen (= Session-Cookies werden nach dem Schließen des Browserfensters gelöscht).
>
> Zum Beispiel: Ihr Online Shop erkennt durch einen Cookie, dass gerade ein Stammkunde online ist, und die Software präsentiert ihm somit passende neue Angebote, oder er wird namentlich begrüßt. Oder anhand der bisherigen Bestellungen stellt die Shopsoftware einige Artikel zusammen, die auf den Kunden und sein Bestellprofil zutreffen.

Fazit

Zusammengefasst läuft der Bestellvorgang doch ziemlich einfach ab: Sie als Shopbetreiber müssen vor Abgabe der Bestellerklärung Ihren Kunden klar und verständlich über den Gesamtpreis der Bestellung, die Liefer- und Versandkosten sowie das **Widerrufs- bzw. Rückgaberecht** in Kenntnis setzen. Daneben ist ein deutlicher Hinweis auf die **AGB** und **Datenschutzbestimmungen** einzubauen, die für das bessere Protokollieren der Bestellung durch einen Haken bestätigt werden und damit vom Kunden angenommen wurden. Hierfür müssen Sie für die Aktualität der Texte sorgen. Neben einigen Mustertexten bieten wir Ihnen auf unserer Website auch Whitepapers bzw. Checklisten mit den wichtigsten Anpassungen für einen rechtskonformen Online Shop an.

Seien Sie auf der Hut mit dem Onlinerecht. Denn Gerichte fällen immer wieder neue Urteile, und der Gesetzgeber erlässt hierfür in unregelmäßigen Abständen neue Gesetze. Ändern Sie Ihre Belehrungen und Texte schnellstens in Ihrem Online

Shop, sobald ein neues Gesetz in Kraft tritt. Somit wird es Ihnen als Shopbetreiber bestimmt nie langweilig. Abonnieren Sie doch einfach einige Newsletter zu diesem Thema von renommierten Websites oder Weblogs, damit Sie zeitnah die neuesten Infos und Änderungen erhalten.

Wir möchten Sie durch diese vielen Fallstricke nicht zu stark verunsichern oder gar zweifeln lassen. Daher raten wir Ihnen, sich zu Beginn dabei helfen zu lassen, sei es mit einer **Shopzertifizierung**, die mit einer rechtlichen Prüfung des Shops einhergeht, oder mit der Beratung durch einen speziellen Dienstanbieter im Bereich „rechtssicherer Online Shop". Mehr zum Thema Shopzertifizierung lesen Sie in *Kapitel 7.*

Kluge Leute lernen
auch von ihren Feinden.

Aristoteles

Kapitel 5

Suchmaschinen-Optimierung für Shops

Bevor Sie mit der Produktdatenerfassung loslegen, sollten Sie sich in die SEO-Thematik einarbeiten. Wir zeigen zu Beginn die besten Suchmaschinen, Optimierungsmaßnahmen und Google-Tipps. Mit diesem wertvollen Grundwissen platzieren Sie Ihren Shop in die oberen Suchergebnisse der Suchmaschinen. Erledigen Sie die vorgestellten SEO-Aufgaben regelmäßig, locken Sie auf Dauer mehr Besucher in den Shop und das auch noch ohne feste Kosten.

Keyword: Schlüsselwort, das genau auf das Produkt zutrifft.

Backlink: Link auf eine Webseite, der bereits von einer anderen Webseite auf diese verlinkt wurde.

Unique Content: Einzigartiger Inhalt, der unverwechselbar nur auf dieser einen Website existiert.

Meta-Tag: HTML-Elemente auf einer Webseite. Diese charakterisieren die Website, bleiben dem Betrachter aber verborgen.

In diesem Kapitel zeigen wir Ihnen die wichtigsten Ranking-Faktoren, SEO-Maßnahmen und SEO-Tools. Dadurch lernen Sie die unerlässlichen Stellschrauben aus dem SEO-Bereich kennen und können diese für die Optimierung Ihres Shops einsetzen.

Für ein besseres Verständnis von Suchmaschinen-Optimierung lohnt sich ein Blick in den Marketingbereich. In diesem Buch besprechen wir drei wichtige Marketing-Maßnahmen:

- Organische Suchergebnisse: **Suchmaschinen-Optimierung** (SEO) ist das Thema dieses Kapitels

- Organische Suchergebnisse: **Social-Media-Marketing** (SMM) (*Kapitel 8*)

- Generische Suchergebnisse: **Suchmaschinenmarketing** (SEM) oder Search-Engine-Advertising (SEA) (*Kapitel 9*)

Mit diesen Maßnahmen verfolgen Sie das Ziel, mehr Seitenzugriffe auf Ihren Online Shop zu erreichen, um höhere Umsätze zu generieren. Um langfristig erfolgreich zu sein spielen noch weitere Ziele eine wichtige Rolle: hochwertiger Kundenservice und positives Markenimage.

Ziele der verschiedenen Marketing-Maßnahmen:

- **Suchmaschinen-Optimierung:** Mit kostenpflichtigem Onlinemarketing erreichen Sie zwar mehr Traffic und Besucher für Ihren Online Shop, es beeinflusst jedoch nicht das Suchmaschinen-Ranking. Dies gelingt Ihnen durch wiederholten Einsatz von entsprechenden Keyword-Kombinationen in Unique Content, hochwertigen Backlinks, durch aussagekräftige Seitentitel, informative Meta-Tags und das Beachten der Qualitäts- und SEO-Richtlinien von Suchmaschinen. Je wertvoller die Suchmaschine eine Homepage, Produktliste oder Produktseite erachtet, desto weiter oben in der Trefferliste steht der Link zu der optimierten Shopseite oder der Website.

- **Social-Media-Marketing**: Dieser Marketingsektor ist mittlerweile stark auf dem Vormarsch und ergänzt Ihren Kundenservice-Bereich. Auch durch Weiterleitung von wertvollem Content, Tipps und Anleitungen über die User an deren Freunde verbreiten sich Shopseiten und ihre Produkte in sozialen Netzen wie *Facebook*, *Twitter* & Co. Suchmaschinen nehmen Meldungen aus diesen Netzwerken auch in den Index mit auf. Diese Meldungen gelangen somit auch in die Suchergebnislisten. Neben der normalen Integration von Social-Media-Diensten lohnen sich für Shopbetreiber mittlerweile auch Werbeausgaben bei *Facebook Advertising*, *Wong SL* (*Mister Wong*), *Twitter Business* (Promoted Products) oder *YouTube* (über *Google AdWords*). Lesen Sie mehr dazu in *Kapitel 8*.

- **Suchmaschinenmarketing**: Bei dieser Marketingvariante bezahlen Sie dem Suchmaschinenbetreiber pro Klick bzw. pro Keyword. Jeder User, der auf einen Link im Bereich „Anzeigen" auf Suchergebnislisten klickt, generiert somit Kosten für den Werbenden. Es gibt nur wenige Anbieter von generischen Suchergebnissen, z. B.: *Google AdWords* oder *Yahoo! bing Network* (Zusammenschluss von *Bing* und *Yahoo!*). Lesen Sie mehr dazu in *Kapitel 9*.

Nur wer die Zusammenhänge zwischen Online Shop und Suchmaschine versteht, der setzt SEO-Maßnahmen richtig ein, damit mehr Besucher in den Shop gelangen.

5.1 Wie Suchmaschinen und Webkataloge ticken

Es existieren verschiedene Mittel und Wege, um Besucher über Suchmaschinen (wie *Google* oder *Bing*) in den eigenen Online Shop zu locken. Eines haben alle Suchmaschinen gemeinsam: die Suchergebnisliste oder auch kurz SERP (search engine result page) genannt.

Diese unterteilt sich in:

- organische Suchergebnisse.

- generische oder bezahlte Suchergebnisse.

Bei den organischen Suchergebnissen ❶ handelt es sich um **kostenlose** Platzierungen in der Suchmaschine. Diese basieren auf dem jeweiligen Suchmaschinenalgorithmus. Hingegen verdienen die Suchmaschinenbetreiber mit den

> **Expertentipp**
> Conversion-Optimierung bündelt alle Maßnahmen, um die Besucherzahlen, die Verkaufszahlen und somit den Umsatz eines Online Shops zu erhöhen. Dies wird in einer Kennzahl dargestellt: Die Konversionsrate stellt das Verhältnis von tatsächlichen Käufern zu allen Shopbesuchern und Kaufinteressenten dar. Laut einer Studie der **Web Arts AG** liegt die Konversionsrate bei 62 % aller deutschen Online Shops unter 3 %, d. h., von 100 Shopbesuchern kaufen letztlich nur drei ein.

generischen Suchergebnissen ❷ viel Geld. Hoch im Kurs steht bei den bezahlten Suchergebnissen die Suche mit allgemeinen Wörtern wie Auto, Hotel, Job etc.

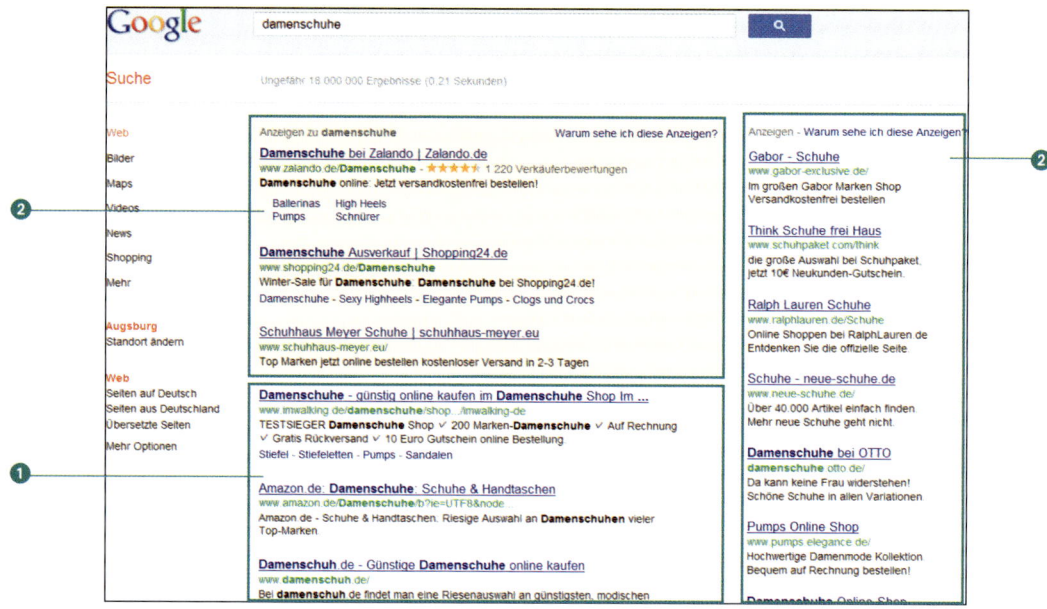

Abbildung 5.1: Unterschied von organischen und generischen Suchergebnissen

Suchmaschinen

Den Datenbestand von Suchmaschinen sammeln und erzeugen spezielle Programme: die sogenannten Crawler, Robots oder Spider. Sie starten die Datensammlung auf der Homepage einer Webseite, speichern von dieser Seite den Content (also HTML-Quellcode, Meta-Tags, Links, Texte und Bilder) in eine Datenbank und folgen dann den dort gefundenen Hyperlinks auf die unteren Seiten, die auch in die Datenbank gelesen werden.

> **Gut zu wissen!**
> Suchmaschinen sind eine Art Telefonbuch des Internets. Die Suchergebnislisten werden durch Crawler, Indexer und Suchmaschinenalgorithmen automatisiert erstellt.

Wichtig!
Die Meta-Tags stehen im Header (Kopf) eines HTML-Dokuments und werden vom Browser nicht angezeigt. Darin ist eine kurze Beschreibung der Webseite enthalten, und es werden Tags mit Namen „title", „content-language", „keywords", „description", „author" usw. aufgezeigt. Vorausgesetzt, Sie speichern Begriffe zum jeweiligen Tag. Hier ein HTML-Beispiel von der Startseite des Shops **zalando**:

```
<title>Schuhe & Mode online kaufen | Schuhe bei ZALANDO</title>

<meta name="description" content="Schuhe und Mode von über 1200 Top-Marken versandkostenfrei bestellen -
Große Auswahl an Schuhen, Mode, Taschen und Accessoires bei ZALANDO" />

<meta name="keywords" content="Schuhe, Damenschuhe, Herrenschuhe, Mode, Kleidung, Bekleidung, Fashion,
Taschen, Accessoires, Online-Shop, Schuhe online, Zalando" />
```

Listing 5.1: Quellcode mit Meta-Tags (zalando.de)

Aus dieser Datenbank erstellt die Suchmaschine eine Art Inhaltsverzeichnis (Index). In dieser sehr umfangreichen Liste stehen für alle erdenklichen Suchbegriffe die Fundstellen, in denen die Begriffe auftauchen. Sucht ein User auf einer Suchmaschinenseite nach einem Begriff, wird dieser Index durchforstet. Denn eine Suche in der kompletten Datenbank per Volltextsuche würde Tage dauern.

Suchmaschinen bzw. die Indexer verwerten die gesammelten Informationen einer Website anhand eines Ranking-Algorithmus, der aus Hunderten von Merkmalen und Kennzahlen besteht. Wenn eine Seite zu viele sogenannte tote Links (404-Fehlerseiten) aufweist oder zu wenig aussagekräftige Inhalte bietet, dann erhält die Seite vom Suchmaschinenalgorithmus ein schlechtes Ranking. Dagegen belohnen Suchmaschinen hochwertige Seiten mit sauberem Quellcode und thematisch passenden Zielseiten mit einer besseren Platzierung.

Eine wichtige Rolle für die Wartung des Suchmaschinenindex spielt die Häufigkeit, mit der Websites upgedatet werden. Für die Suchmaschine ist eine ständige Neuindexierung aller Webseiten aufgrund der Größe des Internets unmöglich. Dennoch findet regelmäßig ein Update für den Index statt. Die vermeintlich wichtigeren Webseiten werden häufiger von den Suchmaschinen aktualisiert als andere. Fast täglich wird dafür ein Update in den Index übertragen. Mit einer XML-Sitemap, die Sie bei der *Google Webmaster-Zentrale* einreichen, steuern Sie selbst diese Updateintervalle.

Eine XML-Sitemap enthält alle wichtigen Linkverweise Ihres Webauftritts und beschleunigt die Indexierung. Erstellen Sie direkt auf Ihrer Startseite einen Link auf die Datei *sitemap.xml*, dann erledigen die Crawler der großen Suchmaschinen (*Google*, *Bing* und *Yahoo!*) den Rest für Sie. Ein gutes Shopsystem erstellt eine solche Datei in regelmäßigen Abständen komplett automatisiert.

Diese Maßnahme lohnt sich besonders für neue Webauftritte und Online Shops mit wenigen Backlinks und schwacher Indexierung. Ein Backlink ist ein Link von einer externen Webseite, der auf eine eigene Seite im Online Shop verlinkt. Neue Shops verfügen zu Beginn noch über relativ wenige Backlinks und werden daher von Usern und Suchmaschinen schlecht gefunden. Obendrein dauert es relativ lange, bis tatsächlich alle Kategorie- und Produktdetailseiten im Suchmaschinen-index landen.

```xml
- <url>
    <loc>http://wallaby.de/service/webhosting/shop-hosting/shop-hosting-magento.html</loc>
    <lastmod>2010-06-29</lastmod>
    <changefreq>daily</changefreq>
    <priority>1.0</priority>
  </url>
- <url>
    <loc>http://wallaby.de/service/webhosting/shop-hosting/shop-hosting-xtcommerce.html</loc>
    <lastmod>2010-06-29</lastmod>
    <changefreq>daily</changefreq>
    <priority>1.0</priority>
  </url>
- <url>
    <loc>http://wallaby.de/service/webhosting/shop-hosting/online-shop-hosting.html</loc>
    <lastmod>2010-06-29</lastmod>
    <changefreq>daily</changefreq>
    <priority>1.0</priority>
  </url>
- <url>
    <loc>http://wallaby.de/service/weiterbildung/tutorials/ebook-contenido-v48-tutorial.html</loc>
    <lastmod>2010-06-29</lastmod>
    <changefreq>daily</changefreq>
    <priority>1.0</priority>
```

Abbildung 5.2: Auszug einer sitemap.xml

Folgende Zahlen verdeutlichen, wie wichtig Suchmaschinen zum Generieren von Traffic für Ihren Online Shop sind:

Prozent	User ...
94 %	suchen Informationen zu Produkten!
84 %	beginnen mit einer Suchanfrage ihren Interneteinkauf!
78 %	nutzen ihre Social-Media-Kanäle zur Kontaktpflege!
77 %	benutzen die eigene Produktsuche der jeweiligen Suchmaschine!
76 %	sehen als besten Einstiegskanal die Suchmaschine an!
76 %	nutzen mit Kaufabsichten die Suchmaschinensuche!
72 %	nutzen das Internet zum Einkaufen!
70 %	betrachten meist nur die erste Seite einer Suchergebnisliste und dort nur die Top-5-Einträge!

Tabelle 5.1: Statistik zum Einsatz von Suchmaschinen

Wichtige Anmeldeseiten für Suchmaschinen:

- *Austrolinks*: austrolinks.info/linkeintrag.php

- *Bing*: https://ssl.bing.com/webmaster/SubmitSitePage.aspx

- *Google*: https://www.google.com/webmasters/tools/submit-url?hl=de

- *search.ch*: search.ch/addurl.html

- *Yahoo!* (über *Bing*): search.yahoo.com/info/submit.html

Neben den **Suchmaschinen** sind **Webkataloge** und Social-Media-Seiten die wichtigsten Besucherlieferanten im Web.

Webkataloge

In den Katalogen finden sich mehrere Millionen Einträge, die eine Redaktion **manuell** erstellt und pflegt. Webseiten landen nur dann in diesem Datenbestand, wenn sie ein Redakteur gesichtet und für gut befunden hat. Es sind somit hochwertige Einträge.

> **Tipp**
> Die **Google**-Richtlinien für Webmaster informieren Sie über Erfolg versprechende Methoden, die der Suchmaschine beim Finden, Crawlen und Indexieren Ihrer Shopseiten helfen: **support.google.com/ webmasters/bin/answer. py?hl=de&answer= 35769**

Praxistipp

Ist Ihr Shop erst frisch aufgesetzt und sind diverse »Baustellen« in Ihrem Webauftritt noch offen, dann warten Sie vorerst mit der Anmeldung bei Webkatalogen. Sobald Sie genügend Content erstellt haben, holen Sie dies nach.

Wichtigste Anmeldeseiten für Webkataloge:

- *allesklar.de*: `https://listing.allesklar.de/listingshop/index.php`

- *DMOZ*: `dmoz.org/add.html`

- *web.de*: `https://eintragsservice.web.de/`

- *Yahoo!*: `de.docs.yahoo.com/info/seite_vorschlagen/`

5.1.1   Was Suchmaschinen brauchen

Die Vorgehensweise einer Suchmaschine macht Ihnen deutlich, warum eine Optimierung Ihrer Shopseiten sehr wichtig für Sie ist. Denn es reicht nicht nur allein das „Crawlen" einer Homepage durch die Suchmaschine, sondern der Shop und dessen Inhalte sollten qualitativ hochwertig und auf Ihre Produkte und Angebote optimiert sein. Sinn und Zweck Ihrer Suchmaschinen-Optimierung ist es, dass der Kunde Ihre Shopartikel und die Webseiteninhalte (Anleitungen usw.) mit themenrelevanten und passgenauen Suchbegriffen über eine Suchmaschine schnell und gezielt findet.

Keywords

User verwenden zur Suche unterschiedliche Suchbegriffe, die teilweise aus einem einzelnen Begriff (Keyword) oder mehreren Suchbegriffen (Long Tail) bestehen. Abbildung 5.3 verdeutlicht das Zusammenspiel zwischen Suchvolumen (Anzahl der Suchanfragen durch User in einem bestimmten Zeitraum) und Anzahl der Suchbegriffe:

- **Long-Tail-Strategie**: Je länger der Suchbegriff, desto niedriger ist das Suchvolumen. Es suchen somit relativ wenig User nach dieser Begriffskombination. Gleichzeitig erhöhen sich die Qualität und die Relevanz der Besucher, denn die Nutzer suchen gezielter nach Produkten, wissen genau, was sie suchen, und sind stark kaufinteressiert. So ist ein Kunde wesentlich interessanter, der nach „Samsung Galaxy Tab kaufen" sucht, als einer, der nach „Samsung" sucht.

- **80:20-Regel**: Der „Big Head" umfasst die Minderheit der Suchbegriffe, verschafft damit jedoch dem Online Shop einen großen Teil der Besucher. Allerdings ist die Suchmaschinen-Optimierung auf generische Suchbegriffe extrem aufwendig, ziemlich langwierig und meist sehr kostspielig. Das schaffen meist nur gut etablierte Online Shops.

Die Masse der Produkte liefert eher schwachen Umsatz. *Chris Anderson* formulierte dies in seinem Buch (Selling Less Of More) als „Nischenprodukte statt Masse". Wer den Long Tail ignoriert, verschenkt enormes Trafficpotenzial. Andererseits ist es leichter erreichbar, Besucher mittels spezifischer Suchbegriffe in den Shop zu locken.

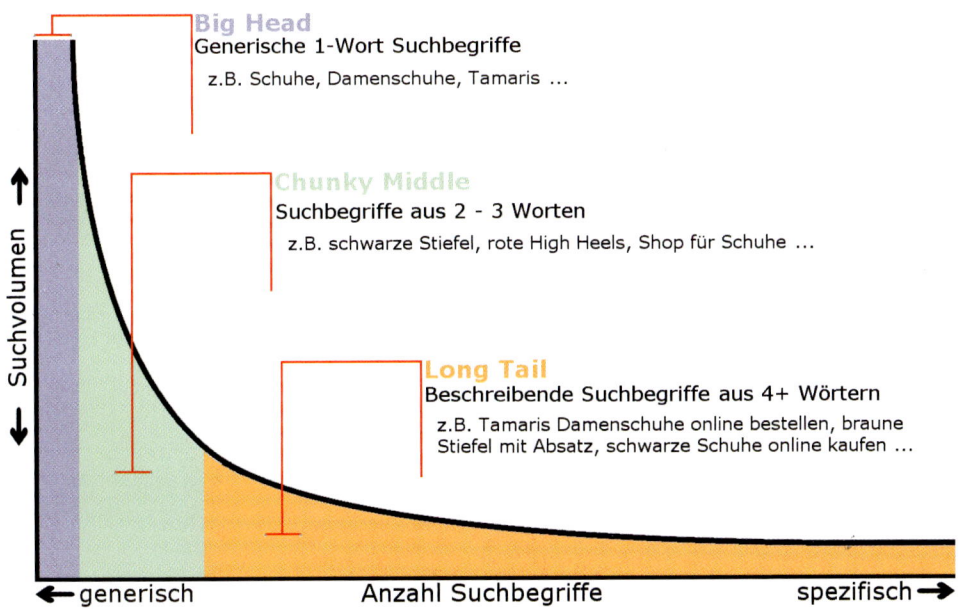

Abbildung 5.3: Abnehmendes Suchvolumen beim Long Tail

Ein Beispiel: Wichtige **generische** Suchbegriffe für den Shopbetreiber *Zalando* sind im Schuhbereich: Schuhe, Damenschuhe, Sportschuhe, Herrenschuhe, Schnürschuhe, *Tamaris* (Markenname), Sneaker etc.

Sucht man über das *Google*-Suchfeld nach Herrenschuhen, liefert die Suchmaschine als erste drei Suchtreffer die in Abbildung 5.4 dargestellten Ergebnisse.

Laut einer Untersuchung der *Cornell University* verteilt sich die Klickhäufigkeit auf die vorderen Plätze in Suchmaschinen so: 56 % auf Platz 1, 13 % auf Platz 2 und 10 % auf Platz 3. Demzufolge bringen die ersten Plätze auf den Suchergebnisseiten die meisten Shopbesucher.

Wie Sie Keywords richtig einsetzen, lesen Sie in *Kapitel 5.3*.

Abbildung 5.4: Suchergebnisse für die Suche nach Herrenschuhen

Content

Zu Beginn reicht es niemals aus, einen Shop nur ins Web zu stellen und dann abzuwarten, bis viele Bestellungen durch tägliche Besucher im Shop eintrudeln. Deutlich vielversprechender ist es, wenn Sie für Ihren Online Shop aktiv die Werbetrommel rühren, damit Besucher Ihren Shop auch finden. Qualitativ hochwertiger Content ist der Schlüssel dazu, den Traffic zu erhöhen.

Denn sind Ihre Shopinhalte qualitativ hochwertig ansprechend für Ihre Kunden und zudem optimiert für Suchmaschinen, sind 50 % und mehr der Seitenbesucher über Suchmaschinen zu verzeichnen. Im Kampf um Marktanteile, Konversion und Marge ist dies der entscheidende Wettbewerbsfaktor. Je mehr Sie kostenlosen und dennoch qualitativ guten Traffic mit geringen Absprungraten von Kunden auf dem eigenen Online Shop verzeichnen, desto positiver entwickeln sich die Zugriffs- und Umsatzzahlen.

Optimieren Sie Shopartikel, Shopcontent, Quellcode, Überschriften, Bilder, Verlinkungen mit treffenden Keywords. Denn mit den richtigen Begriffen landen Ihre Shopseiten nicht irgendwo im Suchmaschinenindex, sondern auf den vorderen Plätzen bei den organischen Suchbegriffen nach dem Motto „Content is King!".

Was sind Landing Pages?

Der Kaufprozess in einem Online Shop unterscheidet sich nur unwesentlich vom Einkaufserlebnis in einem Ladengeschäft. In beiden Fällen findet man ein Schaufenster, die Produktsuche und die Kasse.

Am verlockendsten für Kunden ist in einem Ladengeschäft das Schaufenster mit toll platzierten Produkten, sodass er den Laden betritt. Ähnlich wie ein Schaufenster lockt eine Landing Page die Kunden in den Online Shop. Im Shop einmal angekommen, sollte er schnellstmöglich zum Kauf animiert werden. Das gelingt nur, wenn seine Erwartungen erfüllt werden bzw. die Landing Page zu seiner Suche der richtige Einstieg war. Dann begibt sich der Onlinekunde in den Checkout-Prozess, wo er seine Bestellung abgibt und den Artikel bezahlt.

> **Gut zu wissen!**
> Genau genommen ist eine **Landing Page** eine speziell erstellte Website oder Produktseite für Werbezwecke mit einem bestimmten Angebot und dient als Einstiegsseite in den Online Shop. Meist erreicht der Besucher diese Seite über einen Link aus einer Werbeanzeige oder über Suchmaschinenergebnislisten. Mehr dazu in **Kapitel 9**.

> **Praxistipp**
> Wie bereits empfohlen, recherchieren Sie zu Beginn Ihrer Shopidee wichtige Suchbegriffe zu Ihren Kategorien/ Artikeln und halten diese in Ihrem Konzept (**Kapitel 1**) fest. Je frühzeitiger Sie mit der Recherche der Keywords für Ihre Inhalte und SEO-Planung beginnen, desto leichter fällt die Umsetzung. Somit haben Sie schon während des Aufbaus von Seitenlayouts mit Navigation, der Kategorie- und Produktdetailseiten ausgewählte Begriffe als Keywords parat. Sie gewähren damit von Anfang an eine optimierte Darstellung des Shops (**Kapitel 6**) für Ihre User und für Suchmaschinen.

Bauen Sie Ihre Kategorieseiten zu Landing Pages um. Diese Seiten konzipieren Sie im Hinblick auf die jeweilige Kategorie mit Text und Bild mit maximal zwei Keywords. Wichtig, erstellen Sie eindeutige Seiten! Das heißt, auf einer Landing Page beschreiben Sie nur eine Kategorie. Schreiben Sie zu Ihrer Kategorie einen Text mit informativem Mehrwert für Ihre Kunden und pushen Sie diese Seite mit anderen Marketingmaßnahmen (*Kapitel 9*). Beispiel für informativen Inhalt für Ihre Kunden auf Kategorieseiten sind: die Anzahl der jeweiligen angebotenen Produkte in der Kategorie, eine Herstellerliste, weiterführende Hinweise, Bedienungsanleitungen und Entscheidungshilfen. Jede Kategorie erhält somit einen eigenen Inhalt zum Thema.

Gut zu wissen!
Da **Google Deutschland** mit rund 80 % Marktanteil eine vorherrschende Stellung einnimmt, konzentrieren sich viele Seitenbetreiber auf diese Suchmaschine. Das soll aber nicht bedeuten, dass man die restlichen 20 % komplett vernachlässigen darf (**Google** 81,9 %, **Bing** 6,1 %, **T-Online** mit **Google**-Suche 3,6 %, **Yahoo!** mit **Bing**-Suche 3,4 %, **ask. com** 1,4 % und der Rest).

5.2   Google Suchergebnislisten – was dahinter steckt?

Es ist wichtig, dass Sie sehen, auf welche Weise Shopseiten (Homepage, Produktkategorien, Produktbilder und Produktdetailseiten) in Suchergebnislisten dargestellt werden können. Damit beschäftigen wir uns in diesem Abschnitt.

Unterschiedliche Darstellungen von Suchergebnissen bei Google

- Standarddarstellung

- Präsentation einer Website mittels Sitelinks

- Sprungmarken und Kategorielinks

- Rich Snippets für Produktinformationen

Im Folgenden wird an ein paar Beispielen die Darstellung der verschiedenen Suchergebnisse gezeigt. Dabei handelt es sich hauptsächlich um erfolgreiche Shoppingportale und professionelle Online Shops.

Wer sich wesentlich intensiver mit Suchmaschinen auseinandersetzt, dem fallen aber noch viele weitere Darstellungsmöglichkeiten auf. Besonders der Bereich Universal Search bzw. Blended Search hat in den letzten Jahren stark zugelegt. Die Suchmaschinenbetreiber reichern die zehn besten Suchtreffer an, die am zutreffendsten zum Suchwort stehen. Neben der Werbung mischen sie weitere Suchergebnisse in die Trefferliste ein, wie Orte, Bilder, Videos, Produkte, Google+ (Autoren), News, Finanzen, Bücher, Bewertungen, Definitionen, Wissenschaft, Wetter, Blogs, Foreneinträge, Tweets etc. Eine Suche nach „VW Golf VII Cabrio" liefert z. B. weitere Ergebnisse von Bildern, **Google+** und Videos.

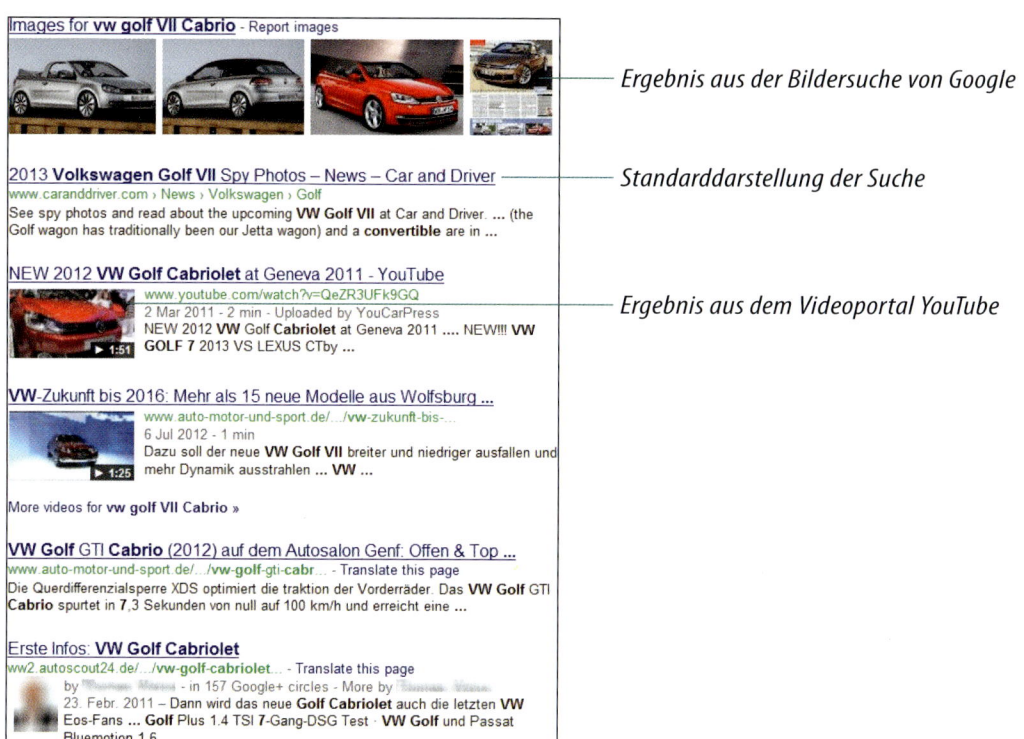

Ergebnis aus der Bildersuche von Google

Standarddarstellung der Suche

Ergebnis aus dem Videoportal YouTube

Abbildung 5.5: Universal-Search-Ergebnisse und Standarddarstellung eines Eintrags

5.2.1 Standarddarstellung der Suchergebnislisten

Schauen Sie sich Abbildung 5.6 an. Hier fallen drei Merkmale auf: der blau markierte Titel der Shopseite ❶, die grün hervorgehobene Breadcrumb ❷ und der beschreibende Text in Schwarz ❸.

- **Seitentitel**: Dort sollte ein Eyecatcher stehen, der themenrelevante Keywords nutzt, damit der User im Schnellüberblick Ihre Seite anklickt. Wichtig, jeder Seitentitel muss unique, also eindeutig sein, d. h., es darf keine weitere Shopseite (Shopartikelseite) den gleichen Seitentitel aufweisen! Aktuell ist die Länge auf ca. 70 Zeichen begrenzt. Künftig wird die darstellbare Textlänge auf eine bestimmte Breite von den Suchmaschinen limitiert sein.

- **Breadcrumb**: Das ist ein Navigationselement und dient der Seitenstrukturierung. Die Breadcrumb-Zeile zeigt den Pfad der aktuellen Webseite an, z. B. „Online ShopBuch > Download > Gratis eBook". Die URL setzt sich aus einer oder mehreren Hyperlinks zusammen. Mit *schema.org* (Mikroformat) gelingt es, die Navigationszeile mithilfe von Mikrodaten oder RDFa auszuzeichnen, z. B. „Bücher › Autoren › Stephen King". In *Kapitel 6* lesen Sie, warum eine Breadcrumb auch für Ihre User im Online Shop sinnvoll ist.

- **Meta-Description**: Der Beschreibungstext stammt häufig direkt aus den Meta-Tags, ansonsten aus dem auf der Seite vorkommenden Text. Die optimale Länge besteht laut *Google* aus circa 160 bis 180 Zeichen. Genauso wie für den Seitentitel sollten Sie einen einmaligen Text nutzen, der relevante Keywords enthält.

Abbildung 5.6: Standarddarstellung in der Google-Suchergebnisliste

Expertentipp
Relativ einfach erzeugen Sie mit Mikroformaten aus einer einfachen Breadcrumb eine optimierte Breadcrumb. Auf **schema.org/Offer** finden Sie einen HTML-Quellcode und eine Erklärung, wie dieser in ein Template einzubringen ist, damit Suchmaschinen eine Breadcrumb erkennen.

```
<body itemscope itemtype="http://schema.org/WebPage">
  …
  <div itemprop="breadcrumb">
    <a href="bücher.html">Bücher</a> >
    <a href="Autoren.html">Autoren</a> >
    <a href="Stephen-King.html">Stephen King</a>
  </div>
```

Listing 5.2: Mikroformate für die Breadcrumb

5.2.2 Sitelinks einer Website

In Abbildung 5.7 sehen Sie eine sehr ausführliche Verlinkung unterhalb des Hauptseitenlinks. Somit lässt sich nicht nur die Startseite anklicken, sondern auch diverse Unterseiten und Shopkategorien. Auf die Darstellung und Auswahl der einzelnen Sitelinks hat man kaum Einfluss. Lediglich in den *Google Webmaster-Tools* (*Kapitel 10*) haben Sie die Möglichkeit, Links Ihrer Seite, die Ihrer Meinung nach unpassend oder falsch für die Ansicht als Sitelinks sind, abzuwerten oder auszuschließen.

Grundsätzlich versuchen Suchmaschinen jedoch, diejenigen Links anzuzeigen, auf die Seitenbesucher häufiger klicken oder durch die Nutzer Zeit sparen und schneller die gewünschten Informationen finden. Das sind auch die großen Vorteile für Ihren Online Shop. Der Kunde gelangt mit Sitelinks schneller an das richtige Ziel.

> **Tipp**
> Hilfe und Erklärung zu Sitelinks von **Google**:
> support.google.com/
> webmasters/bin/
> answer.py?hl=de&
> answer=47334

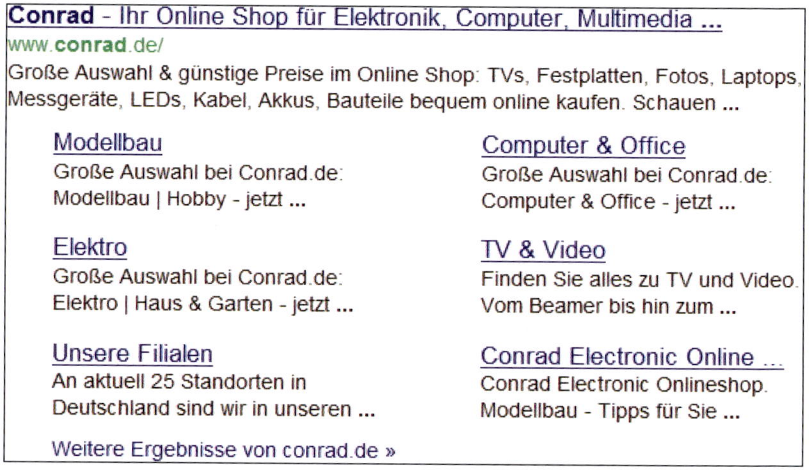

Conrad - Ihr Online Shop für Elektronik, Computer, Multimedia ...
www.**conrad**.de/
Große Auswahl & günstige Preise im Online Shop: TVs, Festplatten, Fotos, Laptops, Messgeräte, LEDs, Kabel, Akkus, Bauteile bequem online kaufen. Schauen ...

Modellbau
Große Auswahl bei Conrad.de:
Modellbau | Hobby - jetzt ...

Computer & Office
Große Auswahl bei Conrad.de:
Computer & Office - jetzt ...

Elektro
Große Auswahl bei Conrad.de:
Elektro | Haus & Garten - jetzt ...

TV & Video
Finden Sie alles zu TV und Video.
Vom Beamer bis hin zum ...

Unsere Filialen
An aktuell 25 Standorten in
Deutschland sind wir in unseren ...

Conrad Electronic Online ...
Conrad Electronic Onlineshop.
Modellbau - Tipps für Sie ...

Weitere Ergebnisse von conrad.de »

Abbildung 5.7: Sitelinks im Google-Suchmaschinenindex

5.2.3 Sprungmarken und Rich Snippets

2009 hat *Google* die Suchergebnis-Snippets eingeführt: Dabei handelt es sich um zwei neue Funktionen mit Sprungmarken. Diese Snippets ergänzen das Suchergebnis um einige Zeilen Text neben der Standardbeschreibung.

Gut zu wissen!
Sprungmarken kommen häufig bei **Wikipedia** zum Einsatz. Die dort angebotenen Links nutzen häufig ein Inhaltsverzeichnis, und der Link zum jeweiligen Abschnitt verwendet das #-Symbol in der URL. Wichtig dabei ist für Sie, dass Ihre Shopsoftware **sprechende URLs** nutzt, also z. B. nicht **#mpidx1**, sondern **#Cross_Jeans**. Aus diesem Grund heißen die Sprungmarken im englischen Sprachgebrauch „named anchor links".

Tipp
Wissenswertes zum Thema Suchergebnis-Snippets finden Sie auf **Google Blog: google-webmastercentral-de. blogspot.de/2009/10/ anchor-in-den-neuen-suchergebnis.html**.

Sprungmarken für Snippets

Die erste Neuerung stellt einige Hyperlinks zur Verfügung, die zu mehreren Abschnitten innerhalb einer Webseite verweisen. Die zweite Änderung (siehe Abschnitt „Rich Snippets für Produktinformationen") sieht optisch etwas anders aus und verlinkt direkt zu einem einzigen Abschnitt auf der Webseite.

Seit Kurzem listet der Suchmaschinenanbieter *Google* relevante Links auch ohne Sprungmarken auf. Vergleichbar zu den großen Sitelinks aus *Kapitel 5.2.3*, handelt es sich hier um eine kleinere Linksammlung. Diese Zeile verweist auf beliebte Webseitenziele eines Shops. Häufig handelt es sich um Produktkategorien oder einzelne Topseller. Jedoch ist der optische Effekt dieser Mini-Sitelinks eher bescheiden.

Snippets aus Kategorien

Abbildung 5.8: Snippets aus Kategorielinks eines Online Shops

Wir empfehlen: Bei Verwendung von Ankernamen für Sprungmarken (diese bauen Sie in den HTML-Code ein) sollten Sie sich bei Kategorien, Serviceseiten oder Produkten auf maximal drei Wörter beschränken! So wird der blau dargestellte Snippet in der Ergebnisliste der Suchmaschine nicht zu lang.

Eine Anleitung zum Setzen von Sprungmarken finden Sie auf:

```
de.selfhtml.org/html/verweise/projektintern.htm#anker
```

Rich Snippets für Produktinformationen

Das Semantische Web ist ein neues Konzept bei der Weiterentwicklung des Internets. Künftig sind Webseitenbetreiber in der Lage, die in menschlicher Sprache ausgedrückten Informationen (Texte, Bilder) für Suchmaschinen verständlicher darzustellen. So verbinden Suchmaschinen eine Suchanfrage besser mit einem Webseiteninhalt, und der User findet Inhalte schneller und präziser.

Als Shopinhaber können Sie diese beschreibende Semantik bereits nutzen. Mittels *Rich Snippets* (Mikroformate oder *RDFa*) stellen Sie den Suchmaschinen detailliert Produktdetails zur Verfügung. Mit den zusätzlichen Informationen haben Suchmaschinen die Möglichkeit, mehr Informationen beim Suchmaschinen-Snippet anzuzeigen. Die zusätzlichen Produktinformationen wie Name, Bild, Bewertung, Preis, Verfügbarkeit, Beschreibung, URL, Händler usw. sorgen für eine hervorgehobene Darstellung des Produkts.

Vorteile durch die Nutzung von Rich Snippets:

- Sie locken potenzielle Kunden einfacher in Ihren Online Shop, die in *Google* nach Artikel suchen.

- Sie werten bestehende Suchergebnis-Snippets mit zusätzlichen Produktinformationen auf.

- Sie steigern die Konversionsrate durch die Erhöhung Ihrer Besucherzahlen und verbessern zusätzlich die Besucherqualität, da es für Kunden leichter ist, einen passgenauen Artikel zu finden.

- Sie erhöhen die Genauigkeit und Aktualität der Produktinformationen durch eine optimalere Produktdarstellung.

> **Gut zu wissen!**
> Ziel des Semantischen Webs ist es, die Bedeutung (Semantik) von Informationen für Computer besser verwertbar zu machen. Ein Beispiel soll Ihnen dies näher verdeutlichen: Die Suchbegriffsfolge „Umsatz von Facebook 2010 in Deutschland" bringt Ihnen ohne Semantisches Web viele Resultate in einer Suchmaschine, nur keine präzise Antwort auf eine ziemlich einfache Frage.

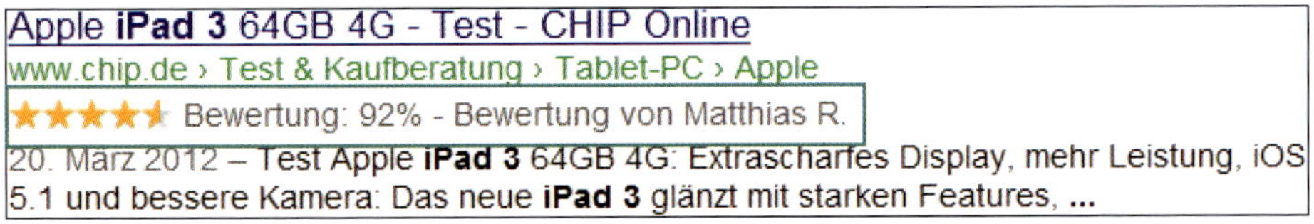

Apple **iPad 3** 64GB 4G - Test - CHIP Online
www.chip.de › Test & Kaufberatung › Tablet-PC › Apple
★★★★☆ Bewertung: 92% - Bewertung von Matthias R.
20. März 2012 – Test Apple **iPad 3** 64GB 4G: Extrascharfes Display, mehr Leistung, iOS 5.1 und bessere Kamera: Das neue **iPad 3** glänzt mit starken Features, ...

Abbildung 5.9: Rich-Snippet-Link für ein Produkt mit einer Bewertung

> **Tipp**
> Online finden Sie weiterführende Informationen zur Produktbewertungsanzeige unter:
> googlewebmastercentral.blogspot.de/2012/04/updates-to-rich-snippets.html
> und zu **Rich Snippets** für Produkte unter:
> support.google.com/webmasters/bin/answer.py?hl=de&answer=146750.

Auszeichnung und Formatierung für Rich Snippets funktionieren ähnlich wie bei einer Auszeichnung für eine Breadcrumb. Zum Erstellen eines Codes benötigen Sie auf einer Produktdetailseite produktspezifische Eigenschaften: Produktname (= name), Produktbild (= image), Produktbewertung (= aggregateRating), Produktpreis (= price), Produktverfügbarkeit (= availability), Produktbeschreibung (= description) u. v. m.

```
<div itemscope itemtype="http://schema.org/Product">
  <span itemprop="name">Samsung UE55D8090</span>
  <img itemprop="image" src="Samsung-UE55D8090.jpg"
      alt='Samsung UE55D8090' />
  <div itemprop="aggregateRating" itemscope
      itemtype="http://schema.org/AggregateRating">
    Produktbewertung <span itemprop="ratingValue">4.5</span>/5
    basiert auf
    <span itemprop="reviewCount">11</span> Kundenbewertungen
  </div>

  <div itemprop="offers" itemscope
      itemtype="http://schema.org/Offer">
  <span itemprop="price">99 EUR</span>
  <link itemprop="availability"
        href="http://schema.org/InStock" />lieferbar  </div>
  Produktbeschreibung:
  <span itemprop="description">Der Samsung UE55D8090 …</span>
</div>
```

Listing 5.3: Mikroformate für Produktdetailseiten

5.3   SEO-Maßnahmen in den Griff bekommen

Jetzt stellen Sie sich natürlich als Shopbetreiber die Frage: Wie gelangen Sie mit Ihrem Shop und dem wertvollen Content mit den Suchbegriffen auf die vorderen Plätze? Ein Bündel an SEO-Maßnahmen steht für die Optimierung bereit.

Zwei Hauptbegriffe zu den Maßnahmen:

- **OnPage-Optimierung** (intern): betrifft den technischen und inhaltlichen Aufbau des Shops, z. B. Kategorien, Produktdetails, HTML-Quellcode, Cascading Stylesheets oder Layout

  z. B.: URL-Struktur, Meta-Tags, Überschriften, Texte (Content), Produktbilder etc.

- **OffPage-Optimierung** (extern): bündelt alle Aktivitäten auf fremden Websites zur Steigerung der Verlinkung zum Shop (Empfehlungsmarketing)

  z. B.: Backlinks, Textlinks, Gastbeiträge auf fremden Sites, Social-Media-Aktivitäten etc.

Wo liegen die häufigsten SEO-Fehler?

Bei der OnPage-Optimierung werden die meisten Fehler gemacht bzw. das Wissen dazu ist lückenhaft. Suchmaschinen schreiben gewisse Qualitätsrichtlinien vor (siehe *Kapitel 5.1*). Darin wird eindringlich davor gewarnt, mithilfe von Tricks das Ranking zu verbessern.

Denken Sie daran: Die besten SEO-Maßnahmen bringen wenig, wenn man deren Umsetzung nicht überwacht. Aus diesem Grund ist es besonders wichtig, Monitoring-Tools einzusetzen (siehe *Kapitel 10*). Der Erfolg oder Misserfolg von Änderungen am Shop lässt sich so viel schneller beurteilen. Steigt das Ranking, dann war die Maßnahme vorteilhaft. Fällt das Ranking deutlich ab, dann war die Anpassung eher ungünstig. Im Laufe der Zeit erarbeiten Sie sich als Shopbetreiber einen wertvollen Erfahrungsschatz. Dann können Sie unsere Tipps leichter nachvollziehen und schneller umsetzen. Es ist für Sie als Shopbetreiber überaus wichtig, einen ausgewogenen Marketingmix zu betreiben (siehe *Kapitel 9*).

Zusammenfassend liefert Tabelle 5.2 die häufigsten Fehler im Umgang mit Suchmaschinen.

> **Tipp**
> Die besten Informationsquellen für interessierte Suchmaschinenoptimierer unter Ihnen liefern die Suchmaschinenanbieter selbst. **Google** bietet dazu seine deutschsprachige PDF-Broschüre „Einführung in Suchmaschinen-Optimierung" an. Von **Bing** gibt es eine englischsprachige Übersichtsseite zum Thema „SEO and How-to guides".
> **Bing:** onlinehelp.microsoft.com/en-US/bing/gg132923.aspx
> **Google:** google.de/webmasters/docs/einfuehrung-in-Suchmaschinen-Optimierung.pdf
> bit.ly/meinVortrag
> – Vortrag „Suchmaschinen-Optimierung mit Social Media"

Bereich	Was Sie tun sollten:
Content	- Verstecken Sie wertvollen Text nicht in Bildern oder Flash-Dateien.
	- Erstellen Sie den Online Shop nicht für Crawler, sondern für Besucher.
	- Vermeiden Sie spezielle Brückenseiten (Doorway-Seiten) zur Manipulation.
	- Verzichten Sie auf das mehrfache Publizieren identischer Inhalte (Duplicate Content).
	- Schreiben Sie unique Texte und kopieren Sie nicht alles vom Hersteller.
Suchbegriffe	- Wiederholen Sie Suchbegriffe nicht zu oft (Keyword Stuffing).
	- Nutzen Sie in Meta-Tags keine übermäßigen Wortwiederholungen.
	- Berücksichtigen Sie die relevanten Kundensuchbegriffe im Shop.
	- Verlinken Sie mit beschreibenden Textlinks und verwenden Sie keine „weiterlesen"-Buttons.
	- Schreiben Sie möglichst ausführliche Texte, Meta-Tags und `alt`-Tags.
Technik	- Verzichten Sie auf Frames, nofollow-Links und dynamische URLs.
	- Vermeiden Sie Crawler-unfreundliche Bildnavigationen.
	- Unterlassen Sie JavaScript-, Dropdown- und Flash-Menüs.
	- Setzen Sie auf hochwertige und schnelle Hosting-Provider.
	- Investieren Sie ausreichend Zeit und Geld in die passende Shopsoftware.
URLs	- Unterlassen Sie unsichtbare Links bzw. Texte (Cloaking).
	- Vermeiden Sie unnötige Um-/Weiterleitungen (außer 301-Weiterleitung).
	- Verzichten Sie auf Session-IDs und zu viele Parameter in URLs.
	- Bauen Sie weniger als 100 Hyperlinks in eine einzelne Webseite ein.
	- Investieren Sie Kompetenz in den Aufbau einer ordentlichen URL-Struktur.

Tabelle 5.2: Welche SEO-Fehler vermeiden?

5.3.1 Die besten SEO-Tipps

Zu Beginn dieses Kapitels ging es darum, Suchmaschinen zu verstehen und *Google* näher kennenzulernen. Nun zeigen wir Ihnen die wichtigsten SEO-Tipps und die besten SEO-Tools.

Die meisten Tipps beziehen sich auf seriöse OnPage-Maßnahmen:

- Content

- Suchbegriffe

- Servertechnik

- URL-Struktur und Aufbau

In Tabelle 5.3 finden Sie eine große Auswahl an spannenden Themen. Natürlich erhebt diese Liste keinen Anspruch auf Vollständigkeit. Im Web findet man viele weitere wertvolle Tipps und Hinweise. Zudem ändern Suchmaschinen ihre Ranking-Faktoren, und daher sollten Sie sich stets auf dem Laufenden halten.

Damit Sie als Einsteiger nicht von der Fülle der Maßnahmen überwältigt werden, trennen wir in Einsteigertipps und umfassendere Anregungen für Experten. Bei ganz neuen und jungen Shops empfehlen wir, zunächst die Einsteigertipps zu beherzigen, denn die Basis muss für jeden Shop stimmen und ist ein „Must-have". Viele der in Tabelle 5.3 genannten Begriffe finden Sie im Glossar zum Buch.

> **Gut zu wissen!**
> Seien Sie sich im Klaren, dass im SEO-Bereich nichts von heute auf morgen klappt. Seriöse Optimierer und SEO-Experten wissen: Geduld ist eine der wichtigsten Tugenden neben dem Einsatz der richtigen Maßnahmen.

Themen	Tipps für Einsteiger	Tipps für Experten
Bilder	- große Produktbilder einbinden - alt-/title-Tags einpflegen - aussagekräftige Dateinamen anbieten	- Bilder-/Videooptimierung durchführen - umliegende Texte zu Bildern schreiben - optimale Bilder-/Videoformate einsetzen

> **Tipp**
> Nur wer die SEO-Basics kennt und nutzt, hat langfristig Erfolg im Web. Sobald Sie die wichtigsten Basics umgesetzt haben, können Sie mit den ersten Expertenmaßnahmen beginnen.

Content	- geeignete Keywords aufspüren	- Produktbewertungen einholen
	- Kategorie-/Produkttexte schreiben	- Weblog einbinden
	- Duplicate Content verhindern	- Tutorials und Anleitungen mit passenden Keywords schreiben
	- Seitentitel und Meta-Tags pflegen	
	- kurz formulierte Überschriften nutzen	- Gastartikel in anderen Blogs schreiben
Indexierung	- optimierte Breadcrumbs einbauen	- Rich Snippets einbauen
	- XML-Sitemaps bei *Google* einreichen	- Suchseiten für Google aussperren
	- flache/hierarchische Navigation erstellen	- spezielle Bilder-Sitemap anbieten
Qualität	- *Google Webmaster-Tools* verwenden	- informative 404-Fehlerseite anbieten
	- Webanalysetools einsetzen	- unseriöse Black-Hat-Themen vermeiden
	- kein Keyword-Stuffing (übermäßig viele gleichlautende Keywords auf einer Seite)	- mit Validatoren-Tools Quellcode optimieren
Technik	- korrekte *robots.txt*-Datei hochladen	- Website-Performance optimieren
	- URL-Design sauber planen	- canonical Tags verwenden
	- Keywords/Markennamen in URL nutzen	- Layout SEO-technisch anpassen
Verlinkung	- interne Querverlinkung verbessern	- Sprungmarken mit Texten versehen
	- mehr Textlinks einsetzen	- Foren-/Blog-/Gastbeiträge schreiben
	- Themenrelevante Linkpartner suchen	- Social-Media-Aktivitäten starten

Tabelle 5.3: SEO-Tipps in der Übersicht

Keywords recherchieren und platzieren

Zur OnPage-Optimierung gehört das Platzieren von Keywords an verschiedene Stellen auf Ihren Shopseiten. Die besten Schlüsselwörter findet man mittels Konkurrenzvergleich (Benchmarking) oder spezieller Keyword-Tools (siehe *Kapitel 5.3*). Denken Sie dabei auch an synonyme Suchbegriffe. Die empfehlenswerte Keyworddichte liegt bei 3 bis 5 % gesehen am ganzen Text der Seite. Diese Zahl gibt Aufschluss darüber, wie hoch der Anteil eines Keywords in Bezug auf den gesamten Text einer Website ist.

Bedenken Sie, dass sich eine Shopseite am besten mit einer Keyword-Kombination optimieren lässt, die maximal aus 2 bis 5 Wörtern besteht. Beispiel: „Samsung Galaxy S3" ist besser im Vergleich zu einem Hauptbegriff wie „Handy", mit dem es extrem schwieriger wird, nach oben im Ranking zu gelangen. Nur gut, dass es nicht nur Hauptkategorien, sondern auch Unter- und sogar Subkategorien gibt. So lassen sich viele verschiedene Suchbegriffe auf den entsprechenden Seiten verwenden.

In der folgenden Tabelle sehen Sie einen Kurzüberblick mit Beispielen, die Ihnen zeigen, an welchen Stellen Sie Ihre Keywords positionieren und einfließen lassen. Nicht vergessen, Keywords stets passend zutreffend an das jeweilige Produkt bzw. Kategorie auswählen!

Platzierung	Beschreibung
Breadcrumb	URL-Struktur in der zusätzlichen Hilfsnavigation anbieten: z. B.: Tierbedarf > Hundefutter > Trockenfutter > …
Bilder	`<alt>`-Tags, Dateinamen und Beschreibung optimieren z. B.: hunde-trockenfutter-herstellername.jpg
Linktexte	Schlüsselwörter in Texten und Sprungmarken platzieren und quer verlinken z. B.: Keinen Textlink verwenden wie „hier finden Sie mehr", besser „Anleitung zur Zubereitung von Hundefutter …"
Metadaten	Description und Keywords mit Suchbegriffen und Synonymen belegen z. B.: Futter und Zubehör für Hunde und Katzen von über 20 Topmarken – Hundefutter versandkostenfrei bestellen
Produkt- beschreibung	Contentoptimierung in Kategorie- und Artikeltexten durchführen z. B.: In unserem umfassenden Sortiment an trockenem Hundefutter ist sicherlich auch für Ihren Hund das richtige Trockenfutter dabei.

Praxistipp

Nicht ohne Grund haben wir dieses Kapitel dem nächsten über „Shoppflege und Optimierung" vorangestellt. Denn noch bevor Sie sich Gedanken über das Layout und die Shopkonfiguration machen sollten, recherchieren Sie die wichtigsten Suchbegriffe und Keywords zu Ihren Kategorien und Artikeln. Nehmen Sie dazu Ihr Konzept zur Hand (siehe **Kapitel 1**). Verfallen Sie nicht der Auffassung, dass Sie die Keywords/ Suchbegriffe bequem im Nachhinein herausfinden und dann erst einpflegen, wenn der Shop bereits konfiguriert ist. Es ist mühselig, jeden Artikel erst zu erfassen und ihn dann hinterher zu optimieren. Machen Sie es in einem Aufwasch, dann sparen Sie sich nicht nur Zeit, sondern Ihre Shopseiten gelangen schon optimiert in den Index der Suchmaschinen.

Tabelle 5.4: OnPage-Maßnahmen mit Keywords

Kategorie	Wörter in der Hauptnavigation für die Top- und Subkategorien einbinden
	z. B.: Hundefutter, Trockenfutter, Nature Line
Produktname	Artikelnamen mit Markennamen, Suchbegriffen und Bezeichnungen ausstatten
	z. B.: Hundefutter Trocken – Royal Canin
Seitentitel	`<title>`-Tag für Suchmaschinen mit Suchbegriffen optimieren
	z. B.: "Shopnamen/Domain" :: Hundefutter Trocken – Royal Canin
URL-Struktur	Wichtige Keywords in Seiten-, Kategorie- und Domainnamen platzieren
	z. B.: http://genießerhund.de/hunde/hundefutter/trockenfutter
Überschriften	Wichtige `<h1>`- und `<h2>`-Headlines mit Suchbegriffen verbessern
	z. B.: „Wir empfehlen bei Hundefutter folgende Trockenfutter-Marken"

Abbildung 5.10: Optimale Such-begriffe in Hauptnavigation auf verschiedenen Portalen

Suchbegriffe lassen sich hervorragend auch in eine Navigation platzieren. Sie dienen einerseits dem Kunden zum schnellen Auffinden von Produkten und andererseits für Suchmaschinen, um besser die Seite zu indexieren.

Bei *idealo* und *ciao* landen übrigens rund 50 % des gesamten Suchmaschinentraffics auf Produktlisten bzw. Shopkategorien und nicht direkt auf Produktdetailseiten. Aus diesem Grund empfehlen wir Ihnen eine saubere Analyse der besten Suchbegriffe und deren gezielte Verteilung auf den Shopseiten. Besonders häufig erscheinen bei erfolgreichen Online Shops und Portalseiten am Seitenende unique geschriebener Text, der auch für Kunden interessant ist (Abbildung 5.13). Dieser Infotext sollte keine lieblose Kopie von Herstellertexten sein!

Damit Sie den Unterschied zwischen guten und unpassenden Keywords kennenlernen, haben wir hier drei professionelle Online Shops als Beispiele für Sie.

Die optimalsten Suchbegriffe in Tabelle 5.5 verwendet *Amazon*. Die Plattform nutzt nicht nur die eindeutigsten Suchbegriffe, sondern hat mit Abstand das breiteste Produktsortiment. *Amazon* hat sich aufgrund der Produktvielfalt entschlossen, die Keywords innerhalb der Unterkategorien (z. B. Waschmaschinen) noch um detailgenauere Subkategorien zu erweitern. Die am wenigsten sinnvollen Schlüsselwörter kommen bei *redcoon* und *Mediamarkt* zum Einsatz, wo selbst die Unterkategorien keine eindeutigen Begriffe aufweisen und häufig aus Wortkombinationen bestehen, wie „Waschen & Trocknen", „Espresso & Kaffee" oder „Kochen & Backen".

> **Wichtig!**
> Sie schreiben Produktdetails und Texte an erster Stelle für Ihre Kunden, erst an zweiter Stelle für Suchmaschinen.

> **Praxistipp**
> Eine etwas andere Strategie bei Kategorien fährt **notebooksbilliger.de**. Bei diesem Shopanbieter stehen die Markennamen im Mittelpunkt. Nach den Hauptkategorien „Notebooks" oder „Tablets" folgen als Unterkategorien die Markennamen wie **Acer**, **Apple**, **Asus** usw. So entstehen Shopkategorien in Form eines Markenshops bestehend aus <kategorie> und <markenname>, also „Acer Notebooks" oder „Archos Tablets".

Mediamarkt.de	Amazon.de	redcoon.de
Backen & Kochen	**Waschmaschinen**	Waschen & Trocknen
Bodenpflege	- Frontlader	Geschirrspüler
Bügeln	- Toplader	Kochen & Backen
Espresso & Kaffee	- Waschtrockner	Kühlen & Gefrieren
Geschirrspüler	**Trockner**	Küchen
Grillgeräte	- Kondenstrockner	Espresso & Kaffee
Haushaltswaren	- Wärmepumpentrockner	Haushaltsgeräte klein
Küchenhelfer	- Wäscheschleudern	Bügeln & Nähen
Kühlen & Gefrieren	**Spülmaschinen**	Boden- & Raumpflege
Mikrowellen	- Freistehende Spüler	Körperpflege & Gesundheit
Waschen & Trocknen	- Teilintegrierte Spüler	Wecker
Weinkühlschränke	- Vollintegrierte Spüler	Babycare
	Kühlschränke	Heizen & Klima
	- Kühlschränke	Warmwassergeräte
	- Side-by-Sides	Sicherheit
	- Weinkühlschränke	

Tabelle 5.5: Vergleich von Kategorien und Keywords bei Haushaltsgeräten

Content aufwerten

Wer sich intensiv und länger mit SEO und Keywords auseinandersetzt, stellt schnell fest, wie sich das Ranking verbessert, sobald man auf der Seite Langtexte mit Suchbegriffen einsetzt. Nicht umsonst platzieren die Klassenbesten oftmals Infoboxen auf Webseiten mit thematisch passendem Content. Sucht man beispielsweise in *Google* nach „Externe Festplatten" oder „Waschmaschinen", dann landen Webseiten von *Idealo, Chip, Heise, Amazon* oder *Otto* ganz oben.

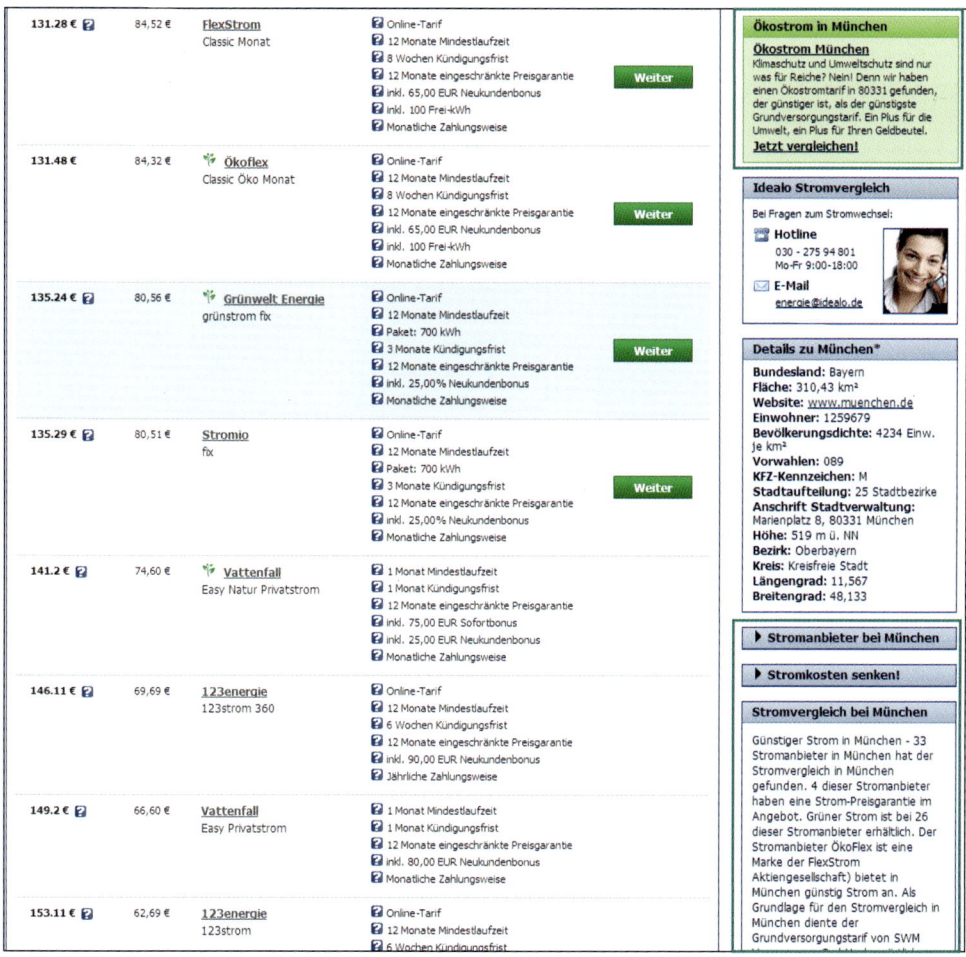

Abbildung 5.11: Boxen mit Infos zu Strom in München (idealo.de)

Sehr auffällig in Abbildung 5.12 ist die Platzierung des Keywords „Waschmaschine" verstreut über die gesamte Seite. *Idealo* verwendet nicht nur den Suchbegriff „Waschmaschine" ❶ mehrmals, sondern nutzt eine zweite Navigation zur Aufzählung weiterer Kategorien mittels Textlinks, wie *Siemens* (= Markenname) ❷, Frontlader/Toplader ❸ und Füllmenge ❹ usw.

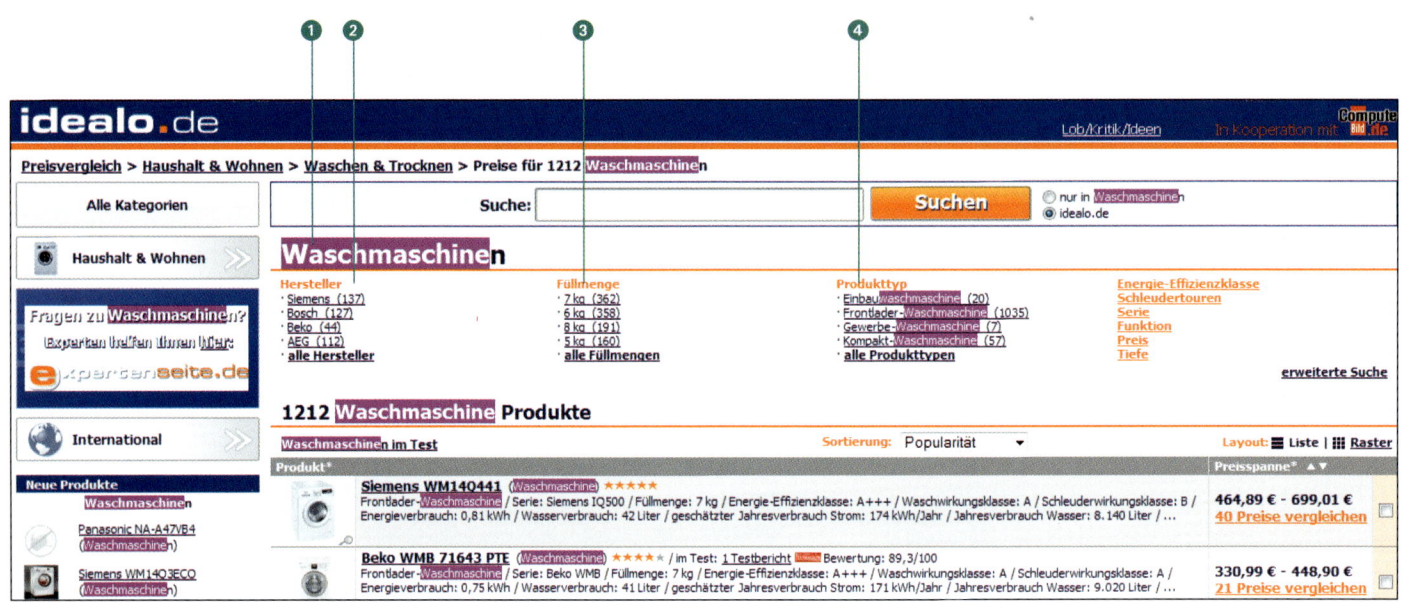

Abbildung 5.12: OnPage-Optimierung mittels Kategoriebeschreibung

Ähnlich optimiert ist das Suchergebnis bei *Saturn*. Hier erscheint unterhalb der Überschrift „Speichermedien" ein auf den Suchbegriff „Speichermedien" optimierter SEO-Text.

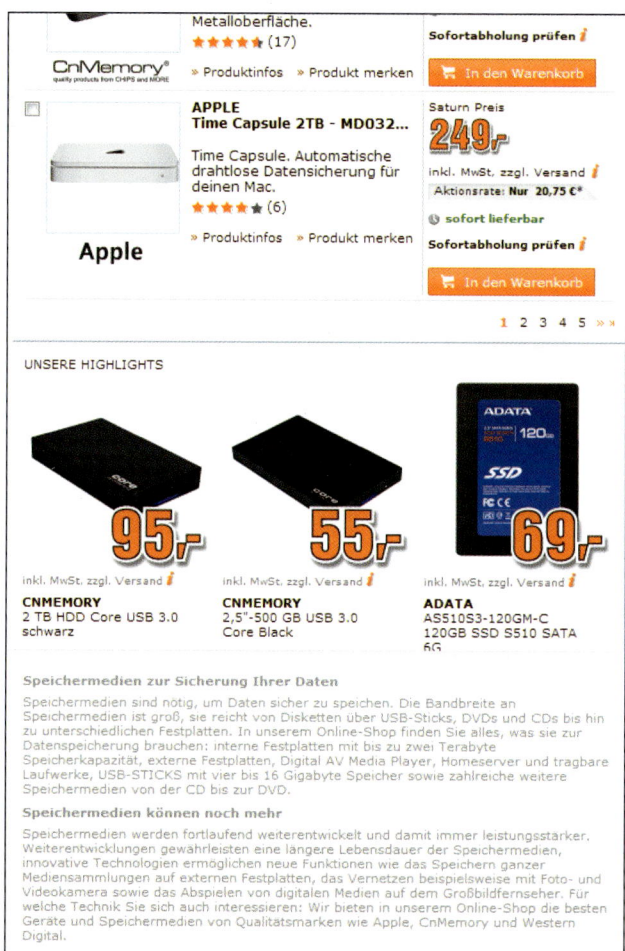

*Abbildung 5.13: Auf „Speichermedien"
optimierter Text (saturn.de)*

Mit Metadaten optimieren

Eine weitere Stelle zur Platzierung von Keywords sind die Metadaten. Auch hier
arbeitet *Idealo* ziemlich sauber; lediglich in der URL fehlt der Suchbegriff. Seitentitel, Meta-Keywords und Meta-Description beinhalten den Suchbegriff „Waschmaschine". Achten Sie darauf, den Suchbegriff möglichst weit nach vorne an den
Textanfang zu setzen.

Beispiel: Platzierung des Keywords „Waschmaschine" auf *idealo.de*

- **URL**:

  ```
  idealo.de/preisvergleich/ProductCategory/1941.html
  ```

- **Seitentitel**: Waschmaschine Preisvergleich | Waschmaschinen – Preise bei idealo.de

- **Meta Keywords**: Waschmaschine, Waschmaschinen

- **Meta Description**: Waschmaschine: erst Preisvergleich, dann kaufen. Insgesamt 1212 preiswerte Waschmaschinen, davon 70 mit Tests (Stand: 07/2012). Günstige Preise der Online-Shops bei idealo.de für Waschmaschinen.

Je hochwertiger und ausführlicher Ihre Texte für Artikelkurzbeschreibungen und Produktbeschreibungen sind, desto leichter gelingt Ihnen eine Platzierung auf den vorderen Plätzen einer Suchmaschine. Nachdem Sie eine gute interne Verlinkung in Ihrem Shop aufgebaut haben, braucht es ein gutes Vermarktungskonzept. Mehr dazu finden Sie in *Kapitel 9*.

Interne und externe Verlinkung aufbauen

Bekannterweise besitzen Links im SEO-Bereich einen hohen Stellenwert. Wie schon einmal erwähnt, ist es ratsam, den Kunden hochwertigen Content und auch weiterführende Linkbaits (Linkköder) anzubieten. Bei Online Shops zählen als Content Produktbeschreibungen, Kundenbewertungen, Produktvideos und hochauflösende Produktbilder. Dieser Content lässt sich prima innerhalb des Shops verlinken, auch interne Verlinkung genannt.

Bei der internen Verlinkung liegt der Fokus häufig auf Links mit Texten wie „Neue Produkte", „Kunden kauften auch", „Umkreissuche" (*Expedia*: Weitere Hotels in München), „Verwandte Beiträge" oder „Aktuelle Meldungen" (*netzwelt*).

Expertentipp

Sinnvolle Linkbaits für einen Online Shop sind beispielsweise Kaufberater, PDF-Kataloge, Checklisten, Versand von Produktproben, interessante Statistiken usw. Sinn und Zweck solcher Contentangebote ist es, haufenweise Backlinks anzulocken, die von externen Seiten auf eine spezielle Seite verweisen. Voraussetzung ist hierbei eine gewisse Kreativität bei der Suche der User nach der geeigneten Linkbait-Strategie:

- **Informationen**: News, Checklisten, Statistiken, Anleitungen ...
- **Onlinetools**: Widgets, Plug-ins, Downloads, Produkt-/Kaufberater ...
- **Belohnungen**: Gewinnspiele, Produktproben, Werbegeschenke, Wettstreit ...
- **Neugierde**: Umfrageergebnisse, Termine, Empfehlungen, Interviews, Events ...
- **Humor**: Bilder, Videos, Audios, Animationen, Kuriositäten ...
- **Auszeichnungen**: Bestenlisten, Awards, Gütesiegel, Ehrungen ...
- **Provokationen**: polarisierende Meinungen, Angriffe, Thesen ...

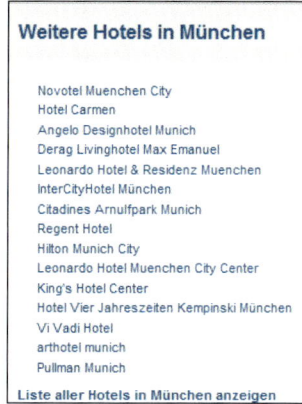

Verwandte Beiträge im Forum

- Alternative Apple IPad
- Apple iPad Einbau im Auto
- Apple versus Apple vor Lösung
- Unterschiede zws ipad und sgt
- iPad 2 Datentarif
- Das Aus für iPhone und iPad ?
- Was ist der Unterschie zws ipad und ipad2
- Unterschied zws Ipad und epad
- Tablet oder Ipad ?
- Sikroad in Deutsch und IPAD event.

Weitere Hotels in München

Novotel Muenchen City
Hotel Carmen
Angelo Designhotel Munich
Derag Livinghotel Max Emanuel
Leonardo Hotel & Residenz Muenchen
InterCityHotel München
Citadines Arnulfpark Munich
Regent Hotel
Hilton Munich City
Leonardo Hotel Muenchen City Center
King's Hotel Center
Hotel Vier Jahreszeiten Kempinski München
Vi Vadi Hotel
arthotel munich
Pullman Munich

Liste aller Hotels in München anzeigen

Aktuelle Meldungen

- 18.07.2012 iPad mini: Gesammelte Gerüchte zu Preis, Release und Funktionen
- 22.06.2012 Kommentar: Wie Microsofts Surface ein Erfolg werden kann
- 14.06.2012 Google: Chrome an Retina-Displays angepasst
- 13.06.2012 Apple iOS 6: Einschränkungen beim iPhone 4 und iPhone 3GS
- 12.06.2012 WWDC 2012: Apple stellt neues Smart Case fürs iPad vor

Abbildung 5.14: Interne Verlinkung mit ähnlichen Produkten

Externe Links (Backlinks) sammeln Sie durch Produktempfehlungen, Social-Media-Links oder Gastbeiträge in Foren und Blogs. Der Unterschied zum internen Link

Gut zu wissen!
Mittels Social-Media-Monitoring und Webseitenanalyse merken Sie relativ schnell, von welchen externen Links Ihre Besucher stammen. So spüren Sie unbrauchbare Links auf, die Ihnen kaum Traffic liefern und somit für Ihren Online Shop nicht sehr hochwertig sind. Es ist besser, wenige qualitativ hochwertige Backlinks von themenrelevanten Seiten zu sammeln als extrem viele schwache Links. Mit hochwertigen Contentseiten, die einen Shop begleiten, ist es leichter, Backlinks zu gewinnen.

liegt darin, dass diese Links in der Mehrheit von fremden Personen und ausgehend von anderen Domains erstellt werden. Natürlich lässt sich mittels Social-Media-Aktivitäten, Signaturen, Blogkommentaren und Gastbeiträgen die externe Verlinkung selbst in die Hand nehmen. Doch geht es deutlich schneller voran, sobald mehrere Personen, wie Ihre Kunden in den Netzwerken, aktiv eine externe Verlinkung ankurbeln.

Einen guten Backlink erkennen Sie an den folgenden Kriterien:

Kriterien	Optimale Verlinkung	Schlechte Verlinkung
Linkplatzierung	Links im oberen Contentbereich bzw. im Fließtext erachten Suchmaschinen als besonders wichtig.	Links im unteren Footer- oder Seitenbereich besitzen eine mindere Qualität.
Linktexte	Gut sind Keywordlinks im Fließtext, z. B. „Gute Digitalkameras bietet der neue Online Shop.".	Besonders schwach sind Linktexte wie „Hier weiterlesen" oder „zum Produkt".
nofollow-Attribut	Backlinks mit `follow`-Attribut vererben die Linkpower weiter und stärken die Zielseite (früher PageRank).	Foren-, Kommentar- oder Signaturlinks nutzen meistens das `nofollow`-Attribut und vererben keine Linkpower.
Qualität	Längere Texte auf nützlichen Webseiten mit hilfreichem Content sind generell wichtiger als kurze Texte.	Webseiten vermeiden mit schlampigem Layout, vielen Seitenfehlern, massenhaft Links und niedriger Qualität.
Themen-relevanz	Ein themenrelevanter Backlink von einer ähnlichen Seite ist hochwertiger und bietet einen besseren Ranking-Faktor.	Backlinks von unpassenden Webseiten und den meisten Presseportalen besitzen eine eher niedrige Wertigkeit.
Webkataloge	*Google Places*, *Bellnet*, *QYPE*, *DMOZ* und *WikiPedia* sind die besten Portale.	Linkfarmen und -verzeichnisse schaden mehr, als dass sie nutzen.

Tabelle 5.6: Merkmale für gute Backlinks

Die regelmäßigen SEO-Aufgaben

Jeder Shopbetreiber, der sich mit SEO befassen will, braucht nicht nur HTML-Kenntnisse und das Wissen um Keywords & Co. Verschiedene Aufgaben gliedern sich in viele unterschiedliche Bereiche, die regelmäßig erarbeitet werden. Wir können Sie beruhigen, bei näherer Betrachtung klingen diese komplizierter, als sie sind. Sie sollten jedoch Zeit dafür einplanen.

Die täglichen, wöchentlichen und regelmäßigen Aufgaben eines Suchmaschinenoptimierers:

- **Benchmarking**: Foren, Blogs und Konkurrenten beobachten,

  z. B.: neue Features anderer Online Shops begutachten und bewerten

- **Contenterstellung**: Texte, Bilder und Videos erstellen,

  z. B.: unique Texte für die Produktkategorie schreiben und einbinden

- **Fehleranalyse**: Probleme aufdecken, Wirkung analysieren und Fehler berichtigen,

  z. B.: mittels *Web-Sniffer* lassen sich fehlerhafte 301-Weiterleitungen prüfen.

- **Quellcodeanalyse**: HTML-Quellcode begutachten und weiterentwickeln,

  z. B.: richtige Implementierung von `<h1>`-Überschriften im Quellcode kontrollieren

- **OnPage-Optimierung**: Maßnahmen planen und in den Shop implementieren,

  z. B.: neue Ideen suchen, Umsetzung planen und in Shop einbauen

- **OffPage-Optimierung**: Linkbuilding und Social-Media-Aktivitäten durchführen,

  z. B.: Erstellen von Gastbeiträgen mit Backlinks auf themenrelevanten Plattformen

- **Website-Überwachung** (Monitoring): Seitenbesuche regelmäßig kontrollieren (*Kapitel 10*),

  z. B.: Trafficentwicklung und Seitenbesucher analysieren und Maßnahmen ableiten

Die beliebtesten Analysetools

Zu Beginn der Optimierung Ihres Online Shops und auch später für Ihre SEO-Aufgaben benötigen Sie gewisse Analysetools. Diese Tools stehen Ihnen zur Seite und helfen bei der Untersuchung einzelner Seiten und URLs. Einige dieser Tools und deren Einsatzmöglichkeiten zeigen wir Ihnen im folgenden Abschnitt.

Seitenanalyse-Tools

Für die OnPage-Optimierung lohnt sich die Installation von diversen Toolbars, Add-ons und Webtools.

Die beliebtesten Toolbars:

- *MozBar* by *SEOmoz* – `seomoz.org/seo-toolbar`

- *SEOquake Toolbar* – Backlinks, indexierte Links, *PageRank*, *Alexa-Rank* – `seo-quake.com/` (*Firefox* Plug-in)

- *WAVE WebAIM* – Überschriften, Seitenstruktur, Sourcecode-Fehler – `wave.webaim.org/toolbar`

- *SEObook* – Backlinks, indexierte Links, *PageRank*, *Alexa-Rank* – `tools.seobook.com/seo-toolbar/`

Der Einsatz von Toolbars gestaltet sich ziemlich einfach. Zunächst installieren Sie das gewünschte *Plug-in* oder *Add-on* für den Browser nach und starten bei Bedarf den Browser neu. Anschließend rufen Sie über die Adressleiste des Browsers eine beliebige Webseite auf, und sofort ändern sich die entsprechenden Statuswerte in den Toolbars wie in Abbildung 5.15 ersichtlich. So bekommen Sie übersichtlich alle Informationen präsentiert bzgl. PageRank ❶, Anzahl indexierter Seiten ❷, *Alexa Rank* ❸, Alter der Domain ❹, Tweets ❺, Likes ❻, Google 1+ ❼, Keyword-Density ❽ etc.

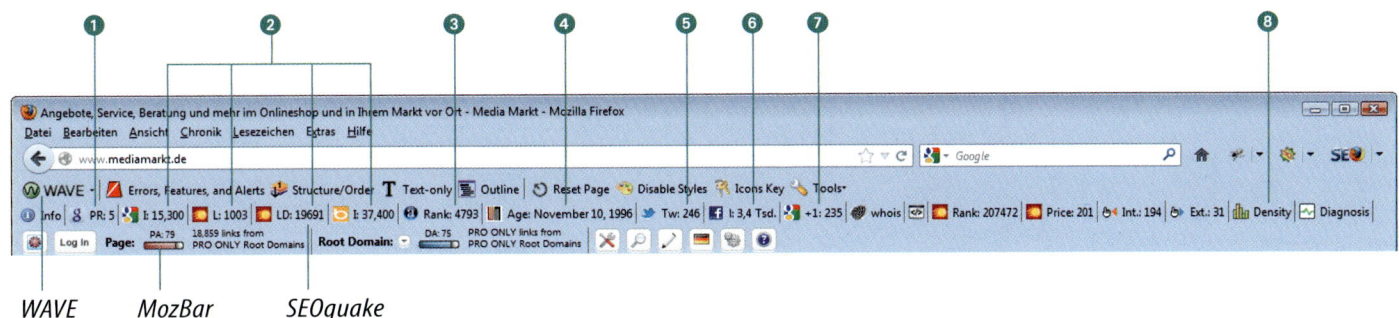

Abbildung 5.15: Diverse SEO-Toolbars (MozBar, SEOquake und WAVE)

Viele der Icons öffnen weitergehende Diagnoseseiten, die Ihnen helfen bei:

■ Analyse der Keyworddichte

■ Auslesen der Metadaten

■ Überprüfung der Überschriftenstruktur (headlines)

■ allgemeine Seitendiagnose

■ Kontrolle der Seitenautorität (page authority)

■ Kontrolle der „domain authority"

Besonders einfach ist die Analyse der Keyworddichte (Keyword-Density) ❽. Abbildung 5.16 zeigt für die Keywords „Google" und „Facebook" eine Dichte von rund 2,1 %. Darüber sieht man übersichtlich dargestellt die verwendeten Metadaten auf der Seite.

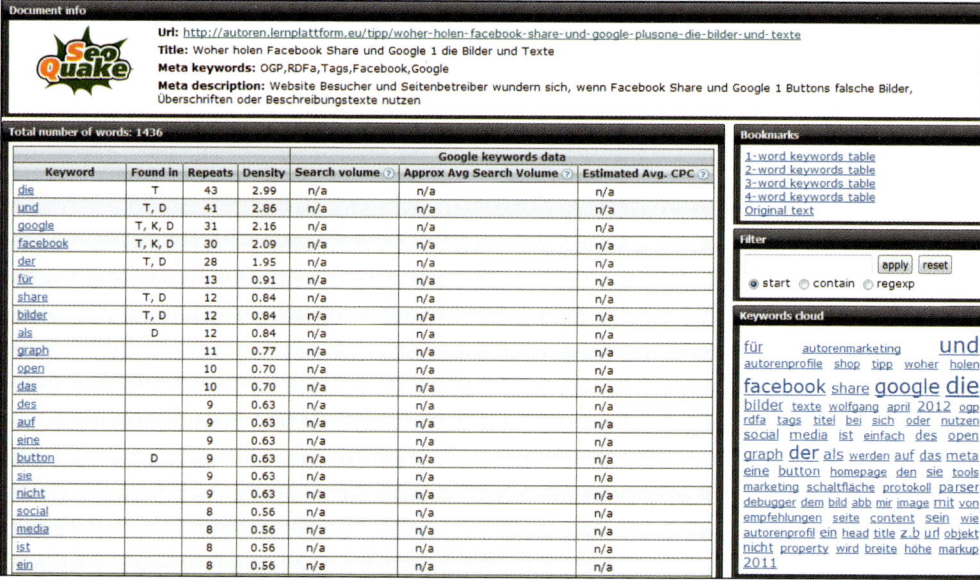

Abbildung 5.16: Keyword-Density
mittels SEOquake

Add-ons und Plug-ins zur Experten-Fehlersuche

- *Firebug*: Stylesheets, HTML-Fehler, Skriptfehler, Page Speed u. v. m.
  `https://addons.mozilla.org/de/firefox/addon/firebug/`

- *pingdom Tools*: Ladezeit, Seitengröße und Ladefehler
  `tools.pingdom.com`

- *Web-Sniffer*: 404-Fehler, URL-Weiterleitungen und HTTP-Requests/-Responses
  `web-sniffer.net`

Das sehr mächtige Tool *Web-Sniffer* ist einfach und schnell zu bedienen. Gerade bei fehlerhaften 301-Redirects oder leeren/weißen Webseiten (503-Fehler, d. h. Service nicht verfügbar) lohnt sich ein Blick in dieses Webtool. Mit einem Blick auf die Ergebnisse des „HTTP Request Headers" oder des „HTTP Response Headers" lassen sich viele Fehlerursachen leichter identifizieren.

Geben Sie Ihre zu überprüfende URL der fehlerverursachenden Webseite in das Formularfeld ein und klicken Sie dann auf den „Submit"-Button. Rasch erscheint das Ergebnis: der anfragende Request des Clients ❶ und die serverseitige Antwort (Response) ❷.

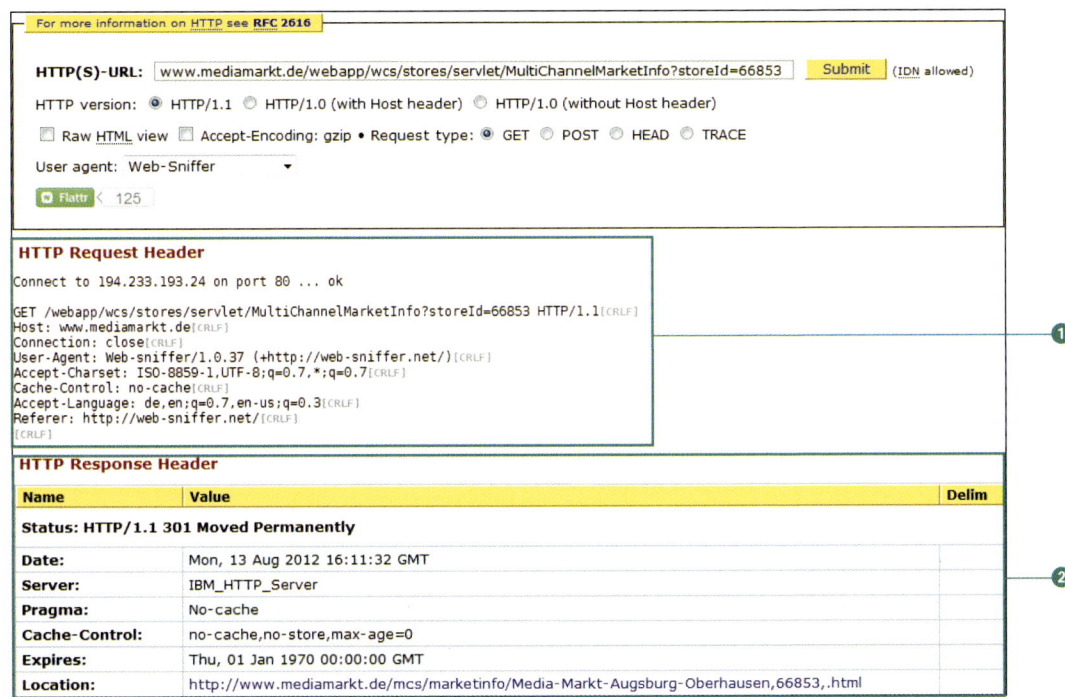

Abbildung 5.17: 301-Umleitungen prüfen mit Web-Sniffer

Extrem hilfreich für die Quellcodeanalyse oder Vorabtests von kleineren Änderungen ist der *Mozilla Firebug*. Mit diesem *Firefox*-Plug-in lassen sich der aktuelle HTML-Quellcode und die zugehörigen CSS-Dateien untersuchen. Die Vorgehensweise ist relativ simpel:

1. Öffnen Sie die Webseite im Browser und betätigen die Funktionstaste `F12`.

2. Führen Sie den Mauszeiger im oberen Webseitenbereich über den Content (blaue Markierung).

3. Analysieren Sie den HTML-Quellcode und überprüfen das CSS-Layout.

Abbildung 5.18: Mozilla Firebug im Einsatz

Expertentipp
Zur einfacheren Quellcode- und Stylesheet-Anpassung können Sie mithilfe von **Firebug** die Änderungen von Seiteninhalten vorab im Browser während der Bearbeitung überprüfen. Die Änderungen sehen Sie sofort im oberen Bereich. Sobald Sie den Fehler gefunden haben, korrigieren Sie den Quellcode in den entsprechenden Originaldateien ab.

Fazit

Legen Sie los! Denn professionelle Suchmaschinen-Optimierung ist im Grunde nicht schwer, wenn man weiß, wo man „schrauben" muss, und wenn Sie es gründlich anpacken. Wir haben Ihnen dazu eine Übersicht zusammengestellt, die ein weiterer Wegweiser sein soll, damit Ihr Shop von Suchmaschinen gefunden und von Usern angeklickt wird.

Zum kostenlosen Download finden Sie die zweiseitige Checkliste „SEO Guide" im PDF-Format unter: onlineshopbuch.de/download/checklisten

Wer aufhört, besser werden zu
wollen, hört auf, gut zu sein.

Marie von Ebner-Eschenbach

Kapitel 6

Shoppflege und Optimierung

Sie wissen nun, wie Sie Ihren Shop für Suchmaschinen optimieren können. In diesem Kapitel kümmern Sie sich darum, wie Sie von Ihren Kunden jederzeit gefunden werden und wie Sie ihnen die Produktwahl so leicht und angenehm wie möglich machen. Sie optimieren Bilder von Ihren Produkten und verwenden die richtigen Keywords in den Produkttexten.

Wie ein Garten muss auch ein Shop gepflegt, verbessert, neu bestückt und verschönert werden. Ihrem Kunden reicht ein Shop nicht aus, der nur aus einer Standardkonfiguration mit langweilig gestalteter Produktinformation besteht. Daneben ist es wichtig, Ihre Zielgruppe genau zu kennen. Denn ein junges Publikum, das eine Spielekonsole kaufen möchte, hat eine ganz andere Erwartungshaltung an den Shop als die ältere Generation, die auf der Suche nach klassischer Musik ist.

Passen Sie die folgenden Tipps an Ihre Zielgruppe an. Recherchieren Sie vorab in anderen Shops und auf Websites, wie diese dort angesprochen wird. Horchen Sie genau hin, vielleicht finden Sie auch Interessantes, was der Zielgruppe in den anderen Shops noch fehlt und was Sie zusätzlich zu den Produkten anbieten können. Sinnvolle Dienstleistungen sind z. B. 1-Click-Bestellbutton, Plus-Garantie, Vor-Ort-Service, Datenrettung, Montageservice etc.

6.1   Aufbau der Produktnavigation

> **Beispiel:**
> Auf welche URL klicken Sie eher?
>
> domain.de/katzen/Katzenfutter/Trockenfutter.html
>
> domain.de/de/art.php?p=1474

Zwar liegt das Hauptaugenmerk der Pflege auf dem Produkt-, Zahlungs- und Versandmanagement. Aber die Navigation mit den Produktkategorien ist ein weiterer wichtiger Baustein in Ihrem Shop. Deren Struktur sollte schon vor dem Erfassen der Produkte wohlüberlegt sein. Denn der Produktlink enthält in den meisten Fällen auch den Kategorienamen und ist somit in der URL, die an Suchmaschinen weitergegeben wird.

6.1.1   Kundenfreundliche Navigation

Online Shopper sollte man nicht gleich in den ersten Sekunden enttäuschen, denn sie haben meist große Erwartungen. Sind doch in den letzten Jahren die Angebote von Shops im Web stark gestiegen. Halten Sie sich daher an gewisse Gepflogenheiten, die sich mittlerweile etabliert haben. Das Shoplayout und die Navigation haben dabei eine wichtige Orientierungsfunktion.

Wesentliche Punkte einer benutzerfreundlichen Navigation sind:

- eine einzige Hauptnavigation

- Haupt- und Unterkategorien

- bestmögliche Platzierung im Shop

- steter Zugriff von jeder Seite aus

- gleiche Handhabung auf jeder Seite

- räumlich abgetrennt vom Inhalt

- farblich hervorgehobene Darstellung

- aussagekräftige, kurze Beschriftung

- Textlinks anstatt Bildernavigation

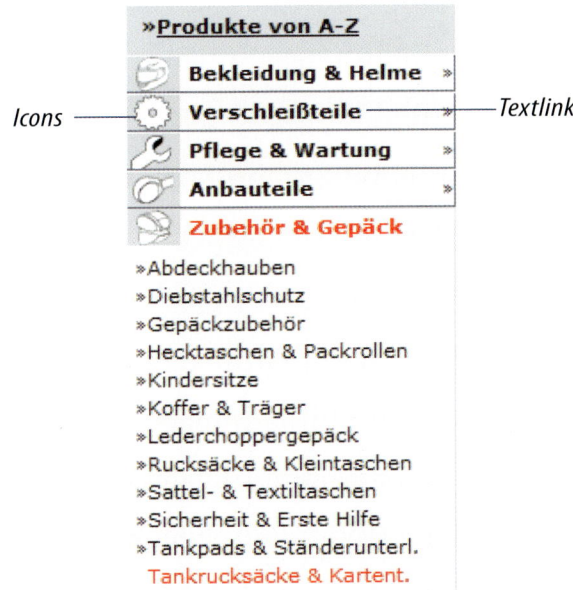

Abbildung 6.2: Icons für besseren Überblick in den Hauptkategorien

Tipp
Webbesucher sind sehr ungeduldig und möchten schnell ihr Ziel erreichen. Sinnvoll ist daher eine sehr flache Navigationsstruktur mit wenigen Unterkategorien. So gelangt der User mit möglichst wenigen Klicks zum Produkt und muss nicht herumrätseln, in welcher Kategorie sich ein Artikel befindet.

KATEGORIEN

- ANGEBOTE DES MONATS
- SCHNÄPPCHEN U. RESTPOSTEN
- GUTSCHEINE
- PILKER
- ANGELBLEI
- ANGELHAKEN
- ANGELROLLEN
  - Multi Rollen
  - Stationär Rollen
- ANGELRUTEN
- ANGELSCHNUR
- BEIFÄNGER
- DORSCHBOMBEN
- JIGKÖPFE
- KÖDER U. LOCKSTOFFE

Abbildung 6.1: Flache Navigationsstruktur mit wenig Unterkategorien

Hauptmenüleiste ———

Navigation mit ———
Hauptkategorien

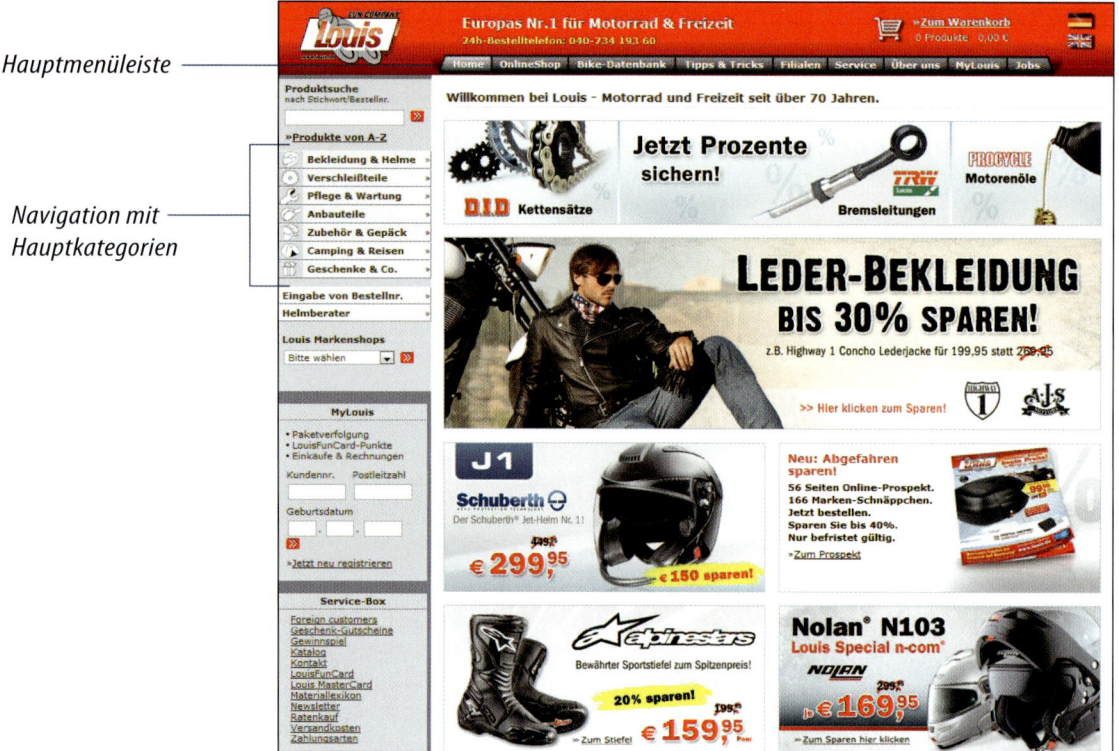

Abbildung 6.3: Übersichtliche Navigation zur leichten Orientierung

Und im Gegenzug fragen Sie sich wahrscheinlich, wie eine schlechte Navigation aussieht und was Sie tunlichst vermeiden sollten. Erste Regel lautet: Der Besucher darf nicht verwirrt oder abgelenkt werden. Sonst kehrt er dem Shop schnell den Rücken, und bekanntlich ist der erste Eindruck prägend. Später ist es mühselig, den Erstbesucher mit Werbung zurückzugewinnen, wenn er denn überhaupt zurückkehrt. Zudem ist es fraglich, wie viel Aufwand man dafür aufbringen muss.

Vermeiden Sie:

- mehrere Navigationsmenüs und Navigationsleisten

- unterschiedliche Navigationselemente auf Unterseiten

- Haupt- und Unterkategorien, die der Nutzer nicht oder nur schwer unterscheiden kann

- überfrachtete oder komplexe Navigationselemente

- nicht intuitiv bedienbare Elemente

- Navigationsmenüs, die ständig auf- und zuklappen, wenn man mit der Maus darüberfährt.

Abbildung 6.4: Überfrachtetes und komplexes Navigationsmenü

Hauptmenü 1 ───

Hauptmenü 3 ───

zu viele verschiedene ───
Hauptkategorien

─── Haupt-
menü 2

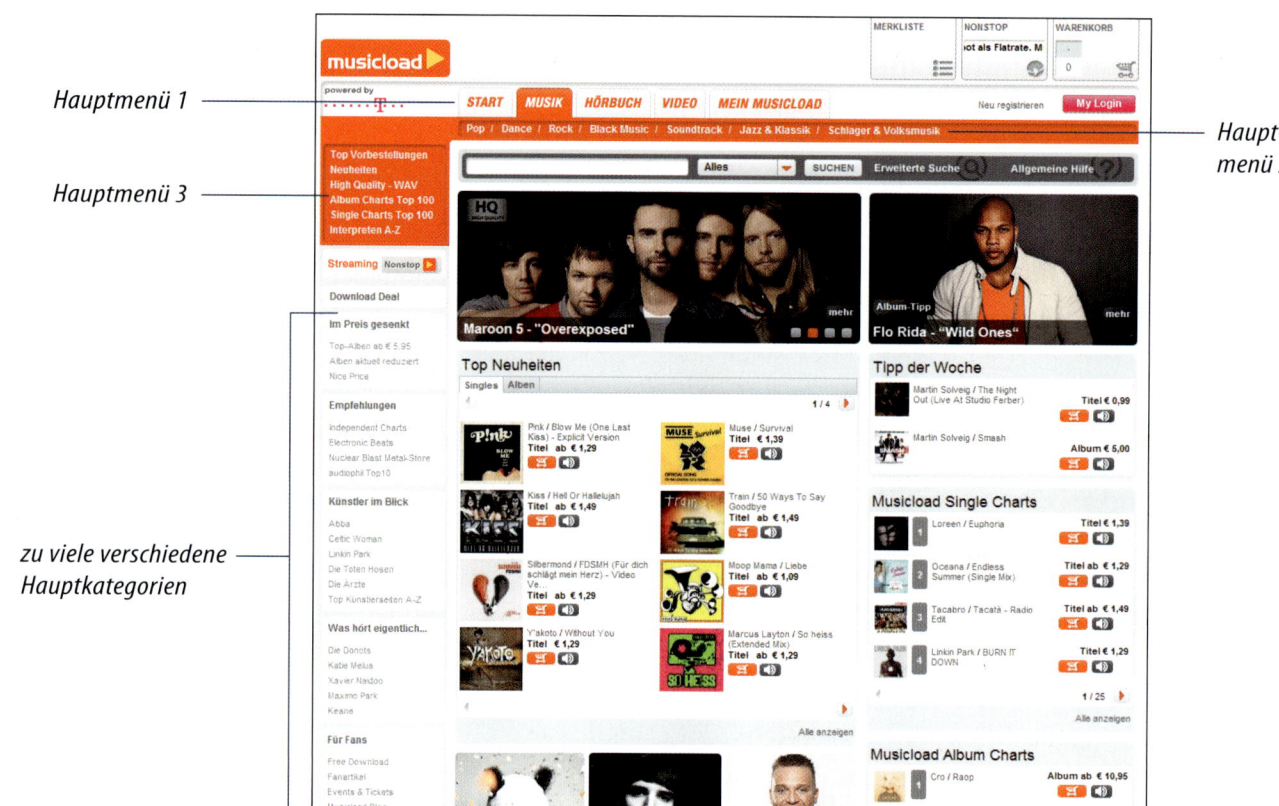

Abbildung 6.5: Viele Navigationsmöglichkeiten verwirren

6.1.2   Kategorienamen vergeben

Sich passende Kategorienamen zu überlegen ist in manchen Fällen gar nicht so einfach, vor allem wenn es sich um viele verschiedene Produkte handelt. Nehmen Sie sich daher Zeit, denn, wie schon erwähnt, eine einmal angelegte Navigation mit den Haupt- und Unterkategorien sollte nicht ständig geändert werden. Sobald Ihr Shop bei den Suchmaschinen indexiert ist, wird der Link mit dem Kategorienamen dort gelistet. Mehr zum Thema SEO finden Sie in *Kapitel 5*.

Die folgende Schritt-für-Schritt-Anleitung soll Ihnen helfen, beschreibende Kategorienamen zu sammeln:

1. Nehmen Sie Ihr Mindmap aus *Kapitel 1* zur Hand.

2. Teilen Sie alle Begriffe in sinnvolle Haupt- und Unterkategorien ein. Angenommen, Sie verkaufen Tierartikel, dann verwenden Sie Hauptkategorien wie Trockenfutter, Katzenstreu oder Nagerfutter. Alternativ bieten sich auch die verschiedenen Tierarten an, also z. B. Kleintiere, Vögel oder Fische. Als Unterkategorie eignen sich die dazugehörigen Hersteller oder spezielle Futtermittelsorten.

3. Recherchieren Sie diese Begriffe, ob sie sich auch als Keywords eignen. Falls nicht, verwenden Sie die gefundenen Synonyme. Achten Sie im Rahmen von SEO auf das Suchvolumen, denn manche Suchbegriffe werden von Kunden häufiger genutzt als andere.

4. Legen Sie eine Tabelle für Ihre Produktliste an und beginnen Sie diese mit Ihren Haupt- und Unterkategorien.

5. Optional ist es in den meisten Shopsystemen möglich, eine kurze Beschreibung neben den Kategorienamen zu erstellen. Formulieren Sie kurz und prägnant und setzen Sie hier passend recherchierte Keywords ein.

6. Übertragen Sie die gesammelten Daten in Ihre Shopsoftware.

> **Expertentipp**
> Shopsysteme bieten Export- und Importfunktionen für Produktlisten an. Erfassen Sie Testkategorien und -produkte und exportieren Sie diese. Die so erhaltene Tabelle dient Ihnen als Vorlage und lässt sich mit einer Tabellenkalkulationssoftware wie **Excel** weiterbearbeiten.

	X	Y	Z	AA	AB	AC	AD	AE	AF	AG
1	p_image	p_name.de	p_desc.de	p_shortdesc.(	p_meta_title.(	p_meta_desc	p_meta_key.(	p_keywords.c	p_url.de	p_cat.0
2	1_0.jpg	PNCE - Protein OTS- BCAA, 2500g E	\<font size="2">\<strong>Produktbeschreibur	\<strong>\<fon	Fitnessnahru	Vitamine, Glu	Protein, Mus	Muskelaufbau, Low Fat, Lo	Ernährung
3	2_0.jpg	PNCE - Protein OTS- BCAA, 500g B(	\<font size="2">\<strong>Produktbeschreibur	\<input type=i	Fitnessnahru	Diätisches Le	Protein, Mus	Protein, OTS, BCAA, Vitan	Ernährung
4	3_0.jpg	Gold´S GYM - Sleeveless T-S	\<p>\<font size="2">\<strong>Produktbeschre	ärmello	Onlineshop, F	Golds GYM,	Fitnessbeklei	ärmellos, Shirt, Trainingssh	Gold´

Abbildung 6.6: Aus einer Shopsoftware exportierte Produkttabelle

> **SEO-Tipp**
> Reichern Sie nach und nach die Produkttabelle mit den Daten und Ergebnissen aus der Recherche der Suchmaschinenoptimierung an sowie die dazugehörigen Meta-Tags. So haben Sie später für eine optimierte Produkterfassung alle wichtigen Details zentral zur Hand bzw. können diese wieder in die Shopsoftware importieren.

6.1.3   Orientierungshilfen anbieten

Sie kennen das sicher von Ihrem eigenen Surfverhalten in Netz. Man klickt hier und da auf einer Website oder in einem Online Shop und rutscht dabei immer tiefer in die Linkstruktur, bis man sich fragt: Hoppla, wo bin ich jetzt eigentlich gelandet? Der einfachste und schnellste Weg, um die Orientierung wiederzufinden, ist der Klick auf den Button für *Home* oder *Startseite*. Jedoch gelangen Sie so auf die allererste Seite einer Webpräsenz.

Eine andere Möglichkeit bietet die Breadcrumb. Das ist die etwas kleiner dargestellte Zeile, die sich meist über den Hauptbereich einer Webseite befindet und die den Pfad anzeigt, über den ein Besucher auf die gerade besuchte Seite gekommen ist.

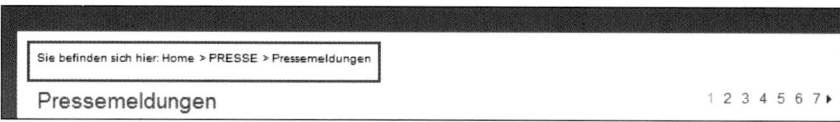

Sie befinden sich hier: Home > PRESSE > Pressemeldungen

Pressemeldungen   1 2 3 4 5 6 7 ▸

Abbildung 6.7: Breadcrumb als Orientierungshilfe auf Webseiten

SEO-Tipp
Diese Orientierungshilfe dient nicht nur Ihren Kunden, sondern sie hilft auch Suchmaschinen beim Durchsuchen des Online Shops. Mit deren Hilfe indexiert eine Suchmaschine die Webpräsenz schneller und erforscht so mögliche Verlinkungen innerhalb der Webseite, um diese in den Suchergebnissen anzuzeigen.

Die Breadcrumb wird automatisch während des Besuches erstellt, indem die URL der jeweiligen Seite untersucht wird. Unterverzeichnisse dieser URL werden somit ermittelt und in der Breadcrumb verlinkt dargestellt.

Im Idealfall werden bei einer Breadcrumb-Navigation folgende Merkmale berücksichtigt:

- oberhalb des Contents platziert
- nutzt einen Präfix „Sie befinden sich hier:" oder Ähnliches
- in einer kleinen Schriftart dargestellt
- zwischen den Unterverzeichnissen steht ein Trennzeichen (›, : oder /)
- in fetter Schrift und nicht klickbar zeigt sie den Namen der gerade besuchten Seite an

6.2 Produktdetails verbessern

Bevor es an die Produkterfassung geht, sollten Sie dringend die Tipps aus *Kapitel 5* „Suchmaschinen-Optimierung" beherzigen. Denn jedes Produkt sollten Sie mit individuellen Keywords optimieren, die Sie vor der Erfassung recherchiert haben.

6.2.1 Mindestanforderungen an Produktdetails

Verfassen Sie umfassende Produktbeschreibungen und sparen Sie nicht mit Text. Gestalten Sie die Beschreibung übersichtlich und strukturiert, damit sie schon auf den ersten Blick neugierig macht und Spaß beim Lesen bereitet. Denn nichts ist anstrengender, als einen langen und unübersichtlichen Fließtext zu lesen.

Empfehlenswerte Formatierungen:

- Kurze Absätze <p>...</p>

- Zwischenüberschriften (<h1>, <h2>, <h3> ...)

- Fettschrift ... oder ... für wichtige Begriffe

- Aufzählungen <li>...</li>

- Tabellen für Produktdetails

> **Expertentipp**
> Die Produkte sind das Herzstück eines Shops. Achten Sie daher schon bei der Auswahl der Shopsoftware auf mögliche Optimierungsfelder während der Produkterfassung wie Meta-Tags und andere Zusatzfeatures.

> **Gut zu wissen!**
> Der **Bestellbutton** muss seit August 2012 klar und unmissverständlich auf eine finanzielle Verpflichtung hinweisen. Das heißt, die Buttonbeschriftung soll etwa „kostenpflichtig bestellen", „zahlungspflichtigen Vertrag schließen" oder „kaufen" lauten. Der oben dargestellte Button legt die Ware vorerst in den Warenkorb. Erst im späteren Bestellprozess, also zum Abschluss der Bestellung, ist der neue Bestellbutton nötig. Mehr zum Thema Online Recht lesen Sie in **Kapitel 4.**

Abbildung 6.8: Klar strukturierte Produktbeschreibung und wichtige Angaben

Möchten Sie viele Produkte schneller erfassen, dann legen Sie dazu eine Tabelle an bzw. verwenden Sie die bereits erstellte Tabelle. Eine ähnliche Tabelle legen Sie für die Erfassung der Kategorien an.

Fragen Sie bei Ihrem Lieferanten an, ob er Beschreibungen als Textdatei zu den Produkten bereitstellen kann. Besser, Sie erhalten diese per Mail oder Download, als dass Sie die Texte mühevoll aus dem Web kopieren. Schreiben Sie diese Texte um! So entsteht kein doppelter Content im Netz, was dem Suchmaschinen-Ranking für Ihren Shop zugutekommt.

> **Achtung!**
> Jeder Content im Web besitzt ein Copyright. Erst anfragen, dann mit Genehmigung verwenden.

6.2.2 Produktdetails aufpeppen mit Zusatzfeatures

Zusatzfeatures in der Produktdarstellung erhöhen nicht nur den Verkauf, sondern binden im Idealfall den Kunden an Ihren Shop. Dies führt zu erhöhter Zufriedenheit und mehr Kundenloyalität.

Das merken Sie schon daran, dass man sich in manchen Online Shops irgendwie wohler fühlt, dort bevorzugt einkauft und das nicht nur einmal. Ihnen geht es bestimmt genauso. Woran liegt das wohl?

Oft sind es nur Kleinigkeiten, die eine große Wirkung auf uns und unser Kaufverhalten ausüben. So stöbert, informiert und kauft man mit mehr Spaß ein. Schauen auch Sie sich stets im Web um. Es gibt immer etwas Neues zu entdecken, und die Entwicklung im E-Commerce ist rasant.

Wir haben eine Liste einiger Wohlfühl-Features für Kunden in einem Online Shop zusammengetragen. Hauptsächlich entscheiden aber Ihr Produkt, Ihre Zielgruppe und die technische Voraussetzung des Shopsystems, welche Features für Sie infrage kommen bzw. schneller umsetzbar sind. Folgende Features nutzen viele erfolgreiche Online Shops. Aus diesem Grunde empfehlen wir Ihnen die Nutzung auf der Produktdetailseite:

- hilfreiche Produktbewertung
- Wunschliste/Merkliste
- Social-Media-Funktionen
- Filterbare (Facetten-)Suche
- aktuelle Lieferfähigkeit
- Cross-Selling/Produktvergleiche
- Produktdatenblätter/Anleitungen

Produktbewertungen

Nichts ist wertvoller als eine Empfehlung von Kunden für Kunden. Das Produkt wird somit aufgewertet, hervorgehoben und attraktiver für den Kunden.

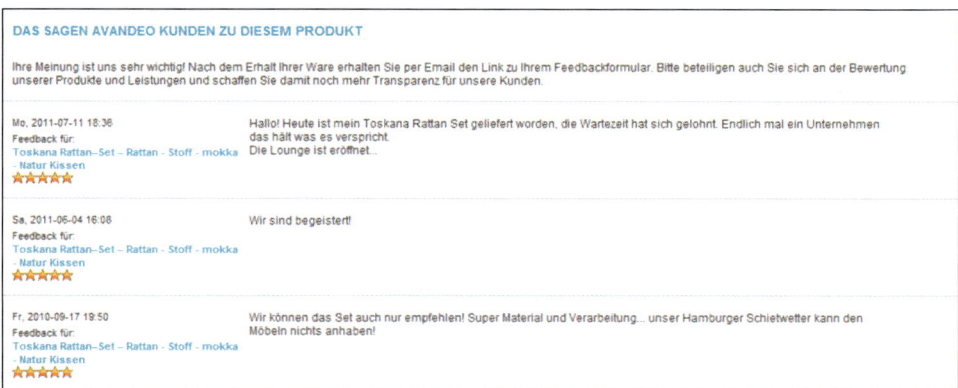

Abbildung 6.9: Übersichtliche Produktbewertung mit redaktioneller Bewertung

Produktbewertungen können unterschiedlich dargestellt werden (siehe *Kapitel 7*), als Einzelbewertung in einem redaktionellen Artikel, als Durchschnittsbewertung mit Sternen (Noten 1 bis 6) oder als Kombination aus beiden, wie man es von `amazon.de` kennt.

Abbildung 6.10: Wohlfühl-Features auf der Produktdetailansicht incl. Kundenbewertung (`louis.de`)

Wunschliste/Merkliste

Kunden senden gerne eine Info per Mail an Freunde über einen Wunschartikel. Zudem kommt ein Kunde gerne wieder, wenn er eine Merkliste angelegt hat, um Artikel mit anderen Online Shops zu vergleichen oder einfach nur als Merkhilfe. Merklisten lassen sich als registrierter Kunde anlegen und verwalten. Manche Shopsysteme nutzen dafür auch Cookies.

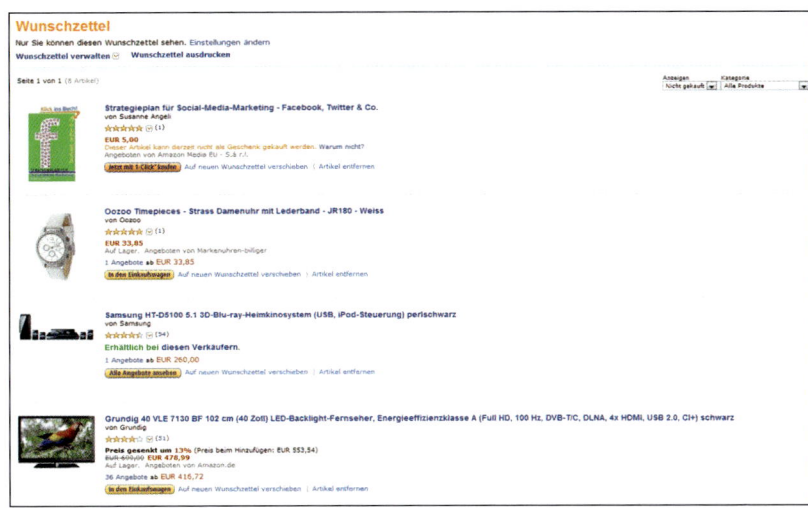

Abbildung 6.11: Kundenansicht einer Wunschliste (`amazon.de`*)*

Social-Media-Funktionen

Social-Media-Plug-ins dienen zur Weiterleitung zu *Twitter*, *Google+* und *Facebook*. Steigern Sie mit Social Media die Reichweite und damit die Bekanntheit Ihres Online Shops bzw. Produkts (*Kapitel 8*).

Abbildung 6.12: Social-Media-Buttons in Online Shops

> **Tipp**
> Stellen Sie einen Weitersagen-Button (Share- oder Teilen-Button) zur Verfügung. Damit ist eine bessere Reichweite möglich als mit dem Facebook-„**Like**"-Button oder dem **Google+**-Button. Internetsurfer nutzen Schaltflächen und Buttons, um öffentlich mitzuteilen, dass sie etwas gut finden.

Filterbare Suche

Die filterbare Suche bewährt sich bei einem breiten Produktsortiment mit vielen verschiedenen Produktvarianten. Der Kunde kommt schneller und gezielter an das gewünschte Produkt als nur mit einem Einstieg über die Produktkategorien. Oft verwendet man eine filterbare Suche bei Modeshops mit verschiedenen Farben, Größen und Schnitten.

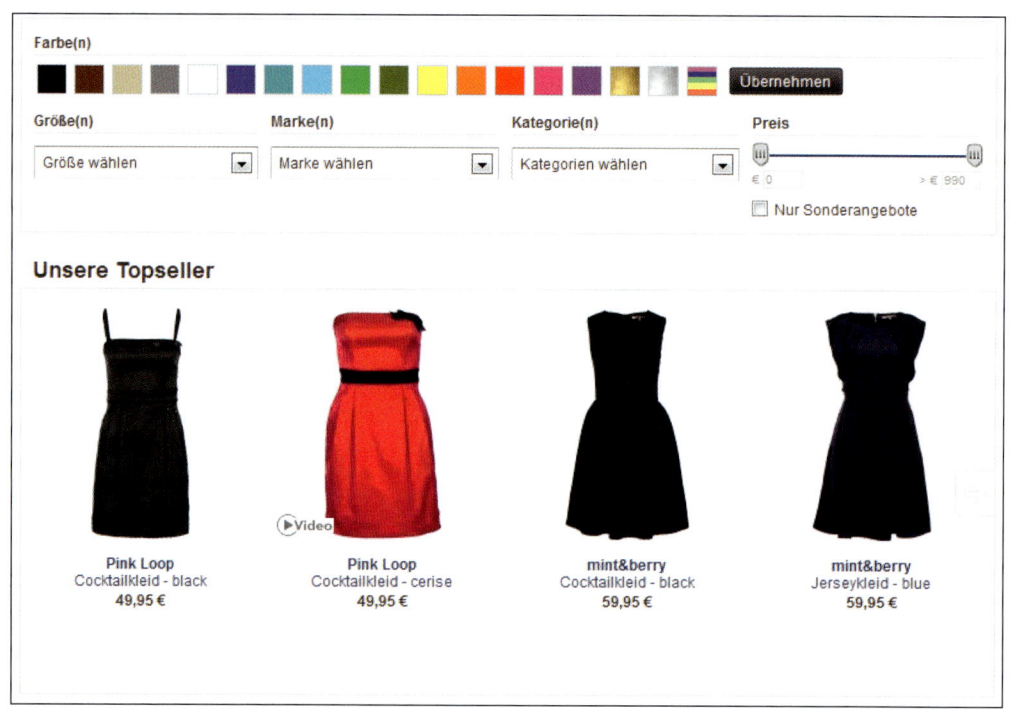

Abbildung 6.13: Filtersuche mit Größe, Farbe, Marke und Preis (zalando.de)

Abbildung 6.14: Nach einem Klick auf „Anbauteile" finden Sie eine Filtersuche (louis.de)

Aktuelle Lieferfähigkeit

Nennen Sie unbedingt eine genaue Lieferzeit schon auf der Produktdetailseite, wie 1 Woche oder 1 bis 2 Werktage usw. Einen weiteren Termin nennen Sie in der Bestellbestätigung oder per Mail, falls ein Termin abweichen sollte. Wie es meistens so ist, sind Kunden sehr ungeduldig und wollen das Produkt nach der Kaufentscheidung schnellstens in Händen halten.

Für eine Ampelfunktion der Verfügbarkeitsanzeige empfehlen wir standardmäßig die folgenden Hinweistexte für die Lieferzeit:

- Rot: Nicht auf Lager – Lieferzeit des Produkts wird im Shop angezeigt

- Orange/Gelb: Wenige auf Lager

- Grün: Auf Lager – Sofort lieferbar

- Blau: Restposten – solange Vorrat reicht (optional)

Lieferbarkeit:	Sofort lieferbar		Lieferbarkeit ab angezeigter Kalenderwoche. Nachlieferung in Deutschland ab Wert € 10,00.		Keine Lagerware, wird für Sie bestellt, Lieferzeit mind. 14 Tage			
Bestellnr.	Produktbezeichnung		Motorradtyp	Lieferbar	Preis in €		Anzahl in den Warenkorb	
			Alle ▾					
10032507	BOS ERSATZDAEMPFER "GTS" XL700V TRANS 08-EDEL. ABE		HONDA XL700V TRANSALP (RD13)	🏍	449,00		1	➜🛒
10031496	BOS ERSATZDAEMPFER GTS GSX-R 1000 07-08SCHW.,ABE		SUZUKI GSX-R 1000 K7 (WVCL)	🏍	799,00		1	➜🛒
10031543	BOS ERSATZDAEMPFER GTS GSX-R 1000 07-08EDELS,ABE		SUZUKI GSX-R 1000 K7 (WVCL)	🏍	499,00 (779,00)		1	➜🛒

Abbildung 6.15: Ampelfunktion dargestellt mit Motorrädern

Cross-Selling

Manche Shopsysteme bieten während der Produkterfassung eine Möglichkeit an, ähnliche Produkte zusätzlich auf der Produktdetailseite anzuzeigen. So kann Ihr Kunde auf einer Seite nicht nur Produkt A ansehen, sondern erhält auch einen Hinweis auf Produkt B. Mit dieser Anzeige präsentieren Sie Ihrem Kunden personalisiert auf seine Auswahl hin ein weiteres Produkt aus Ihrem Sortiment. Man nennt dies auch Cross-Selling (Querverkauf). Mehr zum Thema Onlinemarketing finden Sie in *Kapitel 9.*

> **Tipp**
> Damit eine Ampeldarstellung aktuell dargestellt werden kann, müssen Sie täglich den Lagerbestand, also die Zu- und Abgänge im Shopsystem anpassen, durch Ausdrucken von Lieferscheinen für Warenabgang, Buchen von Warenretouren von Kunden oder Warenzugängen durch Lieferanten. Dann erst werden die Datenbestände angepasst, und die Ampelanzeige stimmt.

Produktdatenblätter oder Anleitungen

Mit PDFs zum Download findet der Kunde noch mehr wertvolle Informationen zu Ihren Produkten, und Sie übermitteln Produktdaten kostenlos an Google, was der Suchmaschinenoptimierung zugutekommt. Produktdatenblätter dienen auch zum Druck der Produktdetails in verbesserter Darstellung.

6.3   Produktdetails auffrischen mit Bildern

Bilder und Fotos sind neben Videos stets der Renner im Netz und erfreuen sich hoher Klickraten. Gerade in Online Shops möchte man ja auch wissen, was man kauft. Nur darüber zu lesen reicht heute vielen Kunden nicht mehr aus. Sie möchten es detailgenau ansehen können, das Bild sogar drehen und am liebsten ein Produktvideo finden. Die Kaufentscheidung fällt so deutlich leichter und schneller.

Grundsätzlich zeigen alle Internetbrowser die meisten Bildformate an. Jedoch haben sich drei Grafikformate im Netz für Webseiten und Online Shops durchgesetzt: Denn die Formate *GIF*, *JPG* und *PNG* sind einerseits klein von der Dateigröße her und andererseits besitzen sie trotzdem eine hohe Farbtiefe.

Neben dem Dateiformat haben sich auch gewisse Darstellungen der Produktbilder in Online Shops etabliert. Schauen Sie sich selbst im Netz um und lernen Sie von den Großen.

In Online Shops werden meist drei Bilddarstellungen für ein Produkt angeboten:

- Thumbnails in der Produktliste
- Vorschaubilder in der Detailansicht des Produkts
- Großansicht über die Lupenfunktion (Zoom View)
- Optional: 3D-Rundumansicht

Praxistipp
Sind Sie unsicher, welches Format Sie verwenden sollen, dann probieren Sie es einfach aus. Speichern Sie Ihr Produktfoto in allen drei Formaten ab, klicken Sie auf **Eigenschaften** der Bilddatei und vergleichen Sie die Dateigröße.

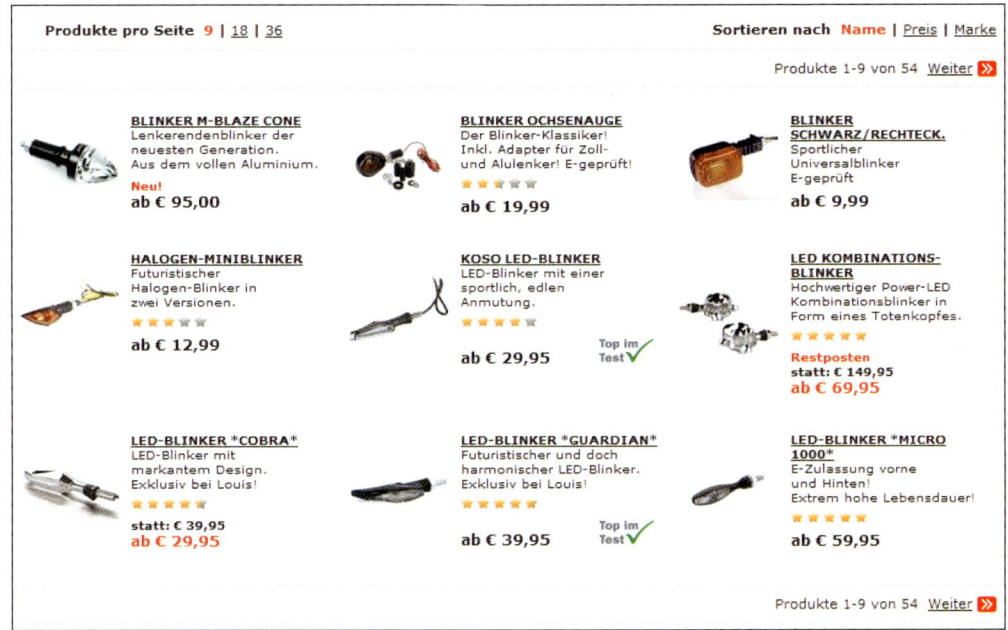

Abbildung 6.16: Produktliste dargestellt mit Thumbnails

Bei der Produktdetailansicht sind große Bilder von Vorteil bzw. besser geeignet für die Lupenfunktion. Klickt man auf die Lupe, so öffnet sich die Anzeige eines vergrößerten Bildes. Die Darstellung erfolgt häufig als extra Layer oder spezieller Zoom Viewer.

Je größer die Bild und ihre Dateigrößen, desto länger ist die Ladezeit Ihres Online Shops. Bilddateien im Format TIFF oder BMP verursachen zu lange Ladezeiten durch die zu großen Dateigrößen und eignen sich nicht für Online Shops. Achten Sie daher auf das richtige Format und die richtige Größe sowohl bei den Produktbildern als auch bei Ihren Bilder für das Design incl. Logos.

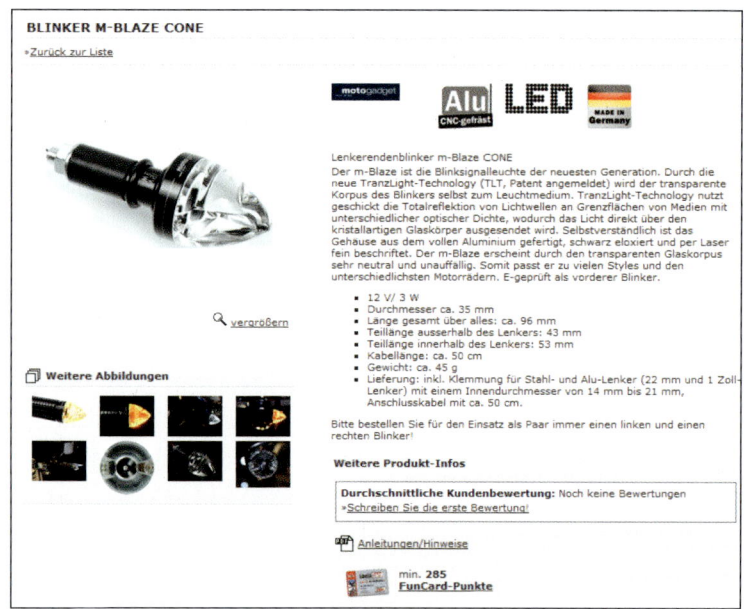

Abbildung 6.17: Produktdetailansicht mit Lupenfunktion für das Produktbild

Für Produktbilder empfehlen wir folgende Formate und Größen:

- Thumbnail: GIF-Format mit 100 x 100 Pixel bis 150 x 150 Pixel

- Detailbild: JPG-Format mit 300 x 300 Pixel bis 500 x 500 Pixel

- Originalbild: JPG- oder PNG-Format (Originalbild so detailgetreu wie nötig)

> **Gut zu wissen!**
> Bei vielen Shopsystemen (z. B. **Veyton** von **XT:Commerce, Magento**) reicht ein einziges Bild (Originalbild) aus. Die Thumbnails und Vorschaubilder errechnet die Software automatisch und speichert diese gleich im richtigen Verzeichnis des Shopsystems ab. Sie brauchen sich also nicht mit der Erstellung von Bildern in unterschiedlichen Bildgrößen zu beschäftigen.

6.3.1   Bilder optimieren

Heutzutage sind Bilder nicht nur auf dem eigenen Shop oder in der Bildersuche der Suchmaschinen zu finden. Durch den Einsatz des Universal-Search-Konzepts der Suchmaschinen (siehe *Kapitel 5*) finden sich viele Bilder auch in den organischen Suchergebnissen (siehe Abbildung 6.18), sprich auf der ganz „normalen" Suchergebnisseite.

Daher ist ein Optimieren des Bildes für Suchmaschinen empfehlenswert, um Bilder ganz nach vorne in den Suchergebnissen zu bringen. Das soll aber nicht heißen, dass die Benutzer davon keinen Vorteil hätten. Ganz im Gegenteil – Bildernamen und Beschreibungen helfen auch ihnen, sich besser zurechtzufinden.

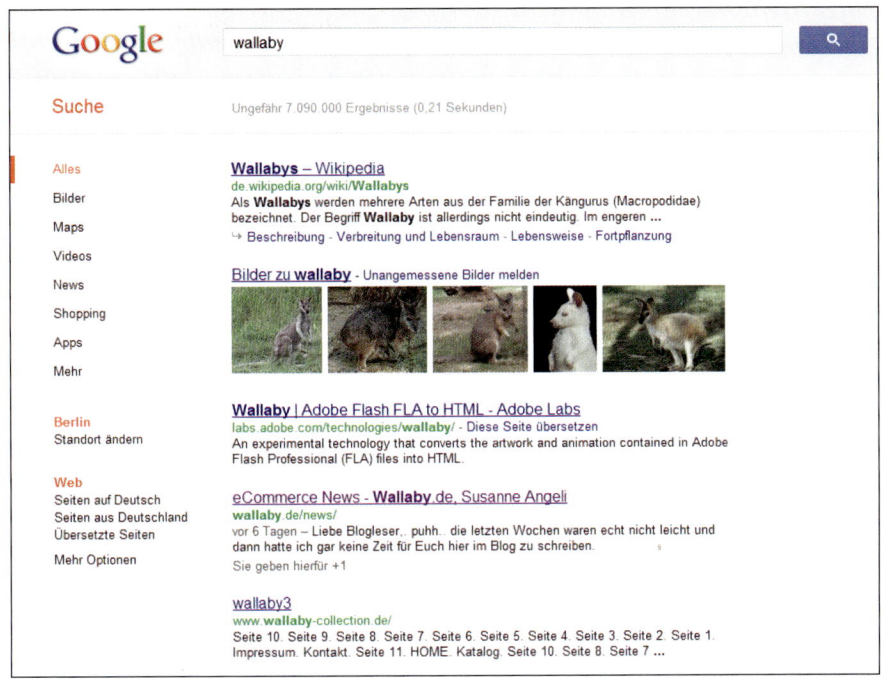

SEO-Tipp
Ist die Position der Webseite in der organischen Suche weiter oben, muss deshalb nicht das Bild in der Bildersuche weiter oben stehen. Das Gleiche gilt umgekehrt. Laut Google haben Bilder und Fotos mit einem hohen Ranking in der Bildersuche von Google kaum einen Einfluss auf den PageRank für die Seite. Unsinnig ist auch die Auffassung, dass ein erneuter Upload des Bildes das Ranking verbessern kann.

Abbildung 6.18: Suchergebnisseite mit Bildersuchergebnis

Eine Bilderoptimierung festigt und stützt die Keyworddichte und Themenrelevanz der Seite und die darin enthaltenen Links. Es ist also dringend anzuraten, die Bilder schon vor der Produkterfassung zu optimieren und nicht erst später, wenn die Bilder bereits online in Suchmaschinen zu finden sind. Zudem freut sich Ihr Besucher, wenn er über das Bild besser informiert wird. Und falls er die Anzeige der Bilder ausgeschaltet hat, findet er den `<alt>`-Text vor.

Suchmaschinen können Bilder nicht wirklich lesen, daher teilen Sie mit Ihrer Optimierung den Text zum Bild mit.

Tipp
Von **Ingo** finden Sie für Ihre Suchmaschinenoptimierung mit Bildern das sehr hilfreiche Tool Bidox-Datenbank auf **bidox.de**. Jeden Sonntag fragt das Tool die Top-100-Rankings von 5000 Keywords (= Top-Keywords der Google-Bildersuche) ab.

	So ist es richtig ...	Vermeiden Sie/unwichtig ...
Bilddateinamen	kurzer, beschreibender Dateiname basierend auf Keywords	numerische, zu lange und nicht aussagekräftige Dateinamen
Beschreibungstext <alt>-Attribut	erklärender Text mit Keywords befüllt	zu lange Texte Meta-description, meta-keywords
Seitentitel	enthält Keywords	kein Seitentitel vorhanden
umliegender Text um das Bild	Text enthält relevante Keywords	unpassender Text zum Bild
Bilderverzeichnis	alle Bilder in einem Verzeichnis	zu viele verschiedene Bilderordner/Unterverzeichnisse
Format	JPG, GIF, PNG	TIFF, PSD, CDR

Tabelle 6.1: Richtlinien für SEO-optimierte Bilder

6.3.2   Bilderserie vorbereiten für Produktdetails

Wie bringen Sie nun die Produktbilder in die richtige Ausgangslage, um die einzelnen Bildformate in den Shop hochzuladen, falls die Software dies doch nicht automatisch bewerkstelligen kann? Oder sind die Produktbilder im Original, die Ihr Hersteller oder Lieferant zur Verfügung gestellt hat, viel zu groß zum Hochladen? Dann müssen Sie selbst die Bilder in das richtige Format bringen, neu abspeichern und in das Shopverzeichnis hochladen.

Angenommen, Sie erhalten eine CD vom Hersteller mit sämtlichen Produktbildern in den Abmessungen 1600 x 1200 Pixeln und im *TIFF*-Dateiformat. Diese Bilderserie ist bereits mit Dateinamen versehen und nicht nur einfach durchnummeriert. Sie müssen die Bilder jedoch vor dem Hochladen in den Shop verkleinern und im richtigen Format abspeichern.

Im Anschluss an die Bearbeitung zeigen wir Ihnen, wie Sie die Bilder in Ihren Shop hochladen.

1. Laden Sie sich das kostenlose Tool *IrfanView* incl. aller Plug-ins aus dem Netz.

2. Nach der Installation des Tools und der Plug-ins starten Sie das Programm und stellen erst einmal auf das deutsche Sprachpaket um. Sie finden dies unter „*Options › Change language*".

3. Klicken Sie auf „*Datei › Batch(Stapel)-Konvertierung/Umbenennung*".

4. Im neu geöffneten Fenster sehen Sie in der linken Spalte verschiedene Einstellungen.

5. Belassen Sie die Auswahl auf *Batch-Konvertierung* ❶, so werden nur das Format und die Größe geändert und nicht der Dateiname. Je nach Produkten ist später eine manuelle Anpassung des Dateinamens sinnvoll.

6. Wählen Sie das gewünschte Zielformat ❷ aus. Für unser Beispiel, die Bilderserie für die Detailansicht, wählen wir das komprimierte *JPG*-Format.

> **Batchkonvertierung**
> Meist sind es sehr viele Produktbilder, die Sie jetzt anpassen müssen. Da ist es mühselig, jedes Bild einzeln zu bearbeiten. Leichter funktioniert dies mit einer sogenannten Batchkonvertierung, auch Stapelverarbeitung genannt. Damit können gleich alle Bilder auf einmal an Abmessung und Speichergröße angepasst werden.

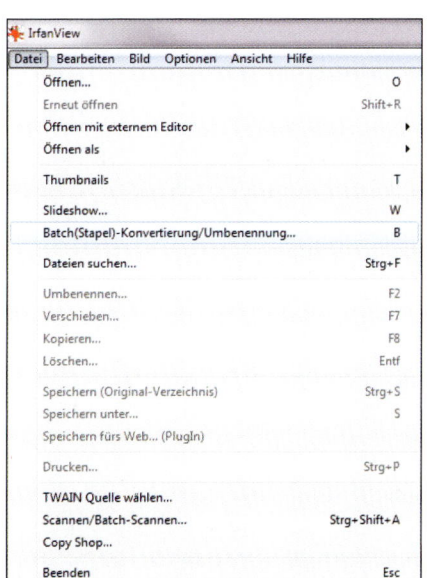

Abbildung 6.19: Öffnen der Einstellmöglichkeiten zur Batchkonvertierung

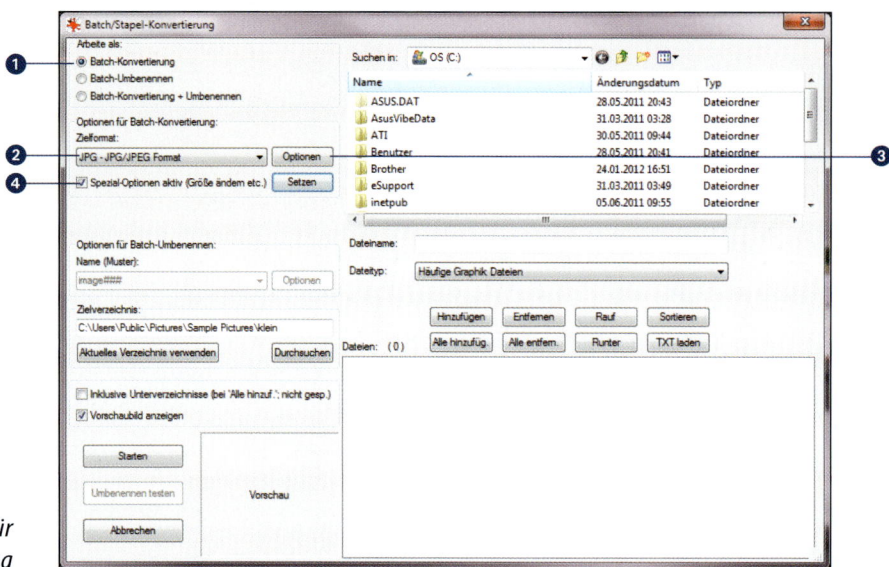

*Abbildung 6.20: Einstellungen für
die Batchkonvertierung*

7. Mit einem Klick auf *Optionen* ❸ öffnet sich ein neues Fenster.

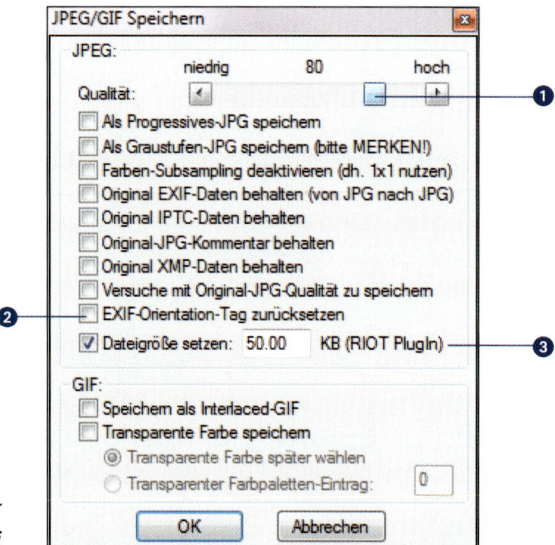

*Abbildung 6.21: Optionen zur
Speicherung der Datei*

8. Stellen Sie mit dem oberen Regler ❶ die gewünschte Qualität des Bildes ein und bestimmen Sie somit auch die Dateigröße, also die Komprimierung des Bildes. Bestätigen Sie Ihre Angaben mit *OK* und kehren Sie zum Hauptfenster zurück.

Uninteressant für Produktbilder in einem Shop sind die *EXIF*-Angaben ❷. In denen steht, wann und wo das Foto gemacht wurde etc. Es würde die Datei nur unnötig aufblähen und mehr Speicher verbrauchen. Falls also dort der Haken aktiviert ist entfernen Sie ihn. Prima Vorteil mit *RIOT* ❸: Sind alle Plug-ins richtig installiert, steht in Klammern neben der Bilddateigröße *RIOT PlugIn*. Damit maximiert das Tool die Qualität bis zu der hier eingestellten Dateigröße und wird somit 50 KB nicht überschreiten, auch wenn Sie einen höheren Wert am oberen Regler eingestellt haben.

9. Aktivieren Sie im Hauptfenster (siehe Abbildung 6.20) den Haken *Spezial-Optionen aktiv* ❹ und öffnen Sie dann das Eingabefenster über *Setzen*.

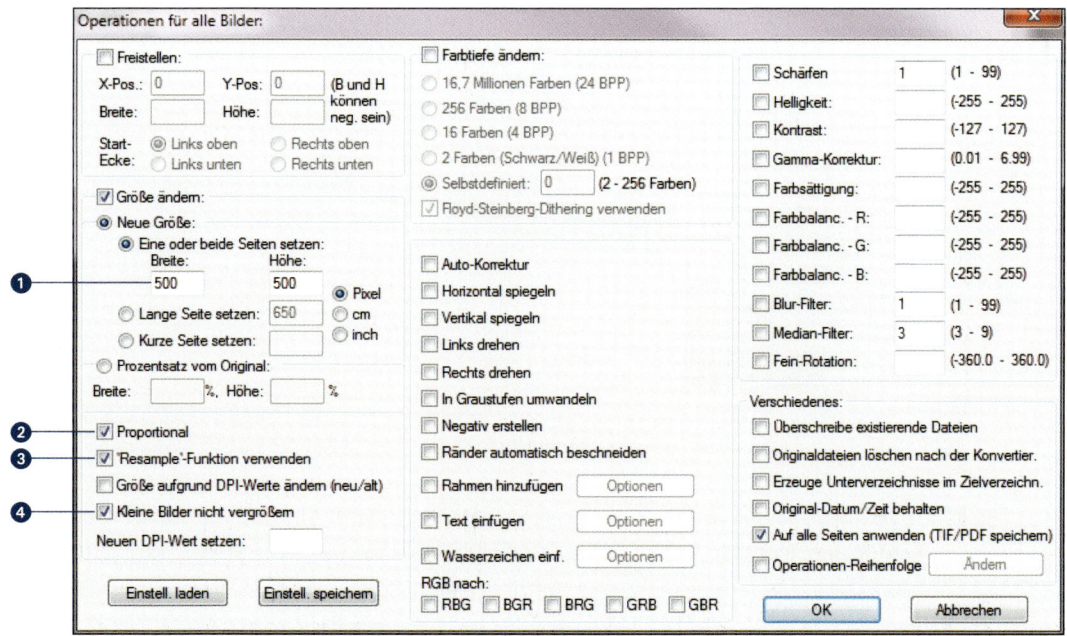

Abbildung 6.22: Größenangaben und Funktionen eingeben

10. Geben Sie Ihre gewünschte maximale Breite und Höhe ❶ ein. Das Tool wird diese Größe nicht überschreiten. Achtung, es passt das Bild nur proportional an, wenn dazu der Haken ❷ gesetzt ist!

Artefakte oder Störungen verhindern Sie, wenn Sie die *Resample-Funktion verwenden* ❸ auswählen. Die Bilder werden so neu berechnet und zusammengestellt. Auch die aktivierte Funktion *Kleine Bilder nicht vergrößern* ❹ verhindert eine unschöne Umsetzung von Bildern, falls ausgewählte Bilder kleiner sind als die von Ihnen angegebene Dateigröße ❶. Ansonsten nehmen Sie für diese Bilderserie keine weiteren Änderungen in diesem Fenster vor und kehren mit *OK* zurück zum Hauptfenster *Batch/Stapel-Konvertierung*.

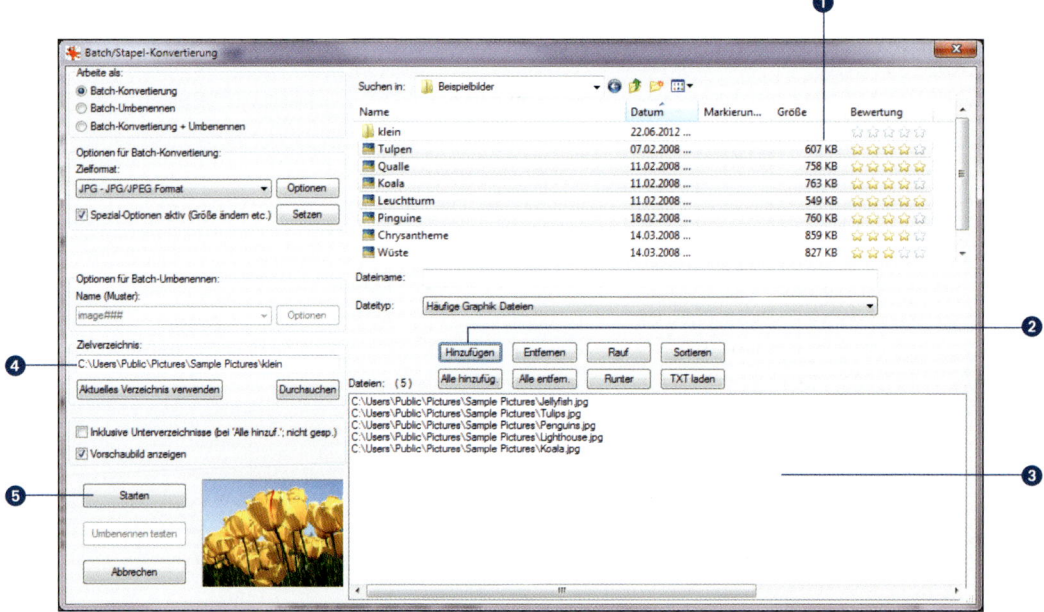

Abbildung 6.23: Auswahl der gewünschten Bilddateien

11. Im oberen rechten Bereich des Fensters ❶ wählen Sie alle zu konvertierenden Bilder aus. Bei der Auswahl der Bilder gehen Sie vor, wie Sie es von Windows gewohnt sind. Haben Sie alle ausgewählt, klicken Sie auf *Hinzufügen* ❷. Die Auswahl ist im unteren rechten Fenster zur Überprüfung aufgeführt ❸.

12. Ändern Sie das Zielverzeichnis ❹ und legen Sie im gleichen Schritt einen neuen Ordner mit dem Namen *Klein* an, in den das Tool Ihre Bilder nach der Konvertierung ablegt.

13. Klicken Sie auf *Starten* ❺, und das Tool legt los. Sie können den Fortschritt in einem separaten Fenster einsehen und überprüfen.

6.3.3 Bilderserie in das Shopverzeichnis hochladen

Jede Shopsoftware speichert Produktbilder in einem anderen Verzeichnis. Informieren Sie sich über die Shopsoftware, in welchen Ordner die Bilder gehören.

Zum Hochladen der Bilderserie benötigen Sie:

- ■ fertig angepasste Bilder

- ■ *FTP*-Zugangsdaten zu Ihrem Webserver; diese erhalten Sie von Ihrem Webspace-Anbieter, oder Sie finden sie in Ihrem Kundenaccount.

- ■ *FTP*-Software auf dem eigenen lokalen Rechner, um eine Verbindung zu Ihrem Webserver aufzubauen und zum Hochladen der Bilder

- ■ Geduld und Zeit bei einer langsamen Datenverbindung zum Webserver

Obwohl Sie es sicher schon kennen, zeigen wir Ihnen den Vorgang des Bilderuploads in einer Schritt-für-Schritt-Anleitung. Gegebenenfalls überspringen Sie diesen Teil einfach.

Das ebenso kostenlose FTP-Tool *FileZilla* (`filezilla.de`) eignet sich hervorragend für Einsteiger und Experten. Installieren Sie es auf Ihrem Rechner und legen Sie wie folgt los:

1. Nach dem Start des Tools geben Sie Ihre FTP-Zugangsdaten wie Server, Benutzername und Passwort in die oberen Felder ❶ ein und klicken auf *Verbinden*.

2. Das Tool baut eine Verbindung zu Ihrem Webserver auf und zeigt in der rechten Spalte unter *Server* ❷ seine Verzeichnisstruktur an. Öffnen Sie über diesen Bereich das richtige Bilderverzeichnis in Ihrem Shopsystem. Der Inhalt ist dann im unteren Bereich ❸ zu sehen.

3. Wählen Sie im linken Bereich das lokale Verzeichnis ❹ aus, in dem Ihre bearbeiteten Bilder liegen, und markieren Sie diese. Entweder komplett oder auch einzeln können Sie die Bilderserie hochladen. Per Drag&Drop ziehen Sie die Bilder in den rechten Bereich ❸. Der Upload auf Ihren Server beginnt.

4. Überprüfen Sie während des Uploads den Vorgang im unteren Bereich unter *Zu übertragende Dateien* ❺.

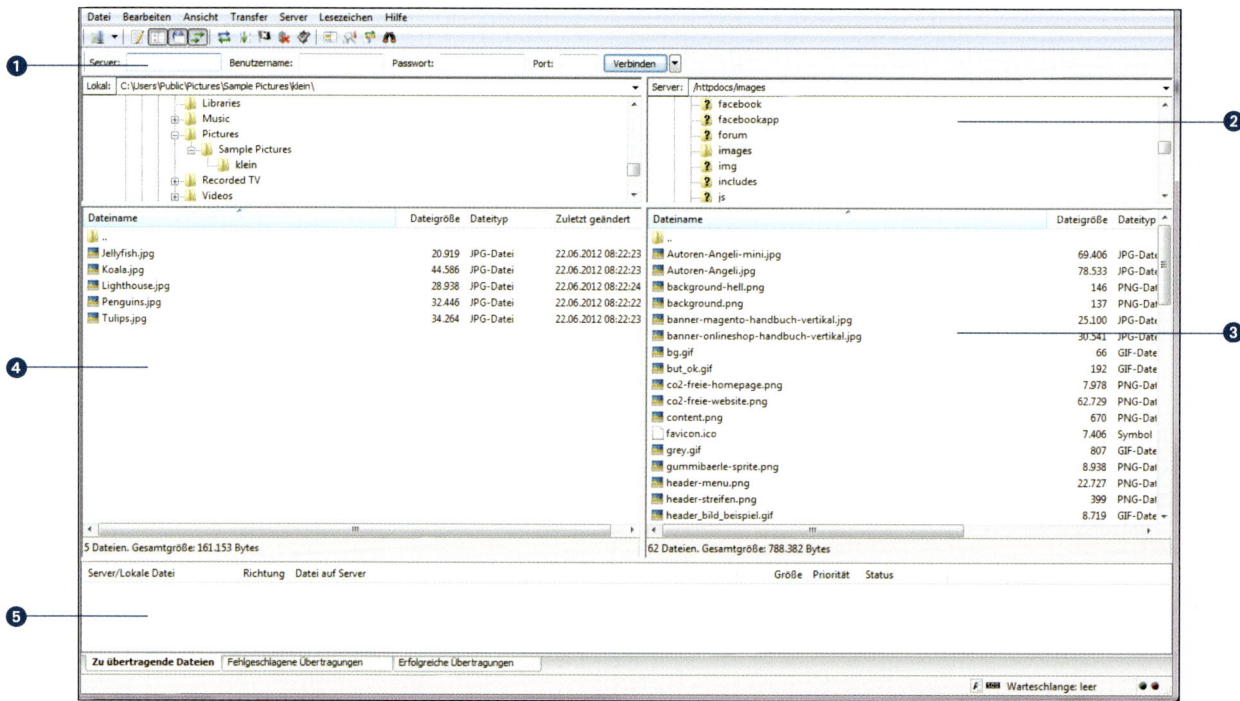

Abbildung 6.24: Oberfläche von FileZilla

6.4   Sicherheitshinweise optimal anzeigen

Neben den Zusatzfeatures und den Bildern auf der Produktdetailansicht sind auch vertrauensbildende Maßnahmen für Ihren Shop unerlässlich. Vorangegangene Maßnahmen ergänzen das Produkt, das der Kunde über Suchmaschinen gefunden hat. Über die Startseite gelangen die wenigsten Kunden zu Ihrem Shop.

Ist der Kunde einmal dort, zählen auch relevante und vertrauensbildende Hinweise neben den Produktdetails, die den Händler und seine Leistungen beschreiben. Halten Sie Kunden länger in Ihrem Online Shop mit Vertrauen, Orientierung und Sicherheit. Mehr zum Thema Vertrauen finden Sie in *Kapitel 7*.

Ersparen Sie dem User eine lange Suche nach wichtigen Sicherheitshinweisen und zeigen Sie diese stets auf jeder Seite. Verstecken Sie sie nicht nur auf einer einzigen Infoseite oder lediglich auf der Startseite oder gar im Footer. Am besten platzieren Sie die Hinweise in den oberen Headerbereich des Layouts (siehe Abbildung 6.25).

Die wichtigsten Sicherheitshinweise:

- xx Tage Rückgaberecht

- Zertifizierungssiegel (z. B. *Trusted Shop Siegel*)

- *SSL*-Verschlüsselung

- Kostenloser versicherter Versand und Rückversand

- Bestellhotline

- Optional: Antwortbox auf häufig gestellte Fragen auf Produktdetailseiten oder fest im Layout in der linken Spalte verankert.

> **Gut zu wissen!**
> Neukunden vermitteln Sie mit vertrauensbildenden Maßnahmen ein angenehmes und sicheres Gefühl und Sie zeigen, dass Sie als Shopbetreiber professionell und seriös arbeiten.

stets angezeigte, vertrauensbildende Hinweise und Shopsiegel

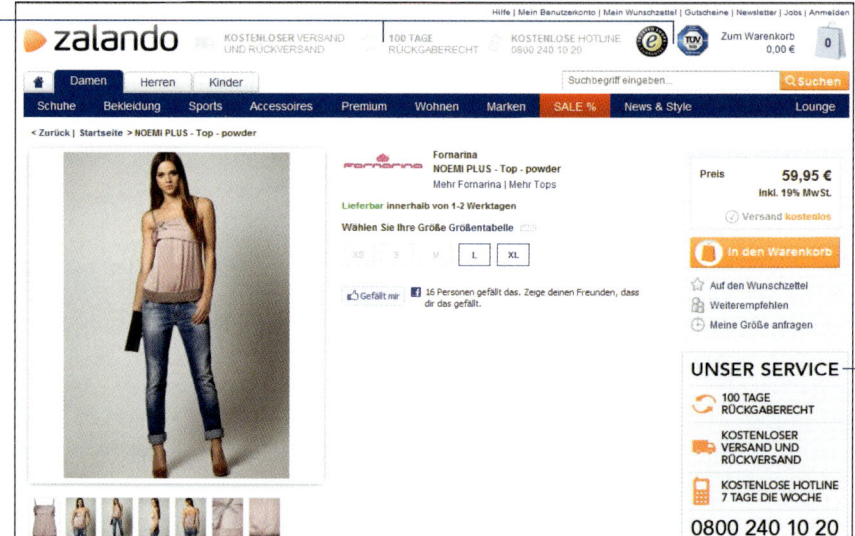

nicht zu übersehende Hinweis-Box auf der Produktseite

Abbildung 6.25: Gut platzierte Sicherheitshinweise

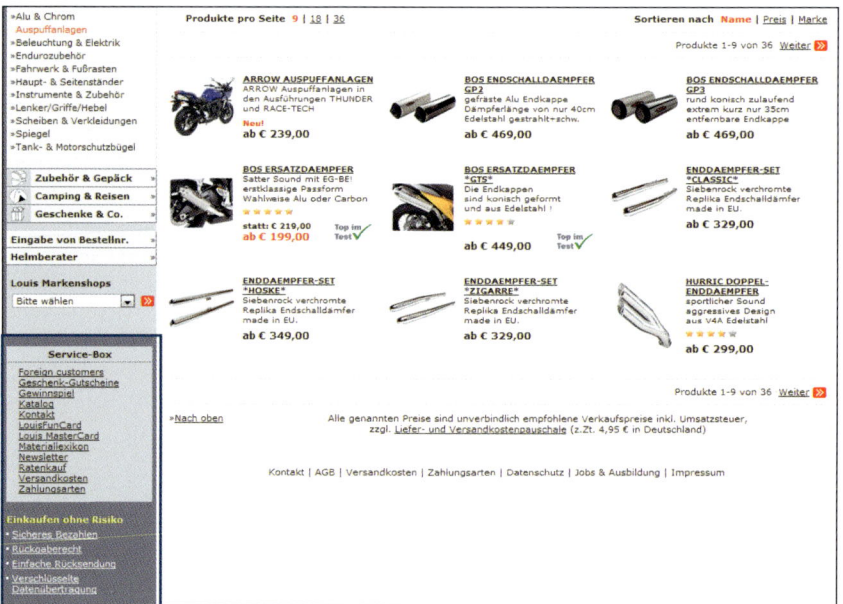

Abbildung 6.26: Servicebox auf häufig gestellte Fragen

Fazit

Sind Sie erst einmal in den E-Commerce eingestiegen, nehmen Ihr Wissen und Ihre Erfahrungen automatisch zu. Sie kommen dann an einen Punkt, an dem Sie Ihrer Zielgruppe mit noch mehr Zusatzfeatures begeistern möchten. Schenken Sie Ihrem Kunden Gehör und vergleichen Sie sich mit der Konkurrenz. Erfahren Sie auf diese Weise, welche spannenden Expertenerweiterungen zu Ihrem Online Shop und zum Produkt passen könnten, wie z. B.:

- Onlineberatungssystem
- 3D-Rundumsicht
- Katalogdarstellung
- Leasingangebot
- Sammelpunktsystem
- Testsiege des Produkts

Wenn man einem Menschen trauen
kann, erübrigt sich ein Vertrag.
Wenn man ihm nicht trauen kann,
ist ein Vertrag nutzlos.

Jean Paul Getty

Kapitel 7

Vertrauen zum Shop aufbauen

Nutzen Sie vertrauensbildende Maßnahmen, um Ihren Kunden ein rundum sicheres Gefühl beim Einkauf in Ihrem Shop zu vermitteln. Hierzu gehören sichere und bekannte Bezahlarten und Gütesiegel, die Ihren Kunden den Einkauf erleichtern und Vertrauen schaffen. Setzen Sie auch Produkt- und Shopbewertungen ein, denn so unterstützen Sie Ihre Kunden bei der Auswahl des Online Shops und des Artikels.

Der Internethandel erfreut sich einer immer größeren Beliebtheit. Da ist es nicht verwunderlich, dass auch der Wettbewerbsdruck stark steigt und für den Kunden der Markt zunehmend transparenter wird. Somit werden die Kunden immer anspruchsvoller und setzen bei einem Online Shop viele Aspekte als gegeben voraus.

Gerade diese Erwartungshaltung steuert im großen Maße das Verhalten eines Onlinekäufers. Nur einmal können Sie einen ersten Eindruck Ihres Online Shops an den Kunden weitergeben. Innerhalb von nur 50 Millisekunden bilden sich Besucher ein Urteil über die Qualität eines Onlineauftritts, so die Psychologen der kanadischen Carleton University.

Daher ist es sinnvoll, wenn Sie sich an bestimmte Gewohnheiten halten, um Ihre Kunden nicht zu enttäuschen. Wie bereits in *Kapitel 6* erwähnt, steht dabei eine benutzerfreundliche Navigation mit aussagekräftiger Beschriftung und bestmöglicher Platzierung im Mittelpunkt.

Gründe für den Kaufabbruch

Weiterhin ist es ratsam, die Kaufabbrüche im Bestellprozess zu analysieren. Mit einer Analyse erkennen Sie als Shopbetreiber, wo und weshalb Ihre Kunden den Kauf abgebrochen haben (siehe *Kapitel 10*). Diese Infos setzen Sie in Neuerungen um, damit Sie Ihren Shop noch attraktiver gestalten.

Häufigste Gründe für einen Kaufabbruch:

- fehlende gewünschte Zahlungsart und unsicherer Zahlungsverkehr! (häufigste Ursache)

- zu hohe Lieferkosten bzw. Versandkosten!

- unzureichende Datensicherheit!

- Onlinehändler erscheint nicht vertrauenswürdig!

Dem letzten Grund für einen Kaufabbruch, mangelnde Vertrauenswürdigkeit, setzen Sie vertrauensbildende Maßnahmen entgegen. Diese Maßnahmen umfassen vier wichtige Aspekte, die im Folgenden näher erläutert werden:

1. Gütesiegel
2. Kundenbewertungen
3. Bezahlverfahren
4. Kundenservice

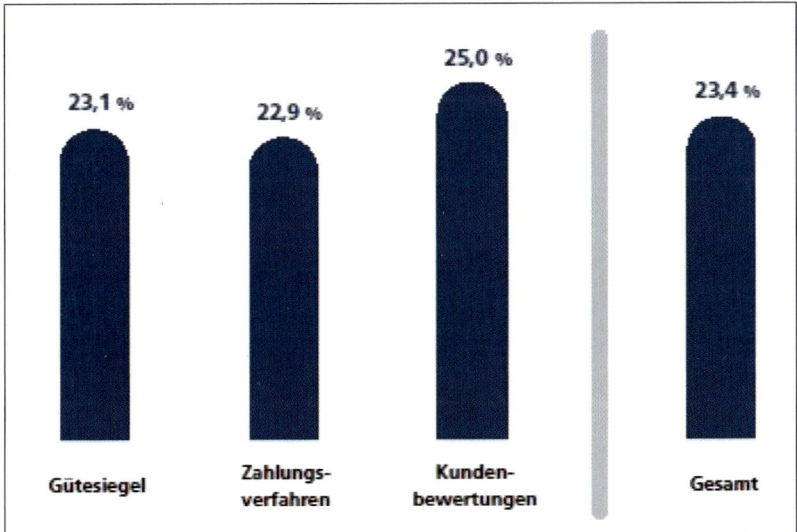

Abbildung 7.1: Steigerung der Konversionsrate durch vertrauensbildende Maßnahmen (Quelle: ECC-Handel)

Wichtig! Vertrauensbildende Maßnahmen sind Bestandteil einer langfristigen und umfassenden Marketingstrategie! Denn vertrauensbildende Maßnahmen können die Konversionsrate um bis zu 23 % erhöhen (Abbildung 7.1). Die Kennzahl „Konversionsrate" gibt das Verhältnis zwischen den Besucherzahlen und den daraus entstandenen Verkaufszahlen an. Das heißt für Sie: Stöbern viele Besucher in Ihrem Online Shop und nehmen viele von ihnen den Shop als sehr vertrauenswürdig wahr, dann nehmen die Einkäufe im Verhältnis zu. Es ist auch gut möglich, dass Sie zwar viele Besucher verzeichnen, diese aber „nur" stöbern und nichts kaufen. Somit steigt die Abbruchquote und die Konversionsrate sinkt.

7.1 Ein rundum sicheres Gefühl mit Zertifikaten, Gütesiegeln und Co.

Ein passender erster Schritt in Richtung „Vertrauen schaffen" sind Gütesiegel, die auch inzwischen von den meisten Onlinehändlern integriert wurden. Wie Sie in Abbildung 7.1 sehen, steigern Sie mit dem Einsatz von Gütesiegeln die Konversionsrate enorm und senken die Kaufabbrüche im Schnitt um ein Drittel.

Kundenbelange ernst nehmen

76 % der User sehen ein Gütesiegel als wichtig an und bei 72 % der User erhöht sich das Vertrauen zum Online Shop mit einem Gütesiegel. Die als Shopbetreiber schaffen damit mehr Vertrauen für den Kauf und den Bestellablauf.

Online Shopper fragen sich:

■ Kann ich die gekaufte Ware auch wieder zurückgeben?

■ Bekomme ich für mein Geld auch wirklich die bestellte Ware?

■ Wann erhalte ich mein Geld bei Nichtgefallen zurück?

■ Sind meine Kontaktdaten sicher oder werden sie an Dritte weitergegeben?

> **Gut zu wissen!**
> Ältere Kunden legen besonders großen Wert auf Gütesiegel, während Kundenbewertungen eher für jüngere Käufer wichtig sind.

Möchte sich ein Kunde beschweren und reichen ihm die Angaben auf Ihren Shop-seiten nicht aus bzw. kommt es zu keiner Schlichtung, so kann über den Gütesie-gelanbieter eine alternative Streitschlichtung erfolgen. Die Schiedsverfahren sind für beide Parteien neutral, kostengünstig und leicht zugänglich.

Am Markt gibt es verschiedene Anbieter für Gütesiegel, die nach strengen Regeln und einem umfassenden Kriterienkatalog den Online Shop in vielen Bereichen prüfen. Erst nach einer bestandenen Shopprüfung dürfen Sie als Onlinehändler das Gütesiegel des Anbieters in Ihren Shop einbauen und damit bei Ihren Kunden werben. In vielen Angeboten ist die hilfreiche Serviceleistung für Rechtstexte inbe-griffen. Damit erstellen Sie einfach und sicher rechtskonforme Daten für Impres-sum, Datenschutzerklärung, AGB und Widerrufs- oder Rückgabebelehrung. Mehr zum Thema Onlinerecht finden Sie in *Kapitel 4*.

Interessieren Sie sich für eine Gütesiegelzertifizierung, sind einige Voraussetzun-gen zu erfüllen. Wichtigste Angaben im Shop für eine Zertifizierung sind:

■ Anbieterkennzeichnung

■ sicherer und rechtlich einwandfreier Bestellprozess

■ alle wichtigen Daten zum Vertragsschluss (AGB, Widerrufsbelehrung usw.)

■ Datenschutz und Datensicherheit (auch eine SSL-Verbindung)

Die Gütesiegeldienstleister bieten online kostenlose Anforderungskataloge zum Download an. Die Zertifizierung dauert in der Regel etwa eine Woche, sofern alle Kriterien erfüllt sind.

Gütesiegel	Anbieter/Preis
	Trusted Shops `trustedshops.de` Preis ab 59 Euro/Monat zzgl. USt Einrichtungsgebühr 89 Euro Vertragsdauer 1 Jahr
	TÜV SÜD Management Service `safer-shopping.de` Preis auf Anfrage
	EHI Retail Institute `shopinfo.net` Preis ab 750 Euro/Jahr zzgl. USt Einrichtungsgebühr 75 Euro Vertragsdauer k. A.
	Datenschutz cert ips Zertifizierung `datenschutz-cert.de` Preis auf Anfrage
	Protected Shops `protected-shops.de` Preis ab 14,90 Euro/Monat zzgl. USt keine Einrichtungsgebühr

Abbildung 7.2: Empfohlene Anbieter von Gütesiegeln

Praxistipp
Ein SSL-Zertifikat für die gesicherte Datenübertragung ist ein Muss für die Zertifizierung. Um Bestellungen und Zahlungsinformationen vom Kunden verschlüsselt zu Ihnen übertragen zu können, benötigen Sie in Ihrem Online Shop ein persönliches SSL-Zertifikat (dies ist auf Ihre Domain ausgestellt) oder ein preiswerteres Shared-SSL-Zertifikat Ihres Providers. Für ein persönliches SSL-Zertifikat benötigen Sie eine eigene IP-Adresse. Fragen Sie Ihren Provider bzw. Hosting-Anbieter.

Ein SSL-Zertifikat, ausgestellt auf Ihre Domain (SSL 123), bestellen Sie zum Beispiel bei **thawte.de** für 99 Euro pro Jahr.

7.2   Shop- und Produktbewertungen von Kunden

Sage und schreibe 70 % der deutschen User erachten Kundenbewertungen auf Artikeldetailseiten als wichtig bzw. sehr wichtig. Dies ergab eine 2009 durchgeführte Studie von *Nielsen Research*. Das Netz wird sozialer, und die Internetnutzer möchten ihren Freunden im Netzwerk die eigenen Erfahrungen über Produkte und Dienstleistungen mitteilen. Somit stützen sich Käufer bei ihrer Kaufentscheidung immer mehr auf die Erfahrungen anderer, am liebsten auf Erfahrungen von Freunden und Bekannten.

Die Bewertungssysteme teilen sich auf in:

■ Shopbewertung: Kundenbewertungen stellen Erfahrungen und Erlebnisse dar

■ Produktbewertung: Bewertungen von gekauften Artikeln

7.2.1   Bewertung des Online Shops

Indem Sie das Einkaufen in Ihrem Online Shop sicherer und transparenter machen, kommen Sie dem großen Ziel näher, mehr Vertrauen und somit höheren Umsatz zu generieren. Doch Shopeinsteiger tun sich anfangs ziemlich schwer. Durch ein Bewertungssystem speziell für den Online Shop helfen die Anbieter solcher Systeme (z. B. *eKomi* oder *TrustedShops*) das Image des Shops aufzubauen und mehr Vertrauen in den Bestellablauf zu erzeugen. Das Produkt steht bei dieser Bewertung hinten an, im Vordergrund steht der Shop selbst.

Der gesamte Ablauf des Bewertungsprozesses wird von den meisten Anbietern überwacht:

■ vom Einholen der Meinungen bei den Kunden

■ über die redaktionelle Prüfung durch Kundenmeinungsmanager

■ bis hin zur verkaufsfördernden Darstellung auf den Verkaufsseiten in Widgets.

Die Leistungen beinhalten teilweise sogar eine Einbindung der Sternenbewertung in Netzwerke wie *Google Shopping*, *Facebook*, *Twitter* oder *Google+*.

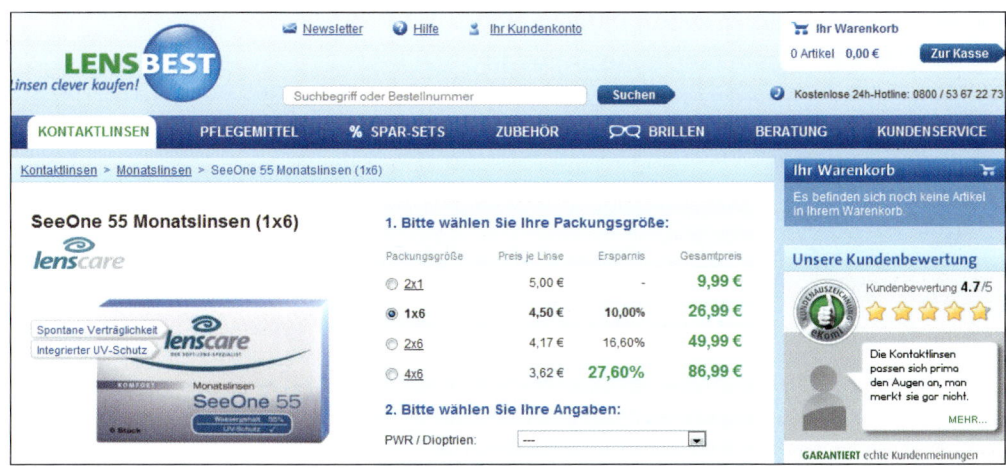

Abbildung 7.3: Shop mit eKomi-Shopbewertung (lensbest.de)

Zwei deutsche Anbieter von Shopbewertungssystemen sind:

- *eKomi Ltd* bot als Erster in Deutschland ein Shopbewertungssystem online an – ekomi.de (Preis ab 99 Euro/Monat zzgl. USt.).

Abbildung 7.4: eKomi Ltd – ekomi.de

> **Gut zu wissen!**
> Ein Blick in die negativen Bewertungen verrät Ihnen, wo Sie noch verbessern können. Gleichzeitig bieten Sie mit Ihren kompetenten Antworten einen kundenorientierten Service und zeigen Ihre Nähe zum Kunden. Nutzen Sie solche Feedbacks für Ihre Shop-Optimierung!

■ *Trusted Shops* bietet neben seinem Gütesiegel auch ein webbasierendes Bewertungssystem für Online Shops an – `trustedshops.de/shop-info/trusted-shops-kundenbewertungen/` (Preis ab 39 Euro/Monat zzgl. USt.).

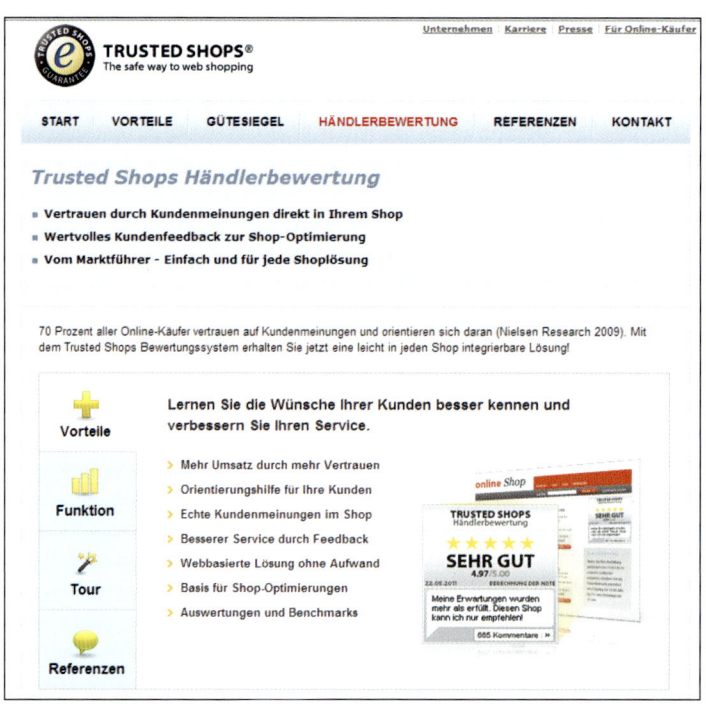

Abbildung 7.5: Trusted Shops mit Händlerbewertungssystem

Es gibt am Markt noch einige weitere Anbieter für Gütesiegel und Bewertungssysteme. Seien Sie jedoch vorsichtig! Dahinter stecken oft Anbieter, die jeden Shop nach einer Prüfung von Minimalstandards aufnehmen bzw. oft gar keine Prüfung durchführen. Diese Siegel sind fragwürdig und eigentlich keine richtigen Gütesiegel.

7.2.2   Produktwertung

Mit Testberichten und Produkterfahrungen anderer Einkäufer punkten Sie für Ihren Shop und Ihre Produkte. Eine Schreinerei, die kundenspezifische Artikel erstellt, baut besser ein Shopbewertungssystem ein, mit dem ihr Service beurteilt werden kann.

Für Onlineeinkäufer ist die Produktbewertung sehr hilfreich und wichtig für die Kaufentscheidung geworden. Steigen auch Sie mit ein und integrieren Sie ein Kundenmeinungsmodul in Ihren Online Shop – damit bieten Sie Ihren Kunden einen weiteren Mehrwert.

Die Produktbewertungen müssen nicht ausschließlich im Online Shop platziert sein. Auch in Communitys und in Social Networks liest man viele Bewertungen und erste Erfahrungen mit neu eingeführten Produkten. Dadurch lässt sich zusätzlich die Marke aufbauen und die Bekanntheit Ihres Online Shops steigern. Mehr zu Social-Media-Marketing lesen Sie in *Kapitel 8*.

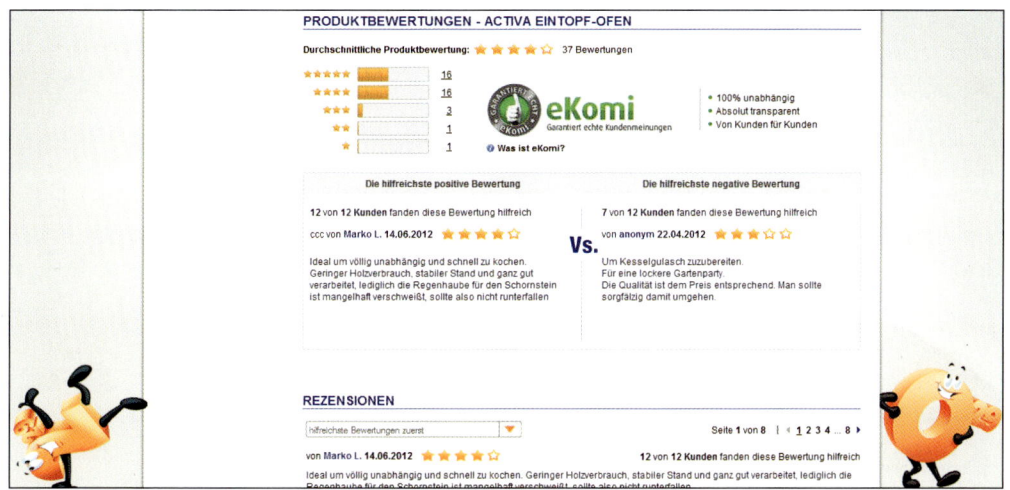

Abbildung 7.6: Shop mit eKomi-Produktbewertungen (plus.de)

(Kunden-)Videos als Referenzen
Neben einfachen Textbewertungen findet man beispielsweise bei *YouTube* von Shopbetreibern produzierte Videos, die die Produktbeschreibung aufwerten oder Anleitungen in Bild und Ton beinhalten. Recherchieren Sie online und vergleichen Sie die Videos anderer Anbieter. So lernen Sie, was gut ankommt und welche Fehler Sie vermeiden sollten.

Gut zu wissen!
Videoclips steigern die Konversionsrate um bis zu 44 %. Wenn der Kunde bzw. die Netzgemeinde für Ihre Produkte positive Videos (Produkthandhabung etc.) produziert, brauchen Sie diese nicht selbst herzustellen. Zudem sind Kundenvideos in jeder Hinsicht glaubwürdiger. Im Rahmen von Gewinnspielen können Sie User animieren, selbst gedrehte Produktvideos hochzuladen.

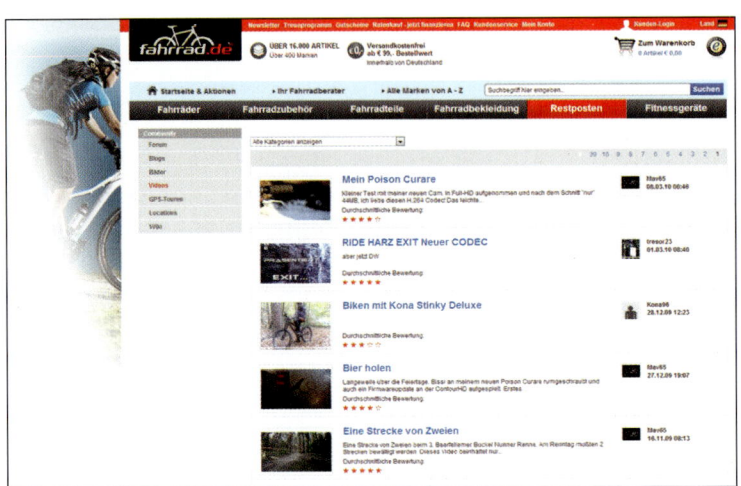

Abbildung 7.7: Produktvideos werten Online Shops auf.

Laden Sie Ihre selbst erstellten Videos nicht als angebliche Kundenvideos hoch. Das merken User schnell und kommt selten gut an. Unterschätzen Sie nicht den Zeit- und Kostenaufwand, abgesehen vom technischen Wissen, das Sie besitzen sollten.

Abbildung 7.8: Professionelle Videos schaffen Vertrauen, Loyalität und Kundenbindung.

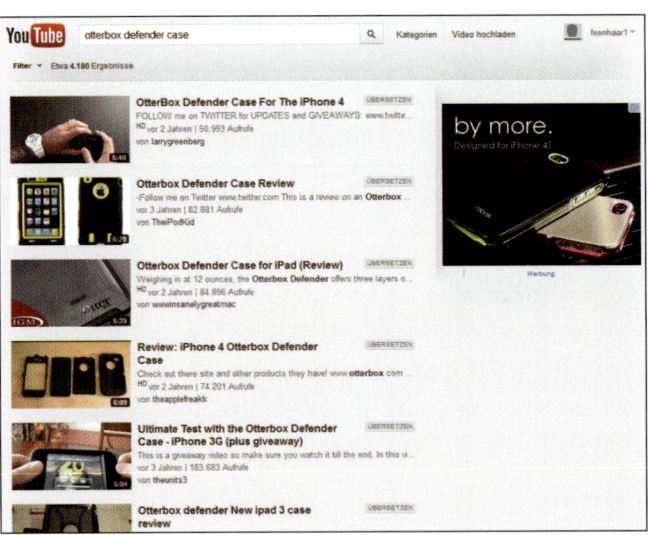

Praxistipp

Anfang 2010 startete **JAKO-O** eine witzige und zugleich wirkungsvolle Aktion, um Produktvideos von Kunden zu erhalten. Kunden nahmen an einem Gewinnspiel teil, wenn sie ein privat gedrehtes Produktvideo mit einem Spielzeug auf **YouTube** stellten. Dabei sollte dem Video der Titel »**JAKO-O** + Produktname« zugewiesen sein. Den Link zum Video sendeten die Teilnehmer an **JAKO-O**. Im Großen und Ganzen waren zwar keine besonders hohen Zugriffszahlen zu verzeichnen, aber so platzierte man die Marke **JAKO-O** und manche Artikelnamen bei **YouTube**.

7.3 Vertrauen schaffen mit sicheren Bezahlverfahren

Laut einer Studie von *ECC Handel* achten 94 % von 1008 befragten Deutschen bei Online Shopping „sehr stark" auf die angebotenen Bezahlungsarten. Es entscheiden nicht allein die Kundenbewertungen über die Wahl des Shops, sondern meist die Bezahloptionen. Und vier von fünf Verbrauchern wählen gezielt den virtuellen Shop aus, der ihre bevorzugte Zahlungsart anbietet.

In *Kapitel 3* erwähnten wir bereits unter „Zahlungsarten", dass fehlende Bezahlsysteme zu Kaufabbrüchen im Bestellprozess führen. Was heißt das genau? Ihr Kunde sucht sich die Ware aus, legt diese in den Warenkorb, erstellt ein Kundenkonto und bemerkt erst dann auf der Bezahlseite, dass die bevorzugte Zahlungsart fehlt. Enttäuschte Kunden brechen relativ schnell den Kaufvorgang ab und kaufen in einem anderen Online Shop ein, der die gewünschte Bezahlart anbietet. Durch den Einsatz der passenden Bezahlart erzielen Sie weitere positive Effekte. Dies bestätigt auch die Studie „IZH6" von *ECC-Handel*:

- 10 bis 22 % Umsatzsteigerung

- 20 % Steigerung der Neukundengewinnung

- 14 % Senkung von Transaktionsabbrüchen

Besonders *PayPal*, Bezahlen mit *Amazon*, *Sofortüberweisung* oder Kreditkarte konnten gute Resultate verzeichnen und haben an Akzeptanz gewonnen. Aus Händlersicht war „Vorkasse" als klassisches Bezahlverfahren am attraktivsten und „Rechnung" aufgrund der Kundenfreundlichkeit sehr weit verbreitet. Diese beiden Arten sollten in Ihrem Zahlungsarten-Portfolio nicht fehlen.

Tipp
Kurzauswertung der
Onlinehändler-Umfrage
IZH6 von **ECC Handel:**
ecc-handel.de/Down-
loads/Themen/Pay-
ment/IZH6_Kurzaus-
wertung.pdf

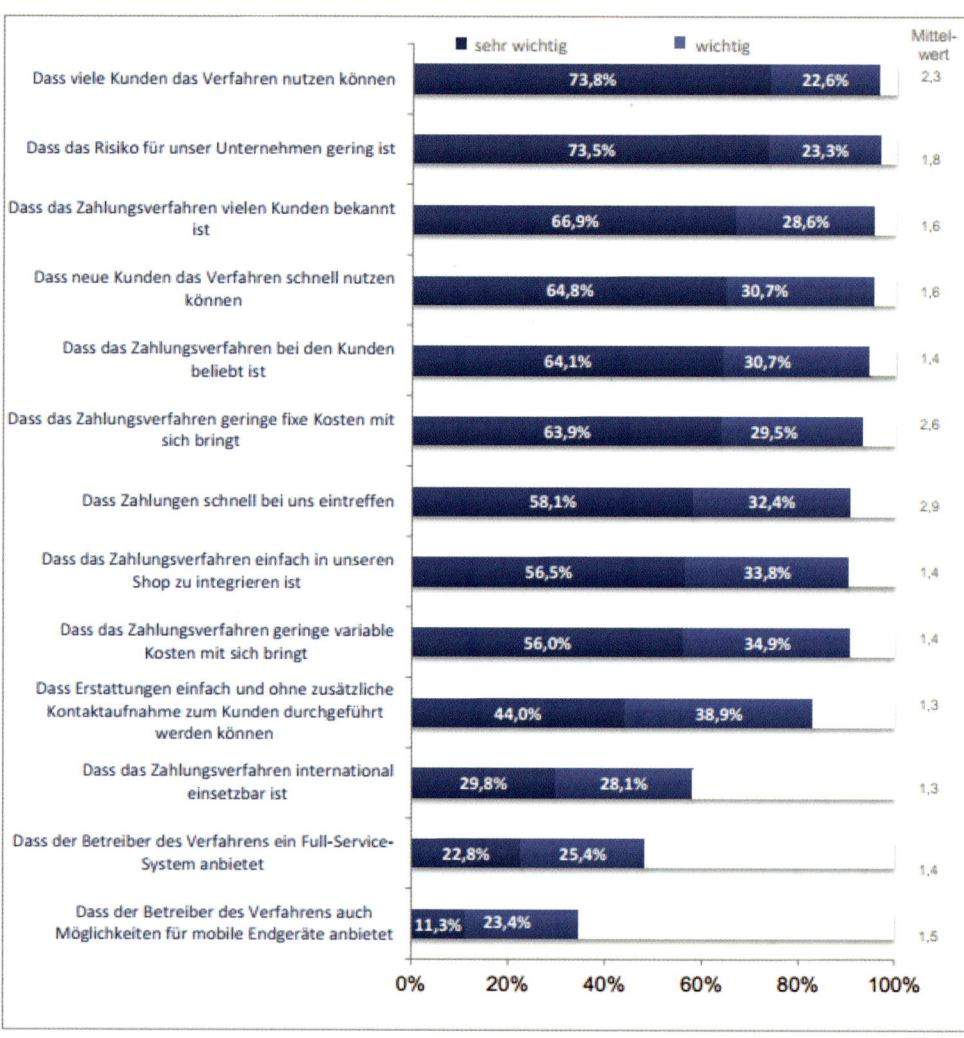

Abbildung 7.9: Wichtige Fakten zur Auswahl der Bezahlart (Quelle: ECC-Handel)

Gut zu wissen!
Mobiles Bezahlen auch
mPayment genannt, ist
bis dato bei Händlern
und Verbrauchern wenig
verbreitet!

Einzelne Bezahlverfahren stellen wir Ihnen in *Kapitel 3* vor.

7.4 Kundenservice – die persönliche Beziehung zum Kunden

Kennen Sie das? Sie gehen in einen Laden und lassen sich ausgiebig beraten über die neuesten Features eines neuen Fernsehergerätes. Viele Kunden übertragen diesen Aspekt auch auf den Online-Handel, denn sie wünschen nicht nur offline einen kompetenten Service.

Verbraucher erwarten im Online-Handel, dass

- Servicemitarbeiter schnell und ständig erreichbar sind!

- auf der Website des Shops ein detaillierter, übersichtlicher Servicebereich zu finden ist!

- bei Bedarf ein persönlicher und kompetenter Ansprechpartner weiterhilft!

- bei Problemen der Onlinehändler schnell reagiert!

Bieten Sie daher gewisse Basisanforderungen wie gründliche Anbieterkennzeichnung mit Kontaktformular, telefonische Kontaktangaben und Ihre eigens erstellten FAQ.

Versandinformation – wo ist die gelieferte Ware?

Immer mehr Kunden möchten nicht nur durch eine Hotline beraten werden, sondern gewisse Informationen eigenständig überprüfen können und das zu jeder Zeit, z. B. wo die bestellte Ware steckt. Diesen oft geforderten Kundenwunsch erfüllen Sie mit der Sendungsverfolgung, auch *Track & Trace* genannt. Der Weg der Warensendung ist komplett nachvollziehbar: von der Abholung durch den Versender bei Ihnen bis zum Kunden. Anhand der Paket- oder Auftragsnummer kann Ihr Kunde auf der Website des Versenders alles genau nachprüfen.

> **Expertentipp**
> Falls Bedarf auf Kundenseite besteht oder es das Produkt bzw. die Dienstleistung fordert, weiten Sie Ihren Service mit Live-Chat-Funktionen, Rückrufservice oder sogar einer 24-Stunden-Hotline aus.

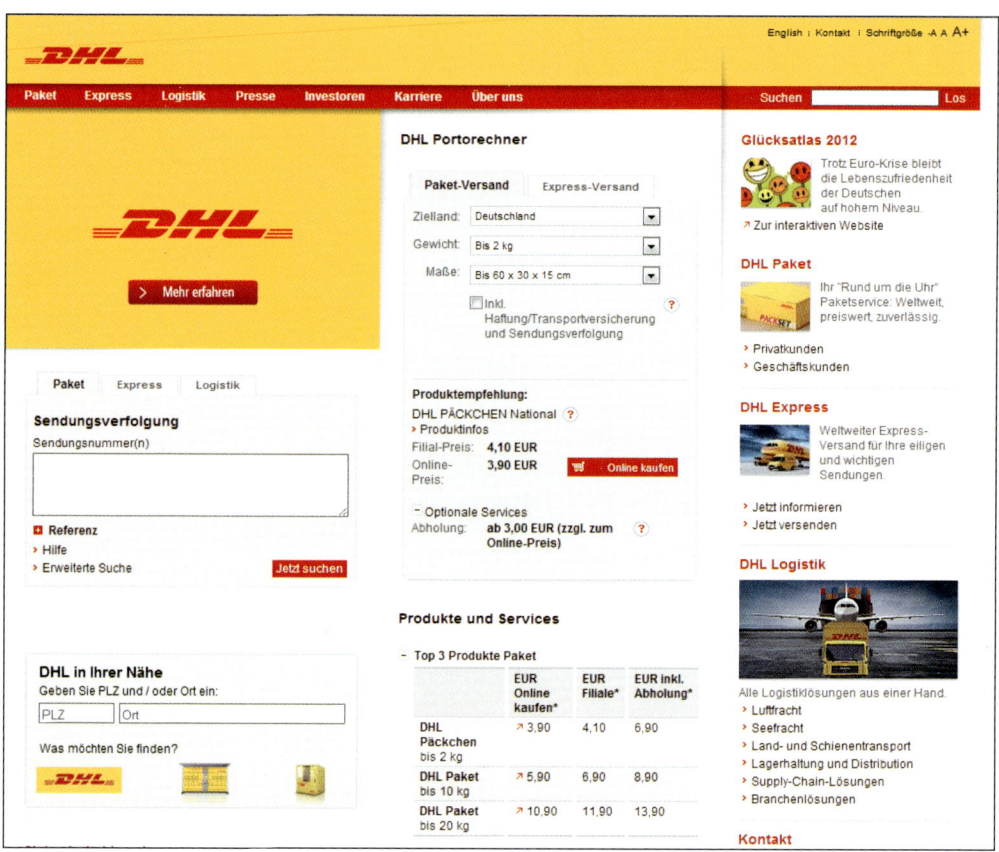

Abbildung 7.10: DHL-Website für den Abruf der Sendungsverfolgung

Gut zu wissen!
Den **größten Einfluss** auf die **Kundenbindung** zu einem Online Shop hat der Bereich Versand und Lieferung und seine erfolgreiche Umsetzung mit Wohlfühl-Option für Ihren Kunden.

Die Umsetzung ist einfach und im Online-Handel bereits etabliert. Im Lieferschein teilen Sie Ihrem Kunden per E-Mail die nötigen Daten Ihres Versenders (Paket- oder Auftragsnummer) mit. So profitiert Ihr Kunde von der Möglichkeit, die Sendung jederzeit zu verfolgen. Senden Sie ihm am besten diese Information, nachdem die Ware Ihr Haus verlassen hat. Zusätzlich bauen Sie in Ihre Kundenmail einen Link ein, über den er den Status der Sendung per Nummerneingabe eigenständig prüfen kann. Sie ersparen sich unnötige Rückfragen von beunruhigten Kunden.

Fazit

Unzureichende Informationen vor, während und nach dem Kauf, fehlende Zahlungsarten, zu hohe Versandkosten und ein aufwendiger Bestellvorgang bzw. eine umständlich erreichbare Hotline schrecken den Kunden ab. Also: Achten Sie bei Ihrem Shop auf diese Aspekte, um Vertrauen zu erzeugen und den Kunden an Ihren Shop zu binden!

Menschen mit einer neuen Idee gelten
so lange als Spinner, bis sich die Sache
durchgesetzt hat.

Mark Twain

Kapitel 8

Social Media

Ihre Marketingphase starten Sie mit der Streuung von Content
in diversen Social-Media-Kanälen. Verteilen Sie auf diese Weise
leichter und schneller Ihre News, Bilder, Aktionen und sonstigen
Inhalte an Ihre Leser. Wir zeigen Ihnen, wie Sie Twitter, Facebook
und Google+ nutzen, um Ihre Bekanntheit zu erhöhen und Ihren
Kundenservice einfacher anzubieten.

Das Web hat sich verändert. Abgesehen von seiner Funktion als Informationsquelle hat es sich zu einem überaus wichtigen Kommunikationsmittel entwickelt, besser bekannt als Web 2.0. Dort kommunizieren Menschen untereinander mit Kunden, Partnern, Kollegen, Freunden und das auf ganz einfache Art – es „menschelt" einfach.

Wir könnten hier die beeindruckenden Wachstumszahlen der verschiedenen Social-Media-Plattformen nennen, doch die steigende Anzahl der Social-Media-User ist nicht allein ein ausreichender Grund für den Einstieg in Social-Media-Marketing.

Social-Media-Marketing ist längst nicht nur ein Trend, sondern fester Bestandteil des Marketingmix. In den kommenden Jahren wird die Anzahl der aktiven Teilnehmer an den Social Media weiter ansteigen. Besonders starkes Wachstum verzeichnet der Anteil derjenigen, die mit mobilen Geräten wie Smartphone oder Tablet-PC online unterwegs sind. Es wird bald ganz normal und alltäglich sein, sich überall und jederzeit in sozialen Netzwerken zu informieren. Sei es, um schnell mal Produktpreise zu vergleichen, Restaurants und Sehenswürdigkeiten in der Nähe ausfindig zu machen oder ein Geschäft, das ein bestimmtes Produkt vertreibt. Dann ist es gut, dass Sie schon aktiv dabei sind und bereits Erfahrungen sammeln konnten.

> **Gut zu wissen!**
> In sozialen Netzwerken ist jeder User zugleich Sender und Empfänger. Das heißt, er liest nicht nur Ihre News, sondern teilt diese auch mit seiner Community. Vorausgesetzt, die Info erscheint dem User wertvoll, wichtig, neu oder er findet sie einfach nur lustig.

8.1   Social Media ist mehr als ein Hype

Zum Start in den Onlinehandel reichen zwar Detailseiten über ein Produkt einschließlich hochauflösender Produktbilder. Doch bald merken Sie es selbst: Auf Dauer suchen Sie den Dialog mit Ihren Kunden und nutzen Social-Media-Kanäle nicht nur für Werbebotschaften.

Im Social-Media-Marketing gehört die Kommunikation an die erste Stelle, und für das Verkaufen ist somit das Zuhören das A und O. Besser gesagt: Vor jedem Verkauf kommt erst einmal der Kundendialog. Und nach dem Kauf stehen Sie über einen Social-Media-Kanal mit Rat und Tat zur Seite.

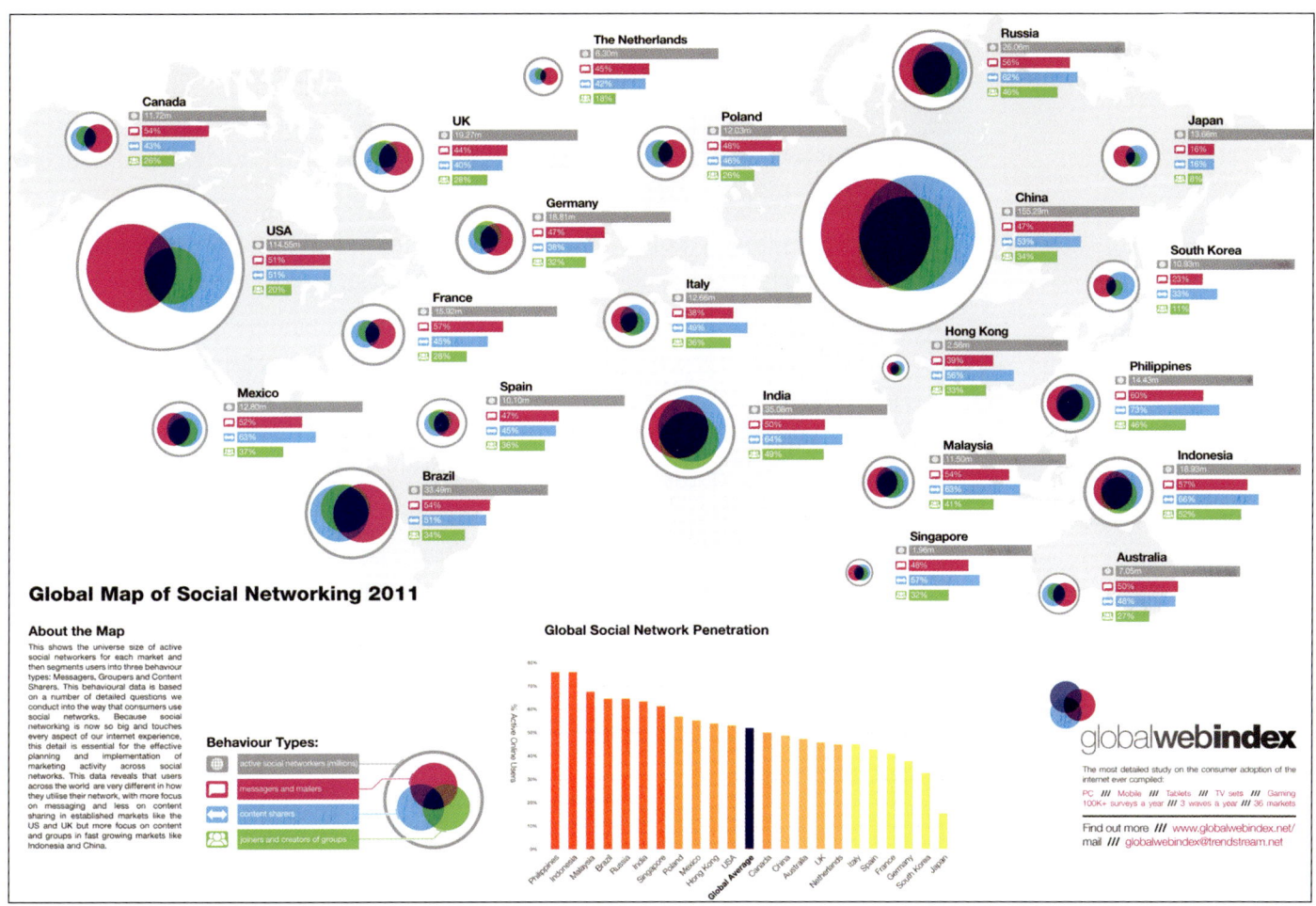

Abbildung 8.1: Global Map of Social Networking (mashable.com)

Denn heutzutage suchen Kunden nicht nur Informationen, sondern sie geben Lob, Kritik und Danksagungen zu Produkten und Dienstleistungen online ab. Stehen Sie dann im Dialog mit Ihrem Kunden, erhalten Sie aus diesem Dialog wertvolle Infos, die Sie ansonsten nur aus Marktforschungsstudien erfahren. Zudem erarbeiten Sie sich einen Vorsprung und heben sich von der Konkurrenz ab.

Die Social-Media-Community hilft Ihnen per Dialog bei:

■ **Imageaufbau** (**Reputationsmarketing**): Ihre Marke stärken durch Ihren kompetenten Auftritt im Netz.

■ **Produktentwicklung** (**Crowdsourcing**): Erfahren Sie aus erster Hand, welche Produkte sich Ihre Kunden wünschen.

■ **Marktforschung** (**Social-Media-Monitoring**): Erfahren Sie zeitnah, wie neue Produkte ankommen oder welche Fehler diese vielleicht haben usw.

■ **Empfehlungsmarketing** (**Virales Marketing**): Heutzutage geht dem Verkauf meist eine Empfehlung oder Bewertung der User voraus. Streuen Sie Ihren Content, den Ihre User gerne weitergeben.

■ **Vertrieb** (**Social Commerce**): Gewinnen Sie mit dem direkten Dialog und Support mehr Vertrauen zu Ihrem Kunden. Bauen Sie Kundenbeziehungen auf, damit binden Sie Ihre Kunden an die Marke.

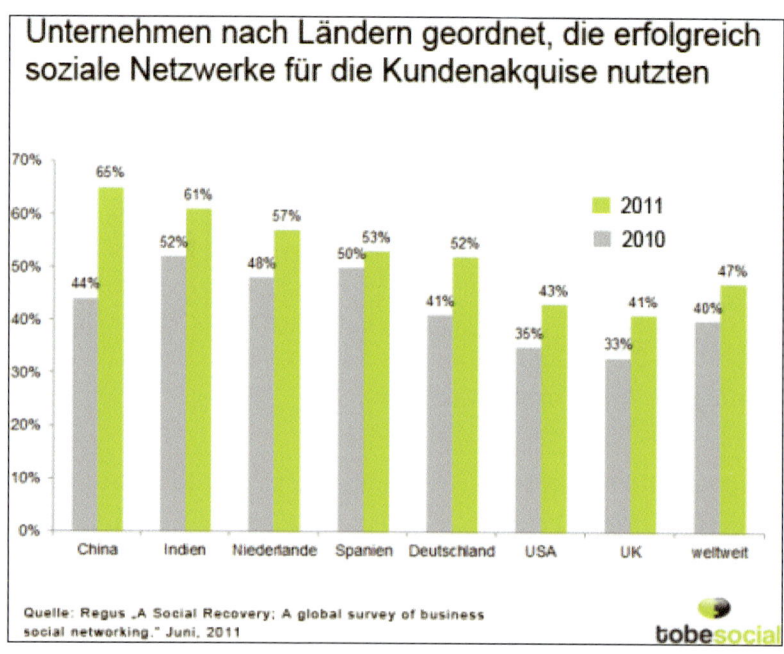

Abbildung 8.2: Social Media zur Kundenakquise nutzen

8.2 Verschiedene Social-Media-Kanäle

Zum Einstieg in Social Media und auch während der Kennenlernphase genügen schon wenige Aktivitäten. Aufwendige Marketingkampagnen setzen Sie erst in die Tat um, wenn Sie sich auf den Plattformen sicherer fühlen und Ihr Netzwerk gewachsen ist.

Beliebte Social-Media-Kanäle für Shopbetreiber:

- *Twitter* - twitter.com
- *Facebook* - facebook.com
- *Google+* - https://plus.google.com

8.2.1 Mikroblog Twitter

Twittern ist „in", und inzwischen findet man vom Politiker bis zum Sportler jede Menge Prominente auf *Twitter*. Im Mai 2012 zählte man 4,4 Millionen neue Website-Besucher, Tendenz steigend.

Ein Mikroblog-Account bei *Twitter* ist schnell eingerichtet. Sie benötigen dazu eine E-Mail-Adresse, Ihren vollständigen Namen und einen Benutzernamen. Der Benutzername sollte optimalerweise Ihren Firmennamen oder Ihren persönlichen Namen enthalten (max. 15 Zeichen), damit Sie auch gefunden werden.

Kennen Sie bereits die Grundlagen von *Twitter*? Kurzum: Mit 140 Zeichen senden Sie eine Botschaft (Tweet) in das Twitterversum, um Ihre Anhänger bzw. Verfolger (Follower) und die Öffentlichkeit in Echtzeit über Sie/Ihre Firma zu informieren. Andererseits folgen Sie ebenso anderen Twitteren/Ihren Followern, um deren Gezwitscher über Trends, Privates und Lustiges in Ihrem Nachrichtenstrom (Timeline) zu lesen.

Erste Regel beim Twitter-Einstieg: Alles Interessante twittern Sie ab jetzt! Twittern Sie Ihre eigenen Inhalte aus anderen Social-Media-Kanälen, twittern Sie Fundstücke aus dem Netz mit den dazugehörigen Links. Alles, was einen Mehrwert für Ihre Zielgruppe darstellt, ist ein Tweet wert. Es sollte jedoch nicht jeder Tweet einen Link enthalten.

> **Praxistipp**
> Konzentrieren Sie sich zunächst auf ein bis zwei Kanäle, auf denen sich Ihre Zielgruppe aufhält. Hören Sie zu, worüber die Community spricht. Erst dann entscheiden Sie, welche Kanäle, also ob **Twitter**, **Facebook** und/oder **Google+**, für Ihren Onlinehandel besser geeignet sind. Setzen Sie bei der Umsetzung mehr auf Qualität als auf Masse.

Anzahl von Followern,
denen man selbst folgt

Follower-Anzahl,
die einem folgt

Twitter-Account von

Anzahl eigener Tweets

Timeline mit
Statusmel-
dungen von
Followern,
denen man
folgt

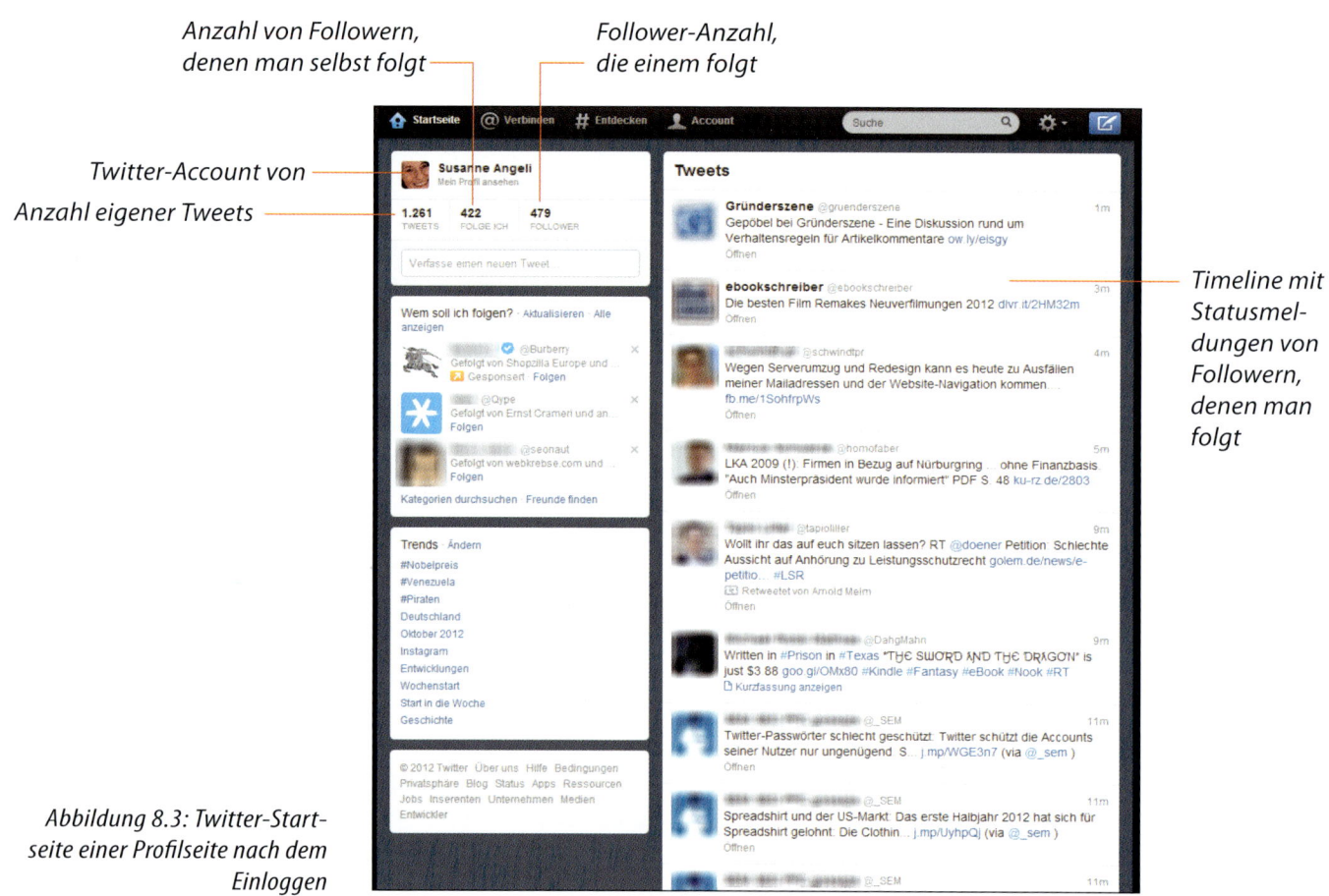

Abbildung 8.3: Twitter-Start-
seite einer Profilseite nach dem
Einloggen

8.2.2   Facebook

Social-Media-Marketing vor allem mit *Facebook* wird immer mehr zum Main-
stream. Bei *Facebook* sind viele privat eingeloggt und sprechen über Marken,
empfehlen und kritisieren sie ganz hemmungslos. Was wir derzeit erleben, ist erst
die Spitze des Eisbergs. Des Öfteren liest man, *Facebook* habe *Google* als meist-
besuchte Site bereits überholt. Das bedeutet allerdings nicht, dass Sie Ihre SEO
(Suchmaschinen-Optimierung) über Bord werfen sollten.

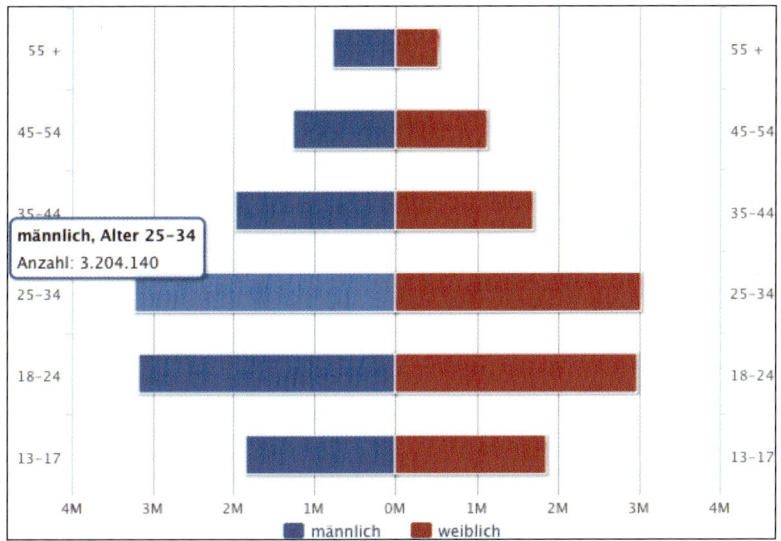

Abbildung 8.4: Facebook: Geschlechts-/Altersverteilung 2012
(blog.allfacebookstats.com)

Neben dem persönlichen Profil können Sie als Unternehmer eine Facebook-Seite, bekannt auch unter dem Begriff „Fanseite", anlegen, der Fans per Klick auf „Gefällt mir" folgen.

Jeder Nutzer hat im Schnitt 130 Freunde und zeigt seinen Freunden mit jedem Klick, was ihm gefällt, schreibt über sich, gibt Kommentare ab oder kann auch Infos „sharen" (teilen = Reichweite erhöhen). Auch die Freunde von Freunden erfahren davon (virales Marketing = Reichweite erhöhen). Social-Media-Aktivitäten auf Fanseiten werden immer wichtiger für das Suchmaschinen-Ranking. Je mehr Likes, Shares und Kommentare Ihre Seite verzeichnet, desto höher ist die Relevanz für die Suchmaschine und die Facebook-Seite.

Abbildung 8.5: Facebook-Seite eines Onlinehändlers von Badeenten

189

Gut zu wissen!
Googles universelle Suche (Universal Search: Bilder, Videos, Shoppingangebote etc.) zeigt Einträge von Leuten, die bei **Google+** mitmachen prominenter an in der Suchergebnisliste als die Einträge von **Facebook**.

Expertentipp
Auf der **Google+**-Profilseite finden Sie bei „Über mich" alle Netzwerkaktivitäten in der mittleren Spalte gebündelt eingetragen. So geben Sie allen Interessenten Ihre kompletten Netzaktivitäten auf einen Blick weiter. Für viele Anwender ist das schon allein ein Grund, einen Account bei **Google+** anzulegen.

8.2.3   Google+

Google+ hat es in sich. Der Suchmaschinenanbieter versucht damit im dritten Anlauf, in die Social-Media-Riege einzusteigen. Zu Anfang wurde *Google+* mehr mit *Twitter* verglichen als mit *Facebook*.

Auf dieser Plattform kann jeder seine Freunde in sogenannte „Circles" einteilen, d. h., Sie können als Nutzer viele verschiedene Kreise anlegen, um nur dieser Gruppe Infos und News zukommen zu lassen. So erhält jeder nur die Infos, die für den eingekreisten Freund auch relevant sind. Die Sortierung in Circles geht ziemlich einfach per Mausklick. Bei Facebook wird standardmäßig alles mit den Freunden geteilt, außer man verwendet das etwas umständlichere Verfahren der Freundeslisten.

Auch Ihre eigene Timeline können Sie mit Kreisen viel besser filtern. Klicken Sie z. B. auf den von Ihnen angelegten Kreis „Skifahren", lesen Sie dort passende Posts (Meldungen) zum Thema Skifahren. Vorausgesetzt, Sie haben in diesem Kreis auch die User gesammelt, die über das Skifahren schreiben. Auch über das Suchfeld in *Google+* finden Sie viele Infos und Posts zu einem bestimmten Thema.

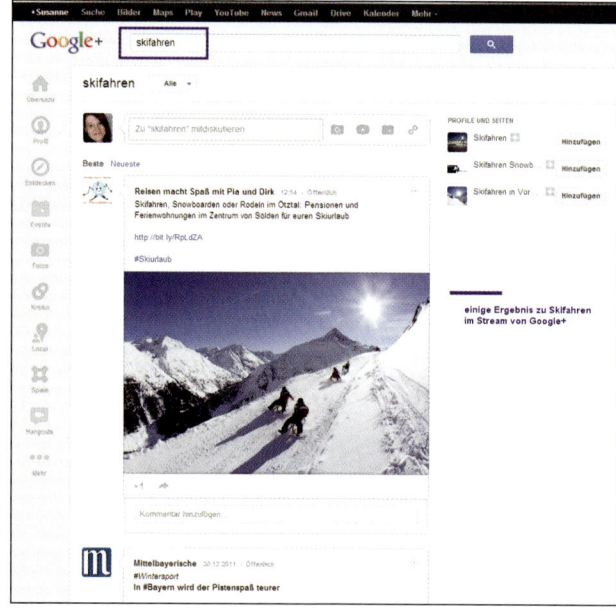

Abbildung 8.6: Übersichtsseite eines Profils bei Google+ mit dem Suchergebnis "Skifahren"

Ein weiterer Vorteil von *Google+* ist der Videochat, auch „Hangout" genannt. Mit bis zu 10 Teilnehmern sind komfortable Videochats einzurichten, was für Business-Besprechungen bestens geeignet ist.

Im Gegensatz zu *Facebook* können Sie über das *Google*-eigene Webfotoalbum *Picasa* blitzschnell Fotos hochladen und in *Google+* einbinden. Vor allem Fotografen und Künstler machen von diesem Dienst regen Gebrauch, und es macht Riesenspaß, deren Kunstwerke über die sehr große Bilddarstellung bei *Google+* zu bestaunen. Aber nicht nur *Picasa* ist bestens verzahnt mit *Google+*. Alle Dienste, die Sie bereits als *Google*-Nutzer meist kostenlos verwenden, wie *Gmail*, *Drive* (*Google Docs*), *YouTube* oder *Google Maps*, sind in *Google+* integriert. Dank dieser Verknüpfung erhalten diese Dienste einen sozialen Aspekt. Denn so kann man über *Google+* an einem *Google*-Dokument zusammen mit Kollegen oder Freunden arbeiten und gleichzeitig einen Videochat halten.

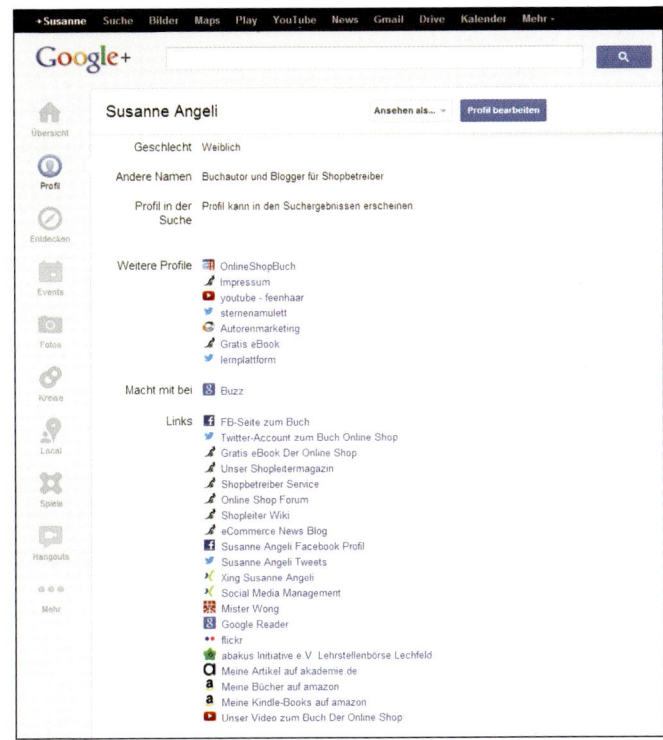

Abbildung 8.7: Netzwerkaktivitäten mit Links

8.3 Social-Media-Content: News, Bilder und Unterhaltung

Um Ihren Social-Media-Kanal erfolgreich zum Ziel zu führen, ist Content nötig, der gut dargeboten wird, gehaltvoll und zudem geplant ist. Aber worüber berichten? Oft fehlen die Ideen. Sehr oft liest man Fragen wie: Was soll ich denn mit Social Media anfangen als Onlinehändler? Was interessiert die Leser? Warum soll ich auf *Twitter* posten, auf *Facebook* oder bei *Google+* eine Unternehmerseite anlegen?

In den folgenden Abschnitten finden Sie einige Anregungen für Ihre Inhalte.

8.3.1   News und Bewertungen

Die Zielgruppe, Ihr potenzieller Kunde, sucht alles, was relevant und interessant ist. Nutzen Sie bereits bestehende Quellen (Weblogs, Websites, Social-Media-Kanäle) im Netz aus. Recherchieren Sie, wie und was andere User über Ihre Produkte oder Ihre Branche schreiben. Daraus lernen Sie, was gar nicht ankommt oder ob etwas fehlt. Mit diesem Wissen veröffentlichen Sie erste Beiträge auf Ihrer Shopwebseite oder Ihrem Weblog und streuen die Links dazu im Social-Media-Kanal.

Neben Kundendialog und Serviceangeboten zur Kundenbindung lohnen sich Social-Media-Kanäle für interessante Neuigkeiten:

- Artikel über neue Produkte

- Produktanleitungen, E-Books und Checklisten

- Bewertungen, Bilder und Videos zum Produkt

- Top-10-Produktranglisten oder Best-of-Listen

- Rabattangebote und Preisaktionen

- Gastbeiträge von Kunden (Erfahrungs- oder Testbericht)

- Pressemeldungen über Neuigkeiten über das Unternehmen/Marke

Wie überall im Marketingbereich ist es wichtig, die richtige Mischung anzubieten. Shopbetreiber, die täglich zehn Produkte per Social Media anbieten, werden keine Follower anziehen und nur eine geringe Reichweite erlangen. Stellen Sie daher den Service- und Informationsgedanken in den Vordergrund.

Praxistipp

Bevor Sie den Link in einen Post kopieren, kürzen Sie ihn mit einem Kurz-URL-Dienst wie **bit.ly** oder **tinyurl. com**. Damit erhalten Sie eine Analyse über die Anzahl der Klicks auf diesen Link. So messen Sie den Traffic, der nicht in Ihrem Shop landet, sondern auf externen Portalen, auf denen Sie Content veröffentlichen. Mehr zum Thema Social-Media-Monitoring mit Kurz-URLs finden Sie in **Kapitel 10.2**.

Abbildung 8.8: Facebook-Post über ein neues Produkt (duckshop.de)

Praxistipp
Bleiben Sie authentisch in Ihren Posts, Nachrichten und Infos. Sehr wichtig nehmen es andere Social-Media-Nutzer mit der Wertschätzung anderer und deren Nachricht. Fragen Sie auch Ihre Geschäftspartner um Rat oder Empfehlungen. Denn Lob und Danksagungen sind oftmals mehr wert als der fünfte Post in Folge über Ihre Produktpalette.

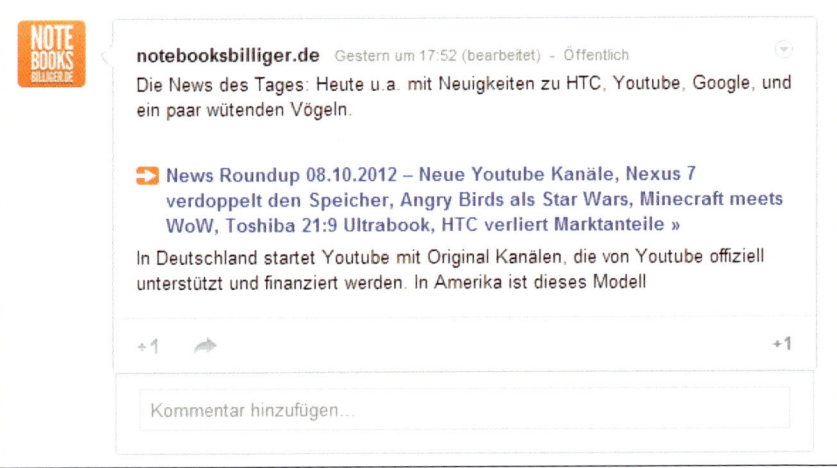

Abbildung 8.9: Google+-Meldung einer News mit Link zum Blog

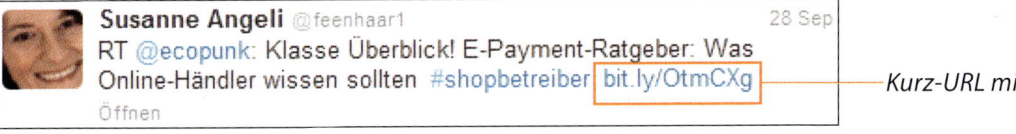

Kurz-URL mit bit.ly

Abbildung 8.10: Tweet mit Kurz-URL zu einem E-Payment-Ratgeber

8.3.2 Bilder und Videos

Bilder und Videos von Events sind ohne Umstand zu erstellen und leicht zu verbreiten. Es ist doch toll, nach einer Messe nochmals einen Rückblick auf gemeinsame Treffen anzubieten. Dazu laden Sie Ihre ausgewählten Fotos auf das weltweit bekannte Portal *flickr* hoch. Bauen Sie dann in Ihren Blogartikel/auf Ihrer Newsseite per Link das Foto über *flickr* ein. Sie werden staunen: Sie erhalten nicht nur mehr Traffic, da bebilderter Inhalt (Eyecatcher) auch über *Universal Search* von *Google* zu finden ist. Nebenbei wird Ihre Website dadurch sogar schneller geladen, da Bilder direkt von *flickr* geladen werden und nicht von Ihrer Shopseite. Denn an besonders besucherstarken Tagen kann Ihr Webserver durch das Laden von Webbildern in die Knie gehen. Und niemand ist ungeduldiger als ein User im Netz. Obendrein sind die Seitenperformance und die Ladegeschwindigkeit ein Ranking-Kriterium für Suchmaschinen.

Bei dem Begriff Videoportal denkt jeder gleich an *YouTube*. Laut Statistik erreicht *YouTube* 3 Milliarden Views pro Tag, und pro Minute kommen 48 Stunden an neuem Videomaterial hinzu. Mit einem suchmaschinenoptimierten Video generieren Sie ein gut platziertes Ranking für Ihre Shopseite bei *Google*, da Videos bereits auf der ersten Suchergebnisseite angezeigt werden.

Abbildung 8.11: flickr – Portal für Bildersammlungen

> **SEO-Tipp**
> Videos optimieren Sie mittels:
> - Keywords im Titel und in der Beschreibung
> - Text und/oder Website-Links als Vor- oder Abspann bzw. Untertitel
> - optimiertem Text neben Ihrem eingebetteten Video im eigenen Online Shop

Ist Ihr Video erst einmal im Kasten und hochgeladen bei *YouTube*, integrieren Sie den Link von *YouTube* in den Online Shop oder Weblog. Jetzt informieren Sie Ihre Community mit einen Post auf Ihrem Social-Media-Kanal. So bekommen Sie noch mehr Zuschauer. Produktdetailseiten mit Produktvideos steigen im Suchmaschinen-Ranking leicht nach oben. Anmelden können Sie sich unter `https://www.youtube.com` oder ganz einfach mit Ihrem bestehendem Google-Account.

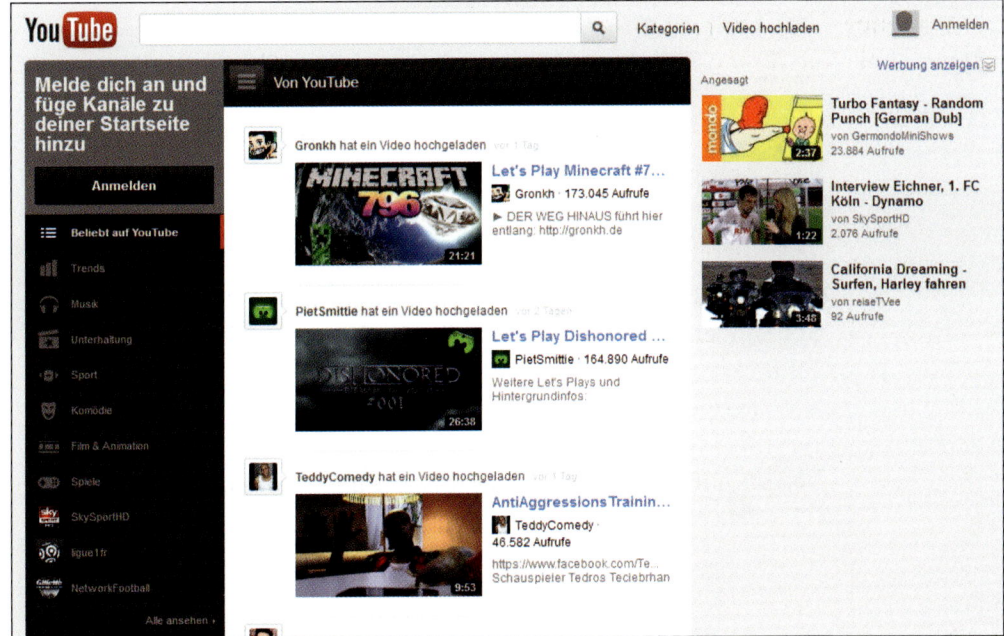

Abbildung 8.12: YouTube aus dem Hause Google

8.3.3   Posts mit Bildern oder Video verlinken

Facebook nutzt einen sogenannten **EDGE**-Wert. Der bestimmt mit, ob es Ihre Fanseite mit einem Post auch auf die Pinnwand Ihrer Kunden ganz nach oben schafft. Erscheinen Sie in den Hauptmeldungen, erhöht dies Ihre Sichtbarkeit beim Kunden.

Posts mit Link oder Bilder, die es in die Hauptmeldungen schaffen

Am **EDGE**-Wert sind viele Faktoren beteiligt. Vor allem bietet der Funktionsumfang von **Facebook** mehr als nur Textmeldungen. Mach Sie von sämtlichen Funktionen Gebrauch. Eine einfache Textmeldung wird von **Facebook** nicht so hoch bewertet wie Meldungen, die Folgendes beinhalten: Neben Textmeldungen verlinken Sie Bilder von **flickr** und Videos von **YouTube**. Oder laden Sie Bilder direkt und in Echtzeit von Ihrem Mobilfunktelefon hoch. Sie können über einen Social-Media-Kanal auch zu einer Veranstaltung einladen.

8.3.4 Unterhaltung

Ganz wichtig für die User ist und bleibt die Unterhaltung. Unterhalten Sie sich mit Usern, kommunizieren Sie mit Ihren Kunden (= Beziehung zum Kunden stärken und diese binden). Geben Sie ihnen kleine Geschenke wie Gutscheine, Rabatte (= Umsatz erhöhen).

Weitere Inhalte für zwischendurch:

- Fundstücke aus dem Netz inklusive Link oder Bild

- Zitate und Sprüche

- Witziges aus dem Büroalltag

- Quiz, Gewinnspiel, Ideenwettbewerb, Umfragen usw.

Abbildung 8.13: Facebook-Post incl. Link und Frage zum Thema (t3n.de)

Gut zu wissen!
Nutzer auf Social-Media-Kanälen sind wie Freunde zu behandeln und stehen auf gleicher Höhe mit Ihnen. Der Clou: Kommen Sie mit Ihrer Neuigkeit gut an, dann wird weitergeleitet, kommentiert oder „Gefällt mir" gedrückt, und es entsteht ein Schneeballeffekt. Zusätzlich erhöhen sich automatisch Ihre Shop-seitenzugriffe, und nebenbei betreiben Sie Suchmaschinen-Optimierung. Packen Sie daher relevante Keywords in Ihre Posts.

8.4   Werkzeuge und Tipps für Social Media

Eine erste Überlegung für einen guten Aufbau Ihres Social-Media-Netzwerks betrifft die richtige Umsetzung. Social-Media-Marketing bedeutet sowohl das Veröffentlichen von Beiträgen als auch das Überwachen Ihrer Social-Media-Portale mittels Monitoring. Lesen Sie Tipps zu Social-Media-Monitoring in *Kapitel 10*.

Auf den folgenden Seiten erfahren Sie, welche Tools für den Einstieg geeignet sind, und Sie erhalten Tipps für Ihre tägliche Arbeit im Netzwerk.

8.4.1   Social-Media-Management-Tools

Praxistipp
Bei einer wachsenden Zahl von Usern in Ihrem Netzwerk lohnen sich auch sogenannte Listen oder Gruppen, die Sie in den Management-Tools anlegen. Durch das Filtern in Gruppen erleichtern Sie sich die Suche nach Beiträgen von Leuten, Partnern oder Freunden, mit denen Sie häufiger Kontakt pflegen. Ansonsten gehen bei Hunderten von Followern wichtige Informationen unter. User in einer solchen Gruppe erhalten sozusagen VIP-Status und können von Ihnen bevorzugt gelesen werden.

Am Markt gibt es Hunderte von Tools, die Ihnen die Arbeit mit Social Media erleichtern. Gerade Einsteigern fällt es schwer, aus dieser Fülle von Tools das richtige zu wählen. Einige installieren Sie schnell und einfach auf Ihrem lokalen Rechner und andere bedienen Sie online über den Browser.

In diesem Abschnitt beschäftigen wir uns mit dem Veröffentlichen und Managen von Social Media mit sogenannten Social-Media-Management-Tools.

Diese Tools helfen Ihnen beim Bearbeiten, Verwalten, Lesen und Schreiben Ihrer Inhalte von Social-Media-Content. Mit einigen Tools können Sie auch auf verschiedenen Kanälen gleichzeitig Nachrichten aussenden. Spätestens wenn Sie gleichzeitig *Twitter*-Accounts und *Facebook*-Seiten professionell betreuen, stoßen Sie schnell an die Grenzen des Machbaren. Mit Social-Media-Tools behalten Sie den Gesamtüberblick über Ihre Aktivitäten und die Reaktionen oder Erwähnungen (Mentions) Ihrer Fans und Follower.

Weitere Top-Features:

- Schedule-Funktion: versendet Beiträge zeitverzögert
- Teamarbeit: Verwalten von mehreren User-Accounts
- Multiaccounts: Datenpflege mehrerer Social-Accounts auf verschiedenen Plattformen

- Listen: Zugreifen auf speziell erstellte Follower-Listen und Gruppen

- Mobil-App: Verteilen von Nachrichten mit Smartphone und Tablet-PC

- Statistikfunktion: Anzeige der Klickhäufigkeit

Legen Sie los! Richten Sie sich eine Social-Media-Kommandozentrale ein. Testen Sie die Systeme und entscheiden Sie nach Ihren persönlichen Erfahrungen, welches System zu Ihnen passt.

Gerade *HootSuite* und *TweetDeck* haben sich auf dem deutschen Markt ziemlich erfolgreich etabliert. Die beiden Tools wollen wir Ihnen kurz vorstellen.

HootSuite

Mit dem kostenlosen, browserbasierenden Tool *HootSuite* erreichen Sie eine große Auswahl an Social-Media-Portalen wie *Twitter*, *Facebook*, *Google+*, *LinkedIn*, *foursquare*, *mixi*, *MySpace* und *WordPress*. Haben Sie dieses Tool erst einmal konfiguriert, reicht ein Login aus, um an alle Accounts Nachrichten zu senden. Bequemer geht es kaum. Besonders die übersichtliche Darstellung der einzelnen empfangenen Nachrichten ist angenehm, das gilt auch für die Schnelligkeit des Tools.

Ein weiteres Zuckerl ist der Suchfilter, mit dem sich Spalten für bestimmte einzelne Suchbegriffe anlegen lassen. So haben Sie z. B. immer im Blick, was über Ihr Unternehmen geschrieben wird.

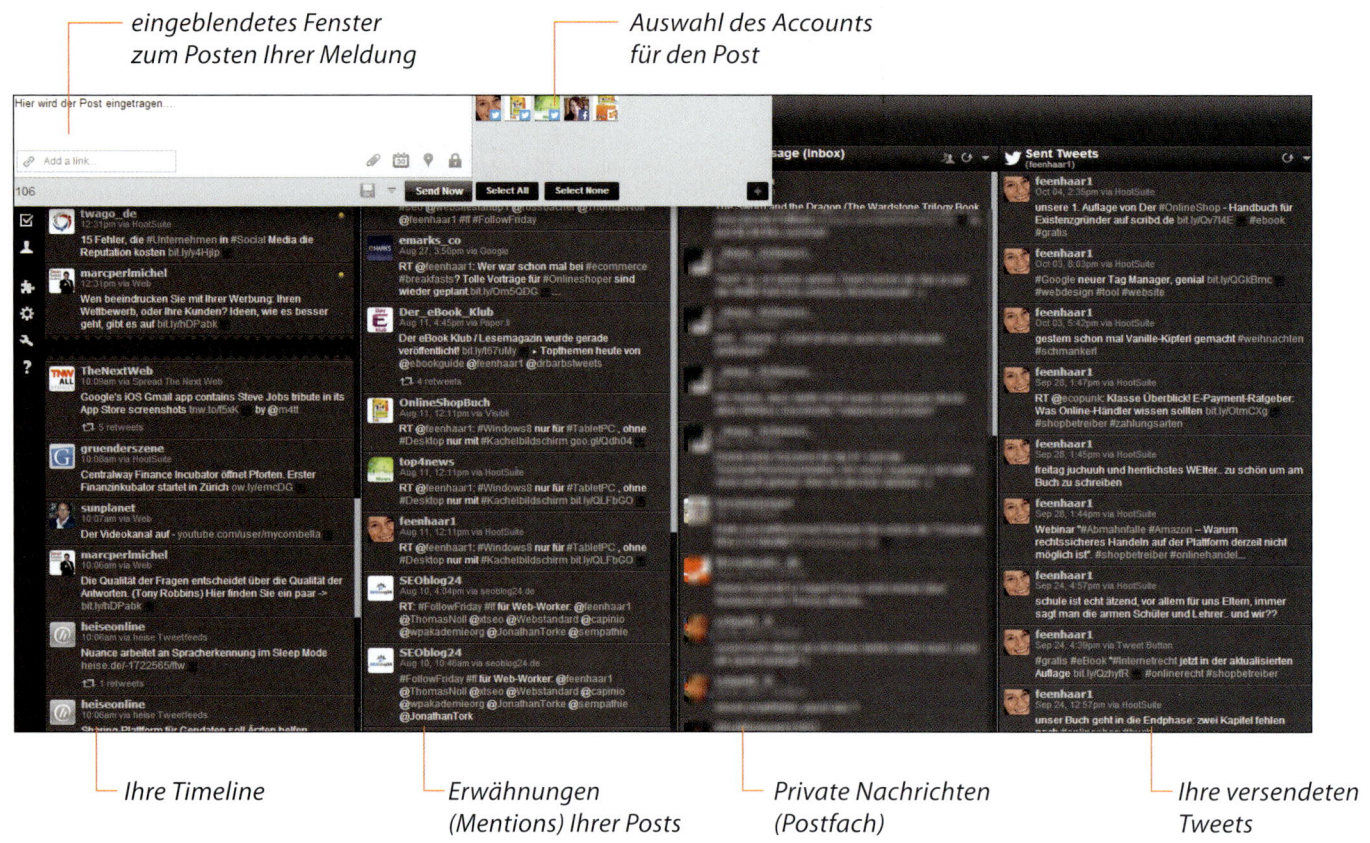

Abbildung 8.14: Twitter-Account mit HootSuite bedienen

TweetDeck

TweetDeck gehört zu den kostenlosen Desktop-Tools und bringt *Twitter* und *Facebook* auf den heimischen Rechner (*Windows* oder *Mac*). Auch mit diesem Tool sortieren Sie Ihre Tweets, Posts und User bequem in Spalten und aufgeteilt nach Gruppen. Ohne das Tool manuell aktualisieren zu müssen, zeigt es Ihre Aktivitäten und die Timeline in Echtzeit an. Leider bietet das Tool keine weitreichenden Analysefunktionen an.

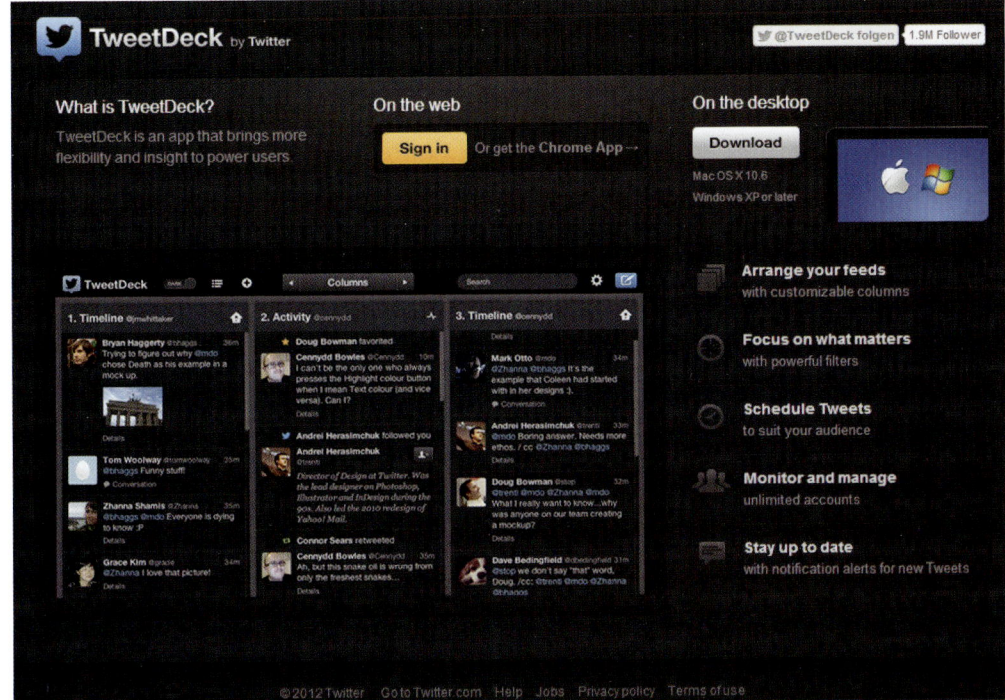

Abbildung 8.15: TweetDeck-Website mit Beispiel-Dashboard

8.4.2 Tipps für die tägliche Arbeit

Haben Sie einen Social-Media-Kanal gestartet, füttern Sie ihn kontinuierlich. Es hat sich bewährt, regelmäßig zwei- bis dreimal pro Tag seine Social-Media-Aktivitäten zu überwachen, also z. B. Feedbacks prüfen und Posts zu schreiben. Das klingt zunächst etwas anstrengend und aufwendig. Aber nichts ist unangenehmer für Sie und Ihre Community, als auf einen Kommentar zu spät zu reagieren. Mit der Zeit entwickeln Sie einen eigenen Rhythmus, den Ihr Kunde kennenlernt, und die Aktivitäten gehören zu Ihrem Tagesgeschäft wie der E-Mail-Check am Morgen.

Sie brauchen nicht alle Tipps sofort zu beherzigen. Lassen Sie sich Zeit und bleiben Sie beharrlich beim Aufbau Ihrer Social-Media-Kanäle. Bei dieser Werbemaßnahme stellt sich ein starker Effekt eher auf lange Sicht hin ein und nicht im Hauruckverfahren.

Shop/Blog	Schreiben Sie jede Woche einen Beitrag auf Ihrer Shopwebsite oder in Ihrem Weblog.
	Kommentieren Sie andere Blogbeiträge zu Ihren Themen.
	Verfassen Sie einmal im Monat Firmenberichte, Pressemeldungen usw. Senden Sie diese an Newsportale, PR-Portale oder auch als Video zu *YouTube*!
Twitter	Folgen Sie täglich neuen Twitter-Usern, um eine Fangemeinde zu erhalten.
	Twittern Sie pro Werktag mindestens drei, besser mehr, interessante Tweets.
	Beispiel: Sind neue Produkte im Shop erfasst, twittern Sie Ihre neuen Angebote, Aktionen usw.
	Twittern Sie am besten gleichzeitig mehrere Tweets hintereinander, sodass Sie in der Timeline Ihrer Follower auch wahrgenommen werden. Der beste Tweet sollte Ihr letzter sein, so steht dieser weiter oben.
	Beispiel: Sind Sie auf einer Messe vertreten, twittern Sie während der Messe über Neuigkeiten und Vorträge.
Facebook	Veröffentlichen Sie täglich einen bis zwei informative oder lustige Beiträge auf *Facebook*.
	Beispiel: Sind Sie im Netz auf der Suche nach News und Trends in Ihrem Bereich fündig geworden, teilen Sie dies Ihrer Fangemeinde mit.

Tabelle 8.1: Tipps für die Umsetzung

Eine aktive, treue Fangemeinde hilft auch bei Fragen einschließlich Links zum jeweiligen Bewertungsobjekt, z. B. „Wie findet ihr das neue Produkt?", „Was meint ihr zum neuen Webdesign?" usw. Informative Social-Media-Posts gewinnen in Zukunft immer mehr an Stellenwert, d. h. was viele User lesen, muss besonders wichtig und relevant sein!

Richtig reagieren, wenn es böse Reaktionen gibt!
Bei so vielen Aktionen ist es fast nicht zu vermeiden, dass es mal eine negative Bewertung/einen negativen Kommentar auch auf Ihren Accounts oder in Ihrem Blog gibt. Ganz wichtig: Bleiben Sie ruhig und gelassen. Überlegen Sie, wenn es sein muss, auch bis zum nächsten Tag, ob es eine konstruktive Kritik oder nur

„Pöbelei" ist. Vielleicht reagiert ein anderer Leser und bezieht dazu Stellung, oder Sie melden sich höflich und bedanken sich als Erstes für das Feedback. Auf gar keinen Fall sollten Sie es persönlich nehmen und sofort einen Gegenangriff mit unhöflichen Worten starten. Das ist äußerst unprofessionell und gehört sich nicht im Netz.

Gehen Sie auf die Kritik ein und nehmen Sie diese an, um idealerweise eine Lösung zu erarbeiten. Ist dann eine Änderung erfolgt, teilen Sie dies Ihrem Kunden mit. Sie zeigen damit: Der Kunde ist König.

Fazit

Nur wer die Funktionsweise von *Twitter, Google+, Facebook* & Co. versteht, betreibt Social-Media-Marketing langfristig erfolgreich. Probieren Sie ruhig ein wenig aus. Sie können auch erst einmal mit einem privaten Account anfangen, die Kanäle durchschnuppern, Erfahrungen sammeln und die Konkurrenz beobachten. Und als nächsten Schritt legen Sie dann ein Unternehmerkonto an. Social Media ist somit ein Teil vom Marketingmix geworden. Lesen Sie in *Kapitel 9* mehr über Marketing-aktivitäten online.

Wer sein Ziel kennt,
findet seinen Weg.

Laotse

Kapitel 9

Marketing für Shops

Neben SEO und Social Media lohnt sich ein gezieltes Marketing zur Kundengewinnung. Wie Ihnen das gelingt, zeigen wir Ihnen anhand gut geplanter Werbemaßnahmen. So holen Sie mehr Besucher in den Online Shop und erhöhen Ihren Umsatz. Anhand von praktischen Beispielen erfahren Sie, was Keyword-Advertising bedeutet, warum Produktsuchmaschinen so wertvoll sein können und wie Sie einen Newsletter aufbauen.

Der eigene Online Shop ist schnell online geschaltet, sobald er technisch fertig eingerichtet ist. Bis zu diesem Punkt haben Sie alles erledigt, um online überhaupt Produkte und Services verkaufen zu können. Jetzt geht für Sie die weitreichende (Marketing-)Arbeit los: Anhand eines Marketingplans überlegen Sie Ihre Marketingziele, eine Marketingstrategie und legen die Instrumente für den Marketing-Mix fest. Jeder Shopbetreiber sollte frühzeitig einen Marketingplan konzipieren. Denn dieses Marketingkonzept ist bei Existenzgründern Bestandteil des Businessplans (siehe *Kapitel 1*).

Wir haben bewusst die beiden Bereiche Suchmaschinenoptimierung (siehe *Kapitel 5*) und Social-Media-Marketing (siehe *Kapitel 8*) getrennt besprochen. Diese Bereiche zählen eher zu den kostengünstigen Maßnahmen und helfen beim Marken- und Imageaufbau, beim Kundenservice sowie bei der Lancierung Ihres eigenen Online Shops.

Auf den folgenden Seiten erläutern wir kurz den Marketingplan mit den beliebtesten Werbeformen zu Produkten und Dienstleistungen. Dabei handelt es sich meistens um kostenpflichtige Maßnahmen. Im späteren Verlauf zeigen wir Ihnen dazu ausgewählte praktische Beispiele und Einsatzfelder.

9.1   Marketingplan

Marketing ist ein strategischer Prozess (siehe Abbildung 9.1) und beinhaltet Planung, Koordination, Durchführung und Kontrolle der einzelnen Marketingmaßnahmen. Der Marketing-Mix bestimmt, welche Marketinginstrumente Sie einsetzen.

Ein Marketingplan ist ein Dokument, aus dem die derzeitige Marktsituation und Entwicklungspotenziale hervorgehen. Zudem stellt der Shopbetreiber dar, welche Marketingziele er verfolgt und mit welchen Marketingstrategien und -instrumenten er diese erreichen will. Des Weiteren enthält er Kennzahlen zur Fortschritts- und Erfolgskontrolle. Der Marketingplan bündelt alle Marketingaktivitäten für ein Produkt, eine Produktgruppe oder den kompletten Online Shop. Für Existenzgründer ist der Marketingplan wichtiger Bestandteil des Businessplans.

Ein Marketingplan umfasst fünf Bestandteile, die Sie der Reihe nach bearbeiten:

1. Analysieren von Märkten, Kunden und Mitbewerbern

2. Bestimmen qualitativer und quantitativer Marketingziele

3. Auswählen der passenden Marketingstrategie zur Zielerreichung

4. Budgetieren und Umsetzen diverser Marketingaktivitäten (Marketing-Mix)

5. Kontrollieren von Erfolgen, Rentabilität, Ergebnissen oder Meilensteinen

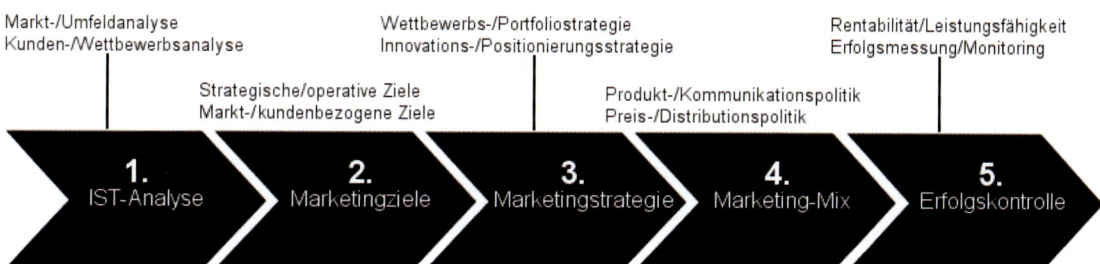

Abbildung 9.1: Marketingplan

Vereinfacht gesagt besteht der Marketingplan aus drei Schritten:

Schritt 1 – Marketingziele: Welche Marketingziele wollen Sie erreichen?

Schritt 2 – Marketingstrategien: Welche Strategien planen Sie zur Zielerreichung?

Schritt 3 – Marketing-Mix: Welche Marketinginstrumente setzen Sie dafür ein?

9.1.1 Marketingziele

Marketingziele leiten Sie von Ihren Unternehmenszielen ab, die Sie durch den Einsatz des richtigen Marketing-Mix erreichen. Die beliebtesten quantitativen und qualitativen Marketingziele und einige Kennzahlen finden Sie in Tabelle 9.1.

Praxistipp

Legen Sie realistische und erreichbare Ziele fest, die Sie nachvollziehbar messen können. Vermeiden Sie schwammige Zielvorgaben. Ein kleiner Merksatz ist dabei behilflich: Ziele müssen SMART sein, d. h. **S**pezifisch, **M**essbar, **A**usführbar, **R**ealistisch und **T**erminierbar.

Realistisch bedeutet in diesem Zusammenhang, was Sie heute für sich selbst mit Ihren eigenen Mitteln schaffen können. Mit erreichbar ist gemeint: Ist eine Zielvorgabe, wie z. B. 100 000 neue Newsletter-Leser, erreichbar, wenn Sie in letzter Zeit im Schnitt pro Monat nur 200 Leser hatten? Das ist eher unrealistisch.

Ziele beinhalten eine

- **Inhaltsvorgabe**: Welches Ziel will ich erreichen?
- **Zeitvorgabe**: Wie schnell will ich dieses Ziel erreichen?
- **Umsetzung**: Wie kann ich dieses Ziel erreichen?

Marketingziele	Messbare Zielvorgaben
Quantität	
Absatzziele	5 % mehr von Produkt X verkaufen
Umsatzziele	Umsatzsteigerung um 10 %
Gewinnziele	Gewinnerhöhung um 15 %
Wachstumsziele	Marktanteil ausbauen um 20 %
Trafficziele	Seitenzugriffe/Besucherzahlen erhöhen um 25 %
Kostenziele	Kosten (in Euro) pro Kontakt, Neukunde, Bestellung …
Qualität	
Image	Kundenbefragung zeigt größere Zufriedenheit mit dem Kundenservice
Zuverlässigkeit	Retourenquote verringern
Kundenbindung	Anzahl von Neukunden oder reaktivierte Bestandskunden
Service	Anzahl Kundenanrufe und -beschwerden
Bekanntheit	Finden neuer Zielgruppen und Märkte
Zufriedenheit	Anzahl positiver/negativer Kommentare im Social-Media-Umfeld
Sichtbarkeit	Ranking in Suchmaschinen

Tabelle 9.1: Quantitative und qualitative Marketingziele

Spüren Sie mit unserem Handlungsleitfaden Ihre Marketingziele auf:

Phase 1: Ist-Analyse durchführen	
Beschreibung	Basis für die Entwicklung der Marketingziele liefert die Ist-Situation. Betrachten Sie nicht nur den eigenen Shop, sondern auch die Shops der Konkurrenz.
Instrumente	Online-Shop-, Markt-, Konkurrenz-, Portfolio- oder SWOT-Analyse
Ergebnis	Was wollen Sie mithilfe von Marketing wie und bis wann ändern? Beispiel: Mein Shop soll zu meinem wichtigsten Konkurrenten XYZ aufholen.
Phase 2: Zielsetzung festlegen	
Beschreibung	Auf Basis der Erkenntnisse aus der Situationsanalyse und den allgemeinen Unternehmenszielen leiten Sie die gewünschten Marketingziele ab.
Instrumente	SMART-Methode, Unternehmensziele, Zielformulierung und Marketingplanung
Ergebnis	Mit welchen messbaren Marketingzielen wollen Sie den Vertrieb fördern? Beispiel: Mein Shop soll bzgl. Traffic und Umsatz besser werden.
Phase 3: Zielerreichung vorantreiben	
Beschreibung	Auf Basis der Marketingziele entwickeln Sie einzelne Marketingmaßnahmen, die zur Zielerreichung beitragen können und zugleich messbar sind.
Instrumente	Managementunterstützung, Maßnahmenplan, Schulung und Qualifikation
Ergebnis	Wer soll was mit welchen Mitteln zur Zielerreichung beitragen? Beispiel: Mein Shop investiert mehr Zeit und Geld in Marketing und Social Media.
Phase 4: Zielkontrolle vornehmen	
Beschreibung	Auf Basis der Marketingmaßnahmen erfolgt die regelmäßige Überwachung und Kontrolle der erzielten Ergebnisse.
Instrumente	Statistiken, Kontrolle, Messung, Optimierung, Zielanpassung und -erreichung
Ergebnis	Wie gut wurden Ziele erreicht bzw. warum wurden Ziele nicht erreicht? Beispiel: Mein Shop steigerte den Traffic um 10 % und erzielte so 20 % mehr Umsatz.

Tabelle 9.2: Handlungsleitfaden – Marketingziele planen

Praxistipp
Die SWOT-Analyse ist ein Planungsinstrument, sie dient Unternehmen der Positionsbestimmung und Strategieentwicklung. SWOT steht als Akronym für **S**trengths (Stärken), **W**eaknesses (Schwächen), **O**pportunities (Chancen) und **T**hreats (Risiken). Sie binden die Stärken und Schwächen Ihres Unternehmens in eine anschauliche Vierfelder-Matrix. Damit versuchen Sie, den Nutzen Ihrer Stärken zu maximieren und die Verluste aus den Schwächen zu minimieren. Mehr Infos dazu finden Sie auf **de.wikipedia.org/wiki/ SWOT-Analyse**.

Sobald Sie Ihre Antworten ausformuliert haben, starten Sie mit der Festlegung der Strategie.

9.1.2   Marketingstrategie

Eine Marketingstrategie beschreibt die nähere Vorgehensweise, wie Sie die Unternehmens- und Marketingziele erreichen. Diese Strategie zeigt die optimale Kombination der einzelnen Marketinginstrumente bzgl. Produkt-, Preis-, Distributions- und Kommunikationspolitik. Eine maßgeschneiderte Marketingstrategie auf Basis eines Baukastens gibt es nicht. Sie muss individuell formuliert werden, denn sie hängt stark von Ihren persönlichen Kompetenzen und Stärken ab.

Der folgende Handlungsleitfaden liefert Ihnen Anregungen für die Auswahl der wesentlichen Erfolgsfaktoren, damit Sie den Online Shop zukünftig erfolgreich am Markt positionieren. Die Ergebnisse sind wichtig für Ihren Businessplan und Ihre Shopidee (siehe *Kapitel 1*).

Phase 1: Produktsortiment entwickeln	
Beschreibung	Beschreiben Sie die geplante Programm- und Sortimentspolitik inklusive der ergänzenden Dienstleistungen. Starten Sie ggf. mit einer kleinen Produktpalette.
Instrumente	Qualität, Service, Sortimentspolitik, Corporate Design (Branding) …
Ergebnis	Welche Produkte und Services bieten Sie im Online Shop an?
	Beispiel: Mein Shop vertreibt hochwertige Fahrräder und passendes Fahrradzubehör.
Phase 2: Kundenzielgruppe identifizieren	
Beschreibung	Identifizieren und beschreiben Sie die Kundenzielgruppe möglichst genau. Alle Marketingmaßnahmen und Aktivitäten richten Sie dann auf diese Personen aus.
Instrumente	Marktanalyse, Konkurrenzanalyse, Fokussierung, SWOT-Analyse …
Ergebnis	Wie sieht die Zielgruppe für das geplante Produktsortiment aus?
	Beispiel: Mein Shop richtet sich hauptsächlich an professionelle Mountainbiker.

Phase 3: Alleinstellungsmerkmal (USP) herausfinden	
Beschreibung	Auf dem Markt tummeln sich viele Mitbewerber. Versuchen Sie, sich von der Masse abzuheben. Entwickeln Sie ein Alleinstellungsmerkmal.
Instrumente	Differenzierung, Spezialisierung, Nischenstrategie …
Ergebnis	Wie unterscheidet sich Ihr Online Shop von den Konkurrenten im Web? Beispiel: Mein Shop bietet spezielle Tourenvorschläge und geführte Radtouren an.
Phase 4: Marktentwicklungen beobachten	
Beschreibung	Bleiben Sie flexibel und wandlungsfähig. Beobachten Sie Kundenbedürfnisse, Trends und Marktentwicklungen, um frühzeitig Marktstrategien anzupassen.
Instrumente	Trendanalyse, Messebesuche, Blogs, Communitys, Benchmarking …
Ergebnis	Wie sehen die momentanen und künftigen Entwicklungsmöglichkeiten aus? Beispiel: Mein Shop kooperiert mit Portalen im Bereich Geocaching.

Tabelle 9.3: Handlungsleitfaden – Marketingstrategie planen

9.1.3 Marketing-Mix

Mit einem gut durchdachten Marketing-Mix setzen Sie Ihre Marketingstrategie in tatsächliche Aktionen und Aktivitäten um. Mit dem Mix legen Sie fest, wie und wo Ihre Maßnahmen stattfinden. Folgende Hauptgebiete sind in einem erfolgreichen Mix zu beachten: Produkt, Preis, Distribution, Service und Kommunikation:

- **Produktpolitik** (product):

  Welche Produkte und Zusatzleistungen bieten Sie im Online Shop an?

  Beispiel: umfasst alle Überlegungen bzgl. Produktvielfalt und Angebotstiefe wie Sortimentsplanung, Qualität, Serviceangebote, aber auch Verpackung, Produktgestaltung und weitere produktbegleitende Dienstleistungen.

- **Preispolitik** (price):

  Welche Preisgestaltung setzen Sie für die angebotenen Artikel ein?

  Beispiel: umfasst alle Maßnahmen, die Einfluss auf die Preishöhe sowie die Art und Weise der Preisfestlegung und -durchsetzung haben, also Rabatte, Boni, Kredite sowie Lieferungs- und Zahlungsbedingungen.

- **Distributionspolitik** (place):

  Welche Vertriebswege nutzen Sie für Ihre Produkte?

  Beispiel: umfasst alle Absatzwege eines Produkts oder einer Dienstleistung zwischen Anbieter und Endverbraucher, regionale Verkaufsstätte (PoS, Laden-lokal), Versandhandel (Online Shop) oder Multichannel-Konzept (Shop, Laden und mobil).

- **Servicepolitik** (process):

  Welche Serviceprozesse unterstützen Ihren Vertrieb?

  Beispiel: umfasst alle Schritte, die das Serviceverhalten gegenüber dem Kunden beeinflussen, also Personalpolitik, Kontaktaufnahme (Telefon, Mail, *Twitter*, Social Media), Abwicklung des Beschwerdemanagements bzw. Verhalten beim Kundenservice.

- **Kommunikationspolitik** (promotion):

  Welche Marketingkanäle setzen Sie ein?

  Beispiel: umfasst Printwerbung, Onlinemarketing, Presse, Messen, Veranstaltungen (Events), Öffentlichkeitsarbeit sowie Corporate Identity (CI), die der Steigerung der Bekanntheit dienen.

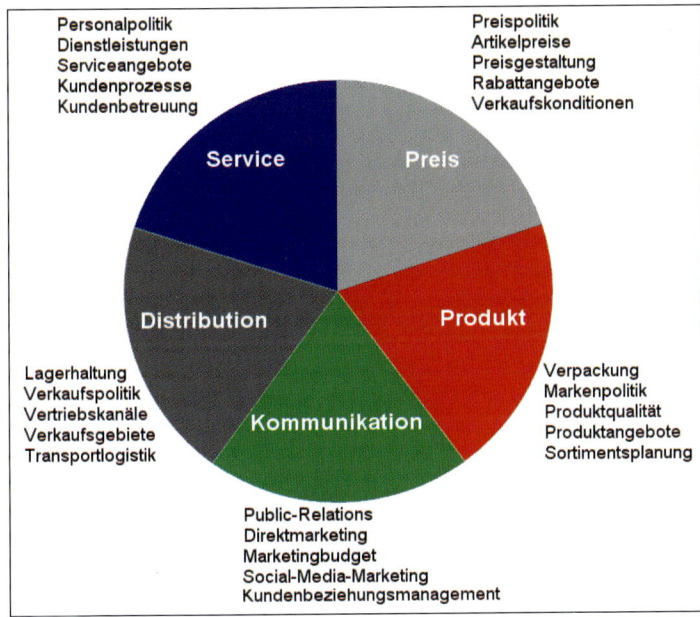

Abbildung 9.2: Teilbereiche im Marketing-Mix

Die Basis dazu bieten im Onlinehandel die verschiedenen Onlinewerbeformen. Alle die von Ihnen verwendeten Teilbereiche verschmelzen dann zu einem auf Ihre Bedürfnisse zugeschnittenen Marketing-Mix.

Werbeform	Kurzbeschreibung	Anbieter/Tools
Affiliate-Marketing	Vertriebspartner (Merchant) wie adbuttler bieten Ihr Werbebanner einer Vielzahl von Vertriebspartnern (Affiliate) an und belohnen diese für Klicks auf das Werbebanner, der Vertriebspartner mit dem geschalteten Banner erhält 1 Euro für jede Bestellung, die bei Ihnen eingeht.	adbutler.de affili.net/de/ tradedoubler.com superclix.de zanox.com/de/

Bannerwerbung	AdServer werden zur Auslieferung und Erfolgsmessung von Internet-werbung eingesetzt und helfen bei der Platzierung und Ausspielung von Werbebannern.	adnologies.com ad-rotator.de oasis.sourceforge.net openx.org smartadserver.de
Bookmarking	Social Bookmarks sind Weblesezei-chen, die von mehreren Nutzern gemeinsam im Internet abgelegt werden, wo viele User darauf zugrei-fen können.	delicious.com favoriten.de folkd.com mister-wong.de yigg.de
Behavioral Targeting	Aufzeichnung und Auswertung des Nutzungs- und Surfverhaltens von Online-Shop-Besuchern und wieder-holte Auslieferung (Re-Targeting) von personalisierten Werbemitteln.	adspirit.de criteo.com/de evania.de nugg.ad/de/ quismax.com
E-Mail-Marketing	Unter Permission-Marketing versteht man den Versand von Werbematerial in Form von E-Mails als Newsletter mit der ausdrücklichen Erlaubnis (Permission) des Kunden.	ecircle.com/de/ inxmail.de optivo.de rapidmail.de supermailer.de
Preisvergleichspor-tale	Websites, auf denen potenzielle Kunden die Preise eines gesuchten Produkts bei mehreren Online Shops vergleichen.	become.eu billiger.de idealo.de kelkoo.de de.shopping.com

Location-based Marketing (LBS)	Regionale und standortbezogene Dienste und Marketingaktivitäten, die den Kundendialog über mobile Endgeräte forcieren.	facebook.com de.foursquare.com maps.google.de groupon.de qype.de
Newsportale	Nachrichten- und Informationsportale informieren Surfer über aktuelle Meldungen und Neuigkeiten aus Medien und Blogs.	kledy.de oneview.de t3n.de wikio.de yigg.de
Öffentlichkeitsarbeit	Public Relations (Pressearbeit) stellen unternehmensrelevante Informationen bereit und verteilen Medieninhalte.	openpr.de prdienst.de presseecho.de pressebox.de press1.de
PDF-Download	Diverse Publikationen, Tutorials, Whitepapers, Präsentationen und Anleitungen mit eingebundenen Backlinks steigern die Bekanntheit (Renommee) und den Traffic.	de.calameo.com issuu.com mister-wong.de scribd.com slideshare.net
Social-Media-Marketing (SMM)	Nutzung sozialer Netzwerke für Marketingzwecke. Hierzu gehören auch Interaktionen mit Fans und Mitmach-Communitys.	facebook.com plus.google.com myspace.com twitter.com youtube.com

Suchmaschinenmar-keting (SEM/SEA)	Keyword-Advertising ist eine Werbe-form, bei der Werbemittel in Abhän-gigkeit von individuellen Schlüssel-wörtern (Keywords) auf Webseiten platziert werden.	`de.avazudsp.net`
		 `contaxe.com`
		 `google.de/AdWords`
		 `miva.com`
		 `advertising.yahoo.com`

Suchmaschinenopti-mierung (SEO)	Bezeichnet alle Maßnahmen, die das Ranking von Webseiten in den unbe-zahlten Suchmaschinen-Ergebnislis-ten (SERP) verbessern.	`bloofusion.de`
		 `searchmetrics.com`
		 `sumago.de`
		 `sumo.de`
		 `textprovider.de`

Tabelle 9.4: Beliebte Internetwerbeformen

Das wesentliche Ziel im ganzheitlichen Marketing-Mix ist es, passive und aktive Marketingaktivitäten zu kombinieren und die Einnahmen zu steigern. Die Aktivi-tätspyramide (siehe Abbildung 9.2) veranschaulicht eine gesunde Mischung an verschiedenen Marketingaktivitäten. Die beiden oberen Ebenen zeigen die aktiven Methoden, bei denen ein eigener Mitarbeiter oder ein Callcenteragent eingesetzt wird. Persönlich oder telefonisch betreut er Stammkunden und unterstützt Ver-triebskollegen oder versucht mittels Kaltakquise Neukunden zu gewinnen. Das lohnt sich aber eher nur bei besonders hochpreisigen oder erklärungsbedürftigen Produkten, da die Kosten pro Kundenkontakt relativ hoch sind. Bei den unteren drei Ebenen handelt es sich um die passiven Marketingmaßnahmen. Die Werbe-kosten fallen deutlich niedriger aus. Im Fokus steht die breit gestreute Werbe-wirkung. Es sind mehr potenzielle Kundenkontakte möglich, allerdings fällt die Werbewirksamkeit deutlich niedriger aus.

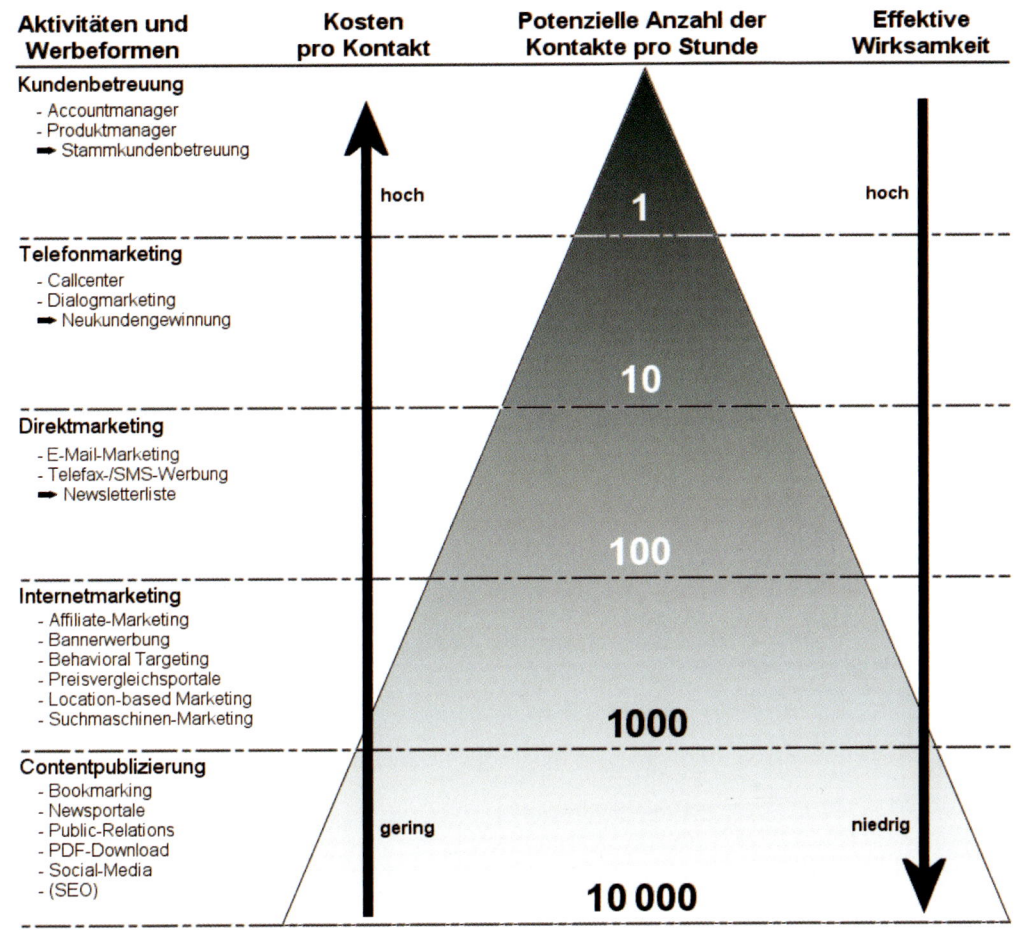

Aktivitäten und Werbeformen	Kosten pro Kontakt	Potenzielle Anzahl der Kontakte pro Stunde	Effektive Wirksamkeit
Kundenbetreuung - Accountmanager - Produktmanager ➡ Stammkundenbetreuung	hoch	1	hoch
Telefonmarketing - Callcenter - Dialogmarketing ➡ Neukundengewinnung		10	
Direktmarketing - E-Mail-Marketing - Telefax-/SMS-Werbung ➡ Newsletterliste		100	
Internetmarketing - Affiliate-Marketing - Bannerwerbung - Behavioral Targeting - Preisvergleichsportale - Location-based Marketing - Suchmaschinen-Marketing		1000	
Contentpublizierung - Bookmarking - Newsportale - Public-Relations - PDF-Download - Social-Media - (SEO)	gering	10 000	niedrig

Abbildung 9.3: Marketing-Mix – Aktivitätspyramide

> **Gut zu wissen!**
> „Der Mix macht's!"
> Beschränken Sie sich nach Möglichkeit nicht nur auf eine einzelne Marketingaktivität. Streuen Sie kostenpflichtige und ressourcenlastige Maßnahmen. Belasten Sie sich aber keinesfalls übermäßig mit dem Einsatz zu vieler verschiedener Werbekanäle. Marketingmaßnahmen erfordern nicht nur personelle, sondern auch finanzielle Ressourcen.

Der folgende Handlungsleitfaden hilft Ihnen beim Sammeln marketingrelevanter Aktionen und Aktivitäten.

Phase 1: Budget festlegen

Beschreibung	Je kleiner das Budget, desto mehr Aktivitäten muss ein Shopbetreiber selbst durchführen und umso geringer stehen die Chancen zur Umsatzsteigerung.
Instrumente	Budgetplan, Kostenaufstellung, Einnahmenüberschussrechnung, Investitionsplanung ...
Ergebnis	Wie hoch ist der verfügbare Marketingetat?
	Beispiel: Mein Shop investiert in Marketing täglich 2 Stunden und monatlich 500 Euro.

Phase 2: Ressourcen planen

Beschreibung	Steht der Marketingetat, dann folgen die Aufgabenverteilung und die Zeitplanung. Abhängig von dem Team und seiner Kompetenz wählt man die Werbeformen aus.
Instrumente	Ressourcenplan, Teamentwicklung, Zeitplan ...
Ergebnis	Welche internen/externen Personen befassen sich mit Marketingaktivitäten?
	Beispiel: Mein Shop startet alle Aktivitäten mit internem Personal.

Phase 3: Internetwerbeformen auswählen

Beschreibung	Zahlreiche Werbeformen stehen dem Shopbetreiber zur Verfügung. Eine Streuung in mehrere Aktivitäten (Marketing-Mix) erhöht die Marketingwirkung.
Instrumente	SEM/SEA, News, Banner, Mail, Preisvergleich ... (siehe Tabelle 9.4)
Ergebnis	Welche Internetwerbeformen nutzt der Online Shop zur Zielerreichung?
	Beispiel: Mein Shop nutzt Google AdWords für SEA und Facebook für Social Media.

Phase 4: Marketingerfolge messen

Beschreibung	Das Marketingcontrolling überwacht den Kampagnenerfolg und den Effekt von Marketingaktivitäten. Kennzahlen machen die Änderungen besser vergleichbar.
Instrumente	Tracking, ROI (Return On Investment = Rentabilität), Kundenzufriedenheit, CTR (Click Through Rate = Durchklickrate) , Kosten pro Bestellung, Umsatz ...
Ergebnis	Wie erfolgreich steigern Marketingmaßnahmen Kundenanzahl und Umsätze?
	Beispiel: Mein Shop erzielt mittels Marketing rund 150 Euro Umsatz pro Kunde.

Tabelle 9.5: Handlungsleitfaden – Marketing-Mix entwickeln (Promotion)

9.2 Praxisbeispiele für Marketingmaßnahmen

Das Onlinemarketing bzw. Internetmarketing bündelt alle Marketingmaßnahmen, die mithilfe des Internets erfolgen. Die klassischen Marketingbereiche sind Bannerwerbung, Keyword-Advertising, Suchmaschinenmarketing (SEM), Produktsuchmaschinen, Newsletter-Marketing und Affiliate-Marketing. Modernere Werbeformen zur Neukundengewinnung (Akquise) erfreuen sich immer größerer Beliebtheit. Dazu gehören Videomarketing, Social-Media-Marketing (SMO), Social-CRM (Customer-Relationship-Management), Augmented Reality u. v. m.

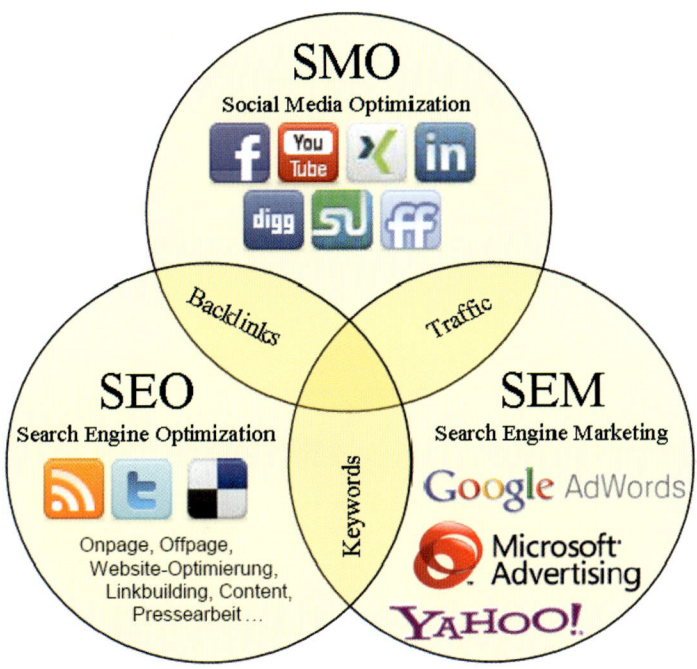

Social-CRM (Customer-Relationship-Management)

Als neuer Trend wird das Social-CRM angesehen. Diese Strategie bindet bestehende und potenzielle Kunden über das Internet, also aus Social-Media-Kanälen, zu einem gemeinsamen Dialog. Mit dem traditionellen CRM verwaltet man eher die Kundenbeziehungen. Mit dem Social-CRM zielt man darauf ab, die Unternehmensziele unter Berücksichtigung der Kundenwünsche zu erreichen, und ergänzt das traditionelle CRM.

Augmented Reality (Erweiterte Realität)

Ist eine computergestützte Realitätswahrnehmung. Dies kann eine Information sein, die alle menschlichen Sinne anspricht. Meist versteht man darunter aber nur die Ergänzung von Bildern oder Videos durch zusätzliche visuelle Informationen. Beispiel: Eine erweiterte Realität findet man bei Fußballübertragungen, wenn bei Freistößen Kreise oder Linien eingeblendet werden. Oder mit **Wikitude AR Travel Guide** kann man Bilder auf dem eigenen **Google**-Smartphone mit überblendeten Zusatzinfos über den Ort anzeigen.

Auf den nächsten Seiten nehmen wir einige wichtige Maßnahmen aus diesem Portfolio näher unter die Lupe.

SEO-Tipp

SEO ist zwar keine reine Werbeform, gehört aber zu Ihrem Online-Marketing-Mix dazu. Suchmaschinen erachten News, Social Media und jegliche Art von Content (Texte, Bilder und Videos) als sehr wichtig. Auf dem Online Shop platzierte Verweise zu Ihren Marketingaktivitäten machen den Shop für Suchmaschinen und potenzielle Kunden interessanter und somit noch attraktiver:

- Verweisen Sie auf die verwendeten Social-Media-Plattformen.
- Verlinken Sie auf extern veröffentlichte eigene Publikationen.
- Veröffentlichen Sie Online-Shop- und Kundenbewertungen.

9.2.1   Keyword-Advertising im Internet

Keyword-Advertising ist eine Internetwerbeform, bei der Werbemittel abhängig von den Schlüsselwörtern (Keywords) angezeigt werden. Der wohl bekannteste Vertreter dieser Werbeform ist *Google AdWords*. Allerdings gibt es auch weitere Werbepartner, bei denen man billige Werbeplätze buchen kann. Alternativen zu *AdWords* bieten *Bing/Yahoo!*, *Contaxe* und *Avazu DSP*.

Mit dem *Google Display-Netzwerk* platzieren Sie Anzeigen nicht in der Suchmaschine `google.de/ads/searchads/`, sondern auf einer Vielzahl von Websites, Blogs und sogar mobilen Seiten (`google.de/ads/displaynetwork/`). Da das Display-Netzwerk auch *YouTube* beinhaltet, können Sie über *AdWords* Ihre Anzeigen neben *YouTube*-Videos platzieren. So erreichen Sie mehr potenzielle Kunden.

Anzeigenformate bei *Google Display*:

- Textanzeigen: Anzeigentitel, zwei Textzeilen mit je 35 Zeichen und einer URL
- Imageanzeigen: Bilder und Fotos sowie eigene Layouts und Hintergrundfarben
- Videoanzeigen: Anzeigen erstellen und Videos zur direkten Wiedergabe einfügen
- Rich-Media-Anzeigen: Imageanzeigen mit interaktiven Elementen oder Animationen

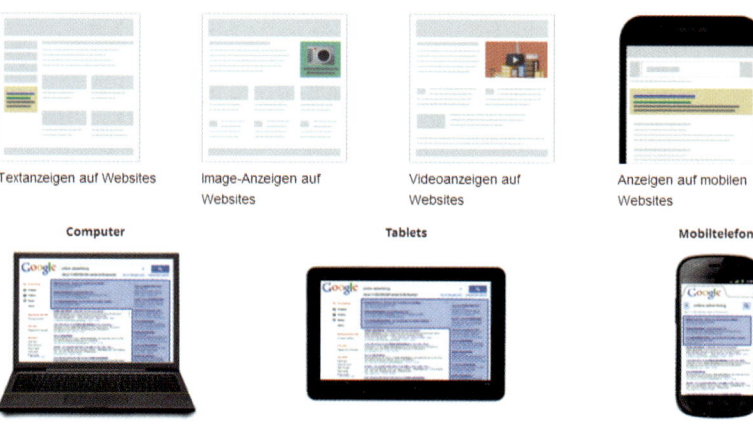

Abbildung 9.4: Anzeigenformate im Display- und Suchnetzwerk

Beispiel: Die Suche nach „Liebherr Kühlschrank" in der Suchmaschine *Google* ergibt folgende Trefferlisten. Die Ergebnisse in der Mitte der Abbildung 9.5 stammen aus *Google Shopping*. Die Anzeigenergebnisse rechts führen auf die Produktdetailseite des Werbetreibenden. Diese Anzeigen sind kostenpflichtig.

Abbildung 9.5: Google AdWords-Anzeigen auf Keywordebene

So schalten Sie Keyword-Advertising (Anzeigenwerbung) bei *Google*:

1. Richten Sie ein *Google AdWords*-Konto ein.

2. Erstellen Sie Werbeanzeigen und buchen Keywords.

3. Legen Sie Ihr Budget fest und schalten Anzeigen frei.

Ihre Anzeigen erscheinen in der Suchmaschinenergebnisliste, sobald ein User das gebuchte Keyword bei seiner Suchanfrage verwendet. *Cyberport* und *Saturn* haben in Abbildung 9.5 für die Keyword-Kombination „Liebherr Kühlschrank" ein Angebot abgegeben. Der Werbetreibende zahlt jedoch nur dann, wenn ein User

Tipp
Keyword-Advertising bieten die großen Suchmaschinenanbieter **Bing** und **Google**:

- **advertise.bingads. microsoft.com/de-de/ start**
- **adwords.google.de**

auf den Produktlink klickt. Je mehr Sie für das jeweilige Keyword bezahlen, desto weiter oben erscheint die Werbeanzeige. Beachten Sie jedoch die steigenden Kosten bei der Nutzung von generischen Suchbegriffen wie Kühlschrank, Auto, Notebook etc.

Ein wesentlicher Vorteil der Keyword-Werbung: Der erzielte Trafficzuwachs auf das Produkt ist deutlich zu spüren und die Umsätze steigen. Höhere Abverkäufe führen zu günstigeren Konditionen beim Wareneinkauf. Neben der Produktplatzierung hat man als Shopbetreiber infolgedessen den Vorteil, den eigenen Markennamen hervorzuheben.

Einen etwas anderen Weg verfolgt der Anbieter *Contaxe*. Neben den gängigen Anzeigenformaten mit Werbebannern unterstützt *Contaxe* auch Keyword-Advertising mittels InText-Werbung und Custom-InText. Dieser Anzeigenvermarkter platziert die Werbemittel inhaltsbezogen (kontextsensitiv).

Abbildung 9.6: So funktioniert Contaxe

Bei der InText-Werbung buchen Sie einzelne Keywords oder Suchphrasen, die im Fließtext von Websites verlinkt sind. Fährt der Seitenbesucher mit der Maus über eine verlinkte Textstelle, dann öffnet sich ein kleines Popup-Fenster mit der zuvor erstellten Werbebotschaft. Sowohl der Textlink hinter dem Keyword als auch ein Klick in das Popup-Fenster führen zur Zielseite im Online Shop. Wem die Lösung der Popup-Box zu standardisiert ist, dem sei die Nutzung von Custom-InText empfohlen. Hierbei lässt sich die Werbeanzeige frei gestalten, und sie erzielt so eine höhere Werbewirkung.

Abbildung 9.7: Standardisierte InText-Werbung

Abbildung 9.8: Individuelle Werbung mit Custom-InText

9.2.2 Neukundengewinnung mit Produktsuchmaschinen

Im Kaufentscheidungsprozess eines Kunden spielen Produktvergleichsportale, Preis- und Produktsuchmaschinen eine wichtige Rolle. Über 50 % der Internetnutzer verwenden Preisvergleiche zur Produktrecherche. Die Veröffentlichung der eigenen Produktpalette in solchen Portalen gehört zu Ihrem Marketing-Mix. Online Shops profitieren von mehr Traffic, zusätzlichen Neukunden und höherem Umsatz.

> **Praxistipp**
> Suchen Sie sich für den Einstieg ein paar günstige Pay-per-Click-Anbieter (siehe Tabelle 9.4), **AdWords**, **Avazu DSP**, **Miva**, **Contaxe** etc. Planen Sie ein fixes monatliches Budget ein. Es sollte bei mindestens 100 Euro liegen, wobei das natürlich die Marge Ihrer Produkte hergeben muss. Ein Werbeetat unter dieser Marke ist kaum sinnvoll, weil die Einarbeitung ins Keyword-Advertising und der Aufwand zum Aufbau einer Marketingkampagne relativ hoch sind.

apomio.de	gooster.de	preissuche.de
billiger.de	guenstig.de	preissuchmaschine.de
ciao.de	guenstiger.de	preistrend.de
decido.de	idealo.de	preisvergleich.de
evendi.com	kelkoo.de	preisvergleich.org
evita.de	milando.de	rockbottom.de
geizhals.de	moohoo.de	schottenland.de
geizkragen.de	preis.de	shopping.com (*eBay*)
getprice.de	preis24.de	smartshopping.de (*1&1*)
google.de/shopping	preisroboter.de	wein.cc

Tabelle 9.6: Produktsuchmaschinen und Preisvergleichsportale

Je nachdem, ob die oben genannten Portale kostenpflichtig sind, sollten Sie den einen oder anderen Preisvergleichsdienst nutzen und austesten. Halten Sie nach der Konkurrenz Ausschau und recherchieren Sie, ob sich dort Ihre Zielgruppe aufhält. In Foren findet man häufig Erfahrungsberichte, Meinungen und Kritiken von Usern über solche Portale.

Typischer Ablauf des Einsatzes von Produktsuchmaschinen:

1. Der Online Shop überträgt die Produktdaten an Produktsuchmaschinen.

2. Ein Interessent sucht in einer Produktsuchmaschine nach einem gewünschten Artikel.

3. Der Interessent klickt auf das Produkt und wird zum Verkäufer weitergeleitet.

4. Der Online Shop präsentiert die Produktdetailseite mit dem gesuchten Artikel.

5. Der Interessent legt den Artikel in den Warenkorb und startet den Verkaufsprozess.

Beispiel: Startet ein Interessent eine Produktsuche nach *apple iphone 5 64gb weiß* in einem Vergleichsportal, findet er eine Übersichtsseite mit mehreren Angeboten. Häufig stehen die Angebote von Premiumpartnern oder besonders günstigen Händlern weit oben im Ranking. Günstigsein bringt also Vorteile. Klickt ein interessierter Kunde auf einen Artikel, entstehen dem Shopbetreiber Kosten für jeden einzelnen Klick (CPC). Nach dem Klick leitet ihn die Suchmaschine weiter auf den eigenen Online Shop, wo der Kunde den Einkauf über den Warenkorb tätigen kann.

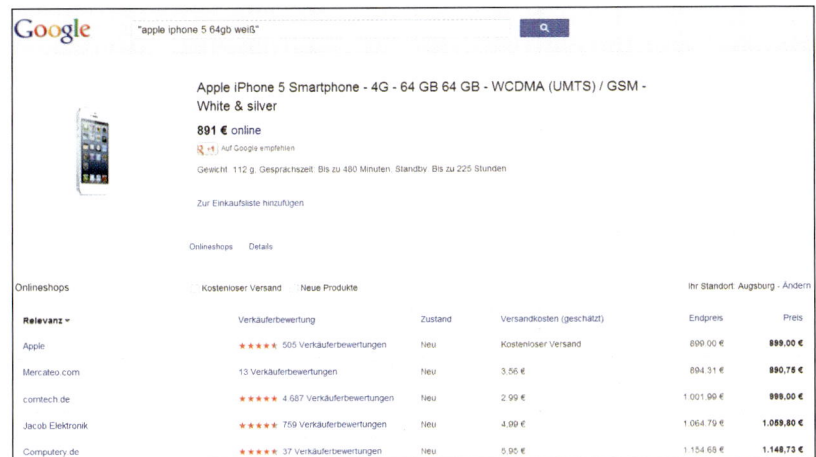

Abbildung 9.9: Ergebnisse einer Produktsuche in Google Shopping

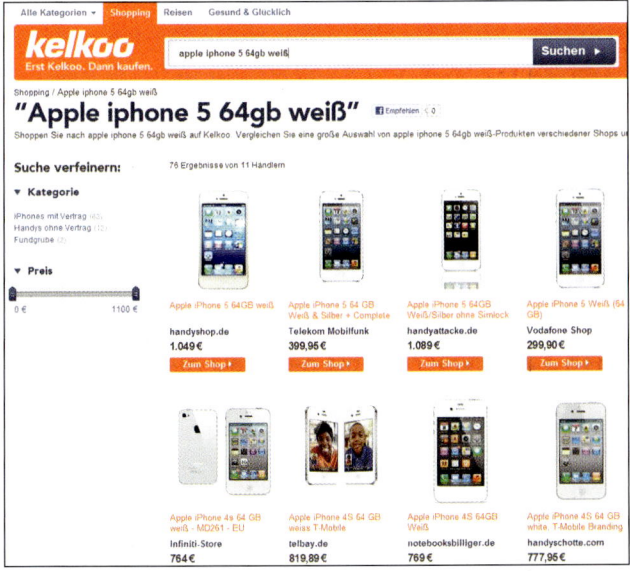

Abbildung 9.10: Suchergebnisse auf kelkoo

Für eine größere Reichweite gibt es spezielle Anbieter, bei denen die Produktdaten auf mehreren Portalen und Partnerseiten in einem Rutsch landen. Die bekanntesten Vertreter sind `become.eu` (ehemals *pangora*) und `elektronischer-markt.de` (*Elm@r*).

Einen groben Überblick über die Kosten einzelner Rubriken liefert Tabelle 9.7.

Hauptkategorie	Cost-per-Click (CPC)
Autos und Motorräder	0,21 – 0,26 Euro
Baby und Kind	0,22 Euro
Buch, Hörbuch und Kalender	0,15 – 0,19 Euro
Computer: Hard- und Software	0,22 – 0,42 Euro
Downloads zum Verkauf und Verleih	0,15 – 0,28 Euro
Erotik	0,19 Euro
Foto und Video	0,28 – 0,31 Euro
Gesundheit und Medizin	0,30 Euro
Haushalt und Wohnen	0,22 – 0,30 Euro
Konsolen und Games	0,17 – 0,24 Euro
Kosmetik, Parfum und Körperpflege	0,23 – 0,30 Euro
Lebensmittel und Tabakwaren	0,17 – 0,18 Euro
Mode, Schuhe und Accessoires	0,23 – 0,30 Euro
Musik und Film (CD/DVD/Blu-ray)	0,15 Euro
Spiel und Hobby	0,19 – 0,25 Euro
Sport und Outdoor	0,23 – 0,29 Euro
Schreibwaren und Büro	0,26 Euro
Telekommunikation	0,29 – 0,34 Euro
TV, Video, Audio	0,21 – 0,34 Euro

Tabelle 9.7: Advertising Rate Card der Become Europe GmbH
(Preisliste mit Durchschnittswerten, Stand: 08/2012)

Viele Shopsysteme bieten bereits standardmäßig Schnittstellen an, die zum automatisierten Export von Produktdaten im gewünschten Datenformat dienen. Achten Sie schon bei der Shopauswahl darauf (*Kapitel 2*).

Falls die Shopsoftware keine Schnittstelle zu einem Portal bietet, exportieren Sie die Artikeldaten zunächst aus Ihrem Shop. Passen Sie diese Datei an die Vorlage des Portals an. Hilfe und Anleitungen dazu finden Sie online auf den jeweiligen Websites. Erst die angepasste Artikeldatei laden Sie in das Portal hoch (importieren). Portale unterstützten folgende Dateiformate für die Importfunktion: CSV-Datei, Textdatei (TXT) oder XML-Liste.

Wichtige Datenfelder für den Artikelimport in Produktsuchmaschinen:

- **Produktinformationen**: Titel, Beschreibungstext, Kategorie, URL, Produktbild …

- **Verfügbarkeit** und **Preis**: Verfügbarkeitsstatus, Angebotszeitraum, Produktpreis …

- **Eindeutige Produktkennzeichnung**: Marke, GTIN, EAN, ISBN …

- **Produktattribute/-varianten**: Farbe, Größe, Material, Muster …

- **Steuern** und **Versand**: Versandkosten, Artikelgewicht, Steuersatz …

9.2.3   Professionelles Newsletter-Marketing

Newsletter-Marketing ist für Unternehmen jeder Größenordnung ein geeignetes Marketinginstrument, um Neukunden zu gewinnen und Stammkunden stärker an das Unternehmen zu binden.

Abbildung 9.11: Hochwertige Newsletter-Beispiele erstellt mit dem Tool eCircle

Newsletter-Mails versenden Sie entweder als Text, HTML oder Multipart. Der Multipart-Versand enthält einen HTML- und einen Textbestandteil. Kann das E-Mail-Programm des Newsletter-Empfängers HTML nicht anzeigen, wird der Textpart dargestellt.

Format	Vorteile	Nachteile
Text	gut lesbar in allen Mailprogrammen	geringe Gestaltungsmöglichkeiten
	geringes Datenvolumen	Corporate Design kaum möglich
	einheitliches Aussehen	Eyecatcher/Hervorhebungen fehlen
HTML	besonders hohe Aufmerksamkeit	Probleme mit Umlauten/Sonderzeichen
	Corporate Identity gut darstellbar	abweichende Darstellung des Layouts
	Bilder leicht einzubinden	Probleme mit Firewalls/Virenscanner
Multipart	kombiniert Vorteile von Text und HTML	aufwendige Herstellung
	Newsletter alternativ als Text darstellbar	Firewalls entfernen u. U. HTML-Anteil
	gestalterische Freiheit dank HTML	erhöhte Datenmenge beim Versand

Tabelle 9.8: Vor- und Nachteile von Newsletter-Formaten

Vorteile einer Newsletter-Kampagne für Shopbetreiber:

- Mit regelmäßigen zielgruppenspezifischen Kampagnen bauen Sie Kundenbindung auf.

- Anhand von kurzfristig umsetzbaren Mailingaktionen steigern Sie den Abverkauf.

- Mit speziellen Newsletter-Angeboten steigern Sie den Abverkauf von Cross- und Up-Selling-Produkten.

- Mit Rabattaktionen für Ihr Ladengeschäft (Point of Sales) fördern Sie einen zusätzlichen Umsatz.

- Sie stärken Ihr Branding, Ihre Bekanntheit, Ihre Corporate Identity und Ihr Markenimage.

Tipps und Rechtliches

In der Startphase Ihres Online Shops stehen Sie am Beginn Ihres Marketings. Und meist fehlen dementsprechend Mailadressen von Newsletter-Abonnenten. Folgende Aktionen helfen bei der Gewinnung neuer Newsletter-Abonnenten:

- Geschenke (Give-aways) in Form von Downloads, Tutorials oder eBooks anbieten

- Gewinnspiele durchführen und so Adressdaten sammeln

- spezielle Landing Page entwickeln (siehe *Kapitel 5*)

- hochwertige PDF-Magazine anbieten und damit Interessenten anlocken

- Newsletter-Anmeldung im Checkout-Prozess beim Einkauf aktivieren

Beim Newsletter-Marketing gibt es in rechtlicher Hinsicht einiges zu beachten. Denn schon das Versenden einer einzigen unerwünschten E-Mail an Kunden ist ein Grund für eine Abmahnung.

> **Praxistipp**
> Verwenden Sie Kurz-URLs oder Trackingcodes beim Setzen von Links in Ihren Newslettern, um den Werbeerfolg zu messen.

> **Gut zu wissen!**
> Setzen Sie einen entsprechenden Hinweis in Ihre Datenschutzerklärung, sobald Sie Newsletter einsetzen. Mehr zum Thema Newsletter und Recht finden Sie in **Kapitel 4** und auf **it-recht-kanzlei.de/ newsletter-daten-schutz.html**.

Halten Sie sich an folgende wichtige Vorgaben:

- **Double-Opt-In-Verfahren**: Nach dem Eintragen für den Newsletter muss der Kunde diesen Eintrag in einem zweiten Schritt bestätigen. Senden Sie dazu eine automatisierte E-Mail-Nachricht an den Newsletter-Empfänger mit der Bitte um Bestätigung des Newsletters und der eingetragenen Kontaktadresse. Lesen Sie dazu die Anleitung des Newsletter-Tools.

- **Anmeldename**: Die Abfrage eines realen Namens während der Newsletter-Anmeldung ist nicht erforderlich und verstößt gegen das Prinzip der Datenvermeidung. Es reicht die Angabe der E-Mail-Adresse. Weitere Angaben zu Beruf, Adresse etc. darf man nicht abfragen.

- **Abbestellhinweis** und **Newsletter-Kündigung**: Der Abbestellhinweis gehört gemäß § 13 Absatz 3 TMG bereits in die Anmeldung zu einem Newsletter. Ohne einen solchen Hinweis ist die Newsletter-Anmeldung rechtswidrig. Eine Möglichkeit zur Kündigung des Newsletter-Abonnements gehört in jeden Newsletter, den Sie an den Kunden senden.

- **Impressum**: Der Newsletter enthält ein wahrheitsgemäßes und vollständiges Impressum mit allen erforderlichen Angaben des Werbetreibenden.

Die wichtigsten Punkte für das Erstellen und Versenden des Newsletters finden Sie in folgender Tabelle übersichtlich dargestellt. So wird Ihre Newsletter-Kampagne ein Erfolg:

Anmeldung	- Fügen Sie ein leicht auffindbares Anmeldeformular in die Shopseite oder den Bestellprozess ein.
	- Klären Sie den Kunden über den Inhalt und die Erscheinungsweise auf.
	- Für Werbemails muss ein Einverständnis des Kunden vorliegen.
	- Erstellen Sie für den Newsletter-Eintrag eine Begrüßungsmail mit Bestätigungsbutton (Double-Opt-In-Verfahren).

Inhalt	- Sprechen Sie den E-Mail-Empfänger (bei Stammkunden) persönlich mit Namen an.
	- Setzen Sie ein Impressum und einen Abbestellbutton an das Ende des Newsletters.
	- Benennen Sie den Betreff eindeutig und nicht zu lang.
	- Verweisen Sie nicht auf zu viele verschiedene Werbenachrichten: Weniger ist mehr!
	- Integrieren Sie Links so, dass sie als solche erkennbar sind.
	- Bauen Sie nicht zu viele Bilder ein und denken Sie an das Copyright.
Layout	- Gliedern Sie strukturiert und trennen Sie einzelne Themenblöcke voneinander.
	- Verwenden Sie ein Inhaltsverzeichnis bei mehreren Themenblöcken in der Mail.
	- Schreiben Sie klar, verständlich und ohne Rechtschreibfehler.

Tabelle 9.9: Tipps für einen Newsletter

> **Tipp**
> Mehr Tipps und Checklisten für Ihre Newsletter-Kampagne erhalten Sie von **Dr. Schwarz** auf **absolit.de**.

E-Mail-Marketing-Tools

Manche Shopsysteme haben zusätzlich ein einfaches Newsletter-Handling integriert. Jedoch sind spezielle E-Mail-Marketing-Tools ausgereifter und bieten mehr Features an. Einige Tools lassen sich auch in bestehende CRM-Systeme einbinden. Weiterer Vorteil: Sie erhalten damit sehr detaillierte Reports in Echtzeit, die Sie zur Verbesserung Ihres Newsletters benötigen.

eCircle, *Evalanche*, *inxmail*, *optivo*, *rapidmail* und *SuperMailer* sind beliebte Softwarelösungen für den Versand von Newslettern. *rapidmail* verlangt für den Versand eines Newsletters rund 0,5 Cent pro Empfänger, der Versand an 2000 Empfänger kostet also nur 10 Euro. Die Arbeitsschritte zum Anlegen einer Mailkampagne sind einfach:

1. **Allgemeine Daten hinterlegen**: Ihre wichtigsten Daten wie Absendername und E-Mail-Adresse legen Sie einmalig an. Formulieren und speichern Sie Ihre Willkommensmail an Ihre Kunden mit dem gewünschten Inhalt.

2. **Empfänger importieren**: Damit der Versand an eine große Abonnentenliste erfolgen kann, benötigen Sie eine Schnittstelle im Tool, um die Adressdaten

zu importieren. Die Empfängerliste dient zusätzlich der Personalisierung des Newsletters, wie „Sehr geehrter <Kundenname>".

3. **Mailing erstellen:** Schreiben Sie den Newsletter-Inhalt und die Betreffzeile mit einem HTML-Editor oder geben Sie den Text direkt in das Marketingtool ein.

4. **Testlauf**: Testen Sie vorab den erfolgreichen Versand im gewünschten Layout, indem Sie den Newsletter an eine Testmailadresse schicken. Abschließend brauchen Sie nur noch den Versandzeitpunkt einzutragen, also Datum und Uhrzeit.

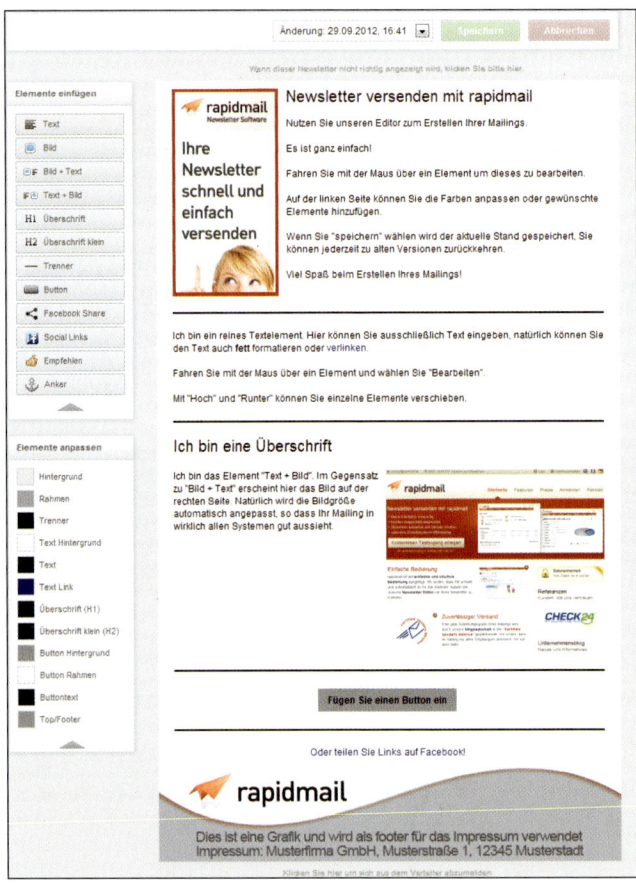

Abbildung 9.12: Mailing erstellen
mit rapidmail

Fazit

Marketing ist extrem wichtig für den Erfolg eines Online Shops. Schon vor vielen Jahren betonte Henry Ford: „Wer nicht wirbt, stirbt!" Besonders wichtig: Marketing darf keine Eintagsfliege sein, sondern Sie sollten sich regelmäßig und dauerhaft darum kümmern. Denken Sie auch daran, die Rentabilität (ROI) im Auge zu behalten, also wie viel zusätzlichen Umsatz Sie mit welchem Werbeetat generieren. Auf Dauer ist es wenig ratsam, pro Bestellung 5 Euro an Werbung auszugeben, um damit 2 Euro Gewinn zu erwirtschaften. Überlegen Sie sich gut, in welche Marketingaktivitäten Sie das geplante Budget investieren.

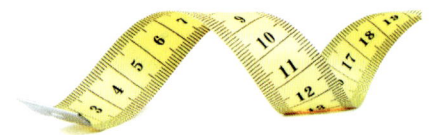

Holzhacken ist deshalb
so beliebt, weil man bei
dieser Tätigkeit den
Erfolg sofort sieht

Albert Einstein

Kapitel 10

Monitoring

Marketingkampagnen sollten Sie stets messen, damit Sie schnell Erfolge oder Misserfolge erkennen. Das Kapitel vermittelt Ihnen, wie Sie Social Media, SEO, Shopzugriffe und Webserverdienste kontrollieren. Dazu stellen wir Ihnen einige Monitoring-Tools und bestimmte Kennzahlen vor. Die Überwachung eines Webservers wird für Sie zum Kinderspiel.

Das Monitoring dient der systematischen Erfassung, Beobachtung oder Überwachung eines Prozesses mittels technischer Hilfsmittel. Dabei ist die wiederholte regelmäßige Durchführung ein wichtiger Bestandteil des jeweiligen Monitoring-Tools. Ziel ist es, anhand von Vergleichen Schlussfolgerungen ziehen zu können oder frühzeitig Gegenmaßnahmen einzuleiten.

Schließlich wollen Sie rechtzeitig erfahren, ob Sie auf dem richtigen Weg sind oder was Sie besser machen können. Es ist doch schön, über Blog- und Forenbeiträge oder durch Kunden zu erfahren, dass der eigene Online Shop prima ankommt und vieles besser ist als bei der Konkurrenz. Falls es einmal nicht richtig rund läuft, helfen Ihnen Monitoring-Tools, Fehlerquellen oder Problemstellen im Shop oder im Marketing aufzudecken. Einige dieser Tools enthalten eine Benachrichtigungsfunktion, über die Sie per E-Mail oder SMS über akute Probleme informiert werden.

In diesem Kapitel befassen wir uns mit dem Monitoring in folgenden Einsatzbereichen:

1. Suchmaschinen-Optimierung

2. Social-Media-Aktivitäten

3. Website- und Trafficanalyse

4. Dienste- und Serverüberwachung

10.1   SEO-Analyse

Wollen Sie sich intensiver mit der Thematik SEO auseinandersetzen, werden Sie kaum um das eine oder andere Analysewerkzeug herumkommen. Erst durch die regelmäßige und systematische Beobachtung der eigenen Seiten und so mancher Konkurrenzsites legen Sie den Grundstein für die weitere Entwicklung Ihres Online Shops.

Für Monitoring und Trafficanalyse greifen Sie als Shopbetreiber auf eine Vielzahl von Tools und Hilfsmitteln zurück. Für die unterschiedlichen Aufgaben stehen teils kostenlose, teils kostenpflichtige Werkzeuge zur Auswahl. Testen Sie einige dieser Tools im Hinblick auf Ihre Umgebung und Ihre persönliche Arbeitsweise. In Tabelle

10.1 finden Sie einige empfehlungswerte Tools nach Einsatzbereichen sortiert.
Mehr zu den Basics der Suchmaschinen-Optimierung lesen Sie in *Kapitel 5*.

Bereich	Tools	Link
Analyse	Searchmetrics Essentials	suite.searchmetrics.com/de/essentials
	Sistrix Toolbox	sistrix.de
	SEOlytics	seolytics.de
Backlinks	Backlinktest	backlinktest.com
	Open Site Explorer	opensiteexplorer.org
	X4d Backlinkchecker	x4d.de/backlinkchecker/
Controlling	econda Shop Controlling	econda.de
	Etracker Web Controlling	etracker.com/de/
	Google Analytics	google.com/intl/de_ALL/analytics/
Keywords	Google AdWords	adwords.google.de/select/KeywordToolExternal
	SEO Diver	de.seodiver.com
	Wordtracker	wordtracker.com
Ranking	Seitwert	seitwert.de
	LinkVendor	linkvendor.com
	Seitenreport	seitenreport.de
Statistik	Alexa	alexa.com
	goingup!	goingup.com
	SEO Site Checkup	seositecheckup.com
Testing	Firebug	getfirebug.com
	Pingdom Tools	tools.pingdom.com/fpt/
	Web-Sniffer	web-sniffer.net

Toolbar	SEO Toolbar	`tools.seobook.com/seo-toolbar/`
	SEOquake	`seoquake.com`
	WAVE – Web Accessibility	`wave.webaim.org/toolbar/`
Validator	W3C HTML Validator	`validator.w3.org`
	W3C CSS Validator	`jigsaw.w3.org/css-validator/`
	Validome (X)HTML / WML / XML	`validome.org/`
Webmaster	Bing und Yahoo!	`bing.com/toolbox/webmaster/`
	Google	`google.de/webmasters/`

Tabelle 10.1: Analyse-Tools für Suchmaschinenoptimierer

10.1.1   Benchmarking und Sichtbarkeitsindex

Wie Sie der vorigen Tabelle entnehmen konnten, gibt es mittlerweile viele Analysetools auf dem SEO-Markt. Hervorheben möchten wir Tools, mit denen Sie eigene Keywords und Domains bzw. sogar die der Konkurrenz miteinander vergleichen. Mit diesen Tools messen Sie den Erfolg Ihrer Optimierungsmaßnahmen im SEO-Umfeld. Gleichzeitig sehen Sie im Zeitverlauf, ob Sie Plätze im Suchmaschinen-Ranking verloren oder dazugewonnen haben.

Das Ranking Ihrer Website verbessert bzw. verschlechtert sich, weil

- Suchmaschinen-Updates eine positive oder negative Wirkung haben;

- neue Websites bzw. Konkurrenten einen besseren Content oder passendere Artikel anbieten;

- die eigenen On-/Offpage-Maßnahmen greifen oder Maßnahmen zu Fehlern führen.

- die Anzahl der eingehenden Werbelinks durch Linkkauf und Linktausch zu hoch ist;

- Mikroformate bei Breadcrumbs, Produkten und Bewertungen Vorteile bringen;

- Seiten mit Rich-Media-Inhalten (Universal Search) mehr Traffic generieren;

- sich Qualität und Fehlerhäufigkeit eines Online Shops verändern.

Benchmarking – Sichtbarkeitsindex

In der Wirtschaft gibt es für verschiedene Branchen spezifische Werte (Kennzahlen) aus Ergebnis-Analysen. Der Vergleich dieser Werte mit den eigenen Kennzahlen nennt man Benchmarking (= Maßstäbe vergleichen).

Als Shopbetreiber ist Benchmarking ein wichtiger Anhaltspunkt, um sich mit der Konkurrenz auseinanderzusetzen.

Jedem Shopbetreiber empfehlen wir die folgenden Tools:

SEO-Kennzahlen	Anbieter
Alexa Rank von *amazon*	alexa.com
MozRank von *SEOmoz*	opensiteexplorer.org
Online Value Index (XOVI Rank)	xovi.de
SEMrush Rang	de.semrush.com
Sichtbarkeitsindex (von *sistrix*)	sichtbarkeitsindex.de
Statische Sichtbarkeit (von *SEO Diver*)	de.seodiver.com
seorank (von *innower*)	seorank.de

Tabelle 10.2: Anbieter von SEO-Ranking-Tools

Praxistipp
Verschaffen Sie sich einmal wöchentlich oder 14-tägig einen kurzen Überblick über Trafficstatistiken.

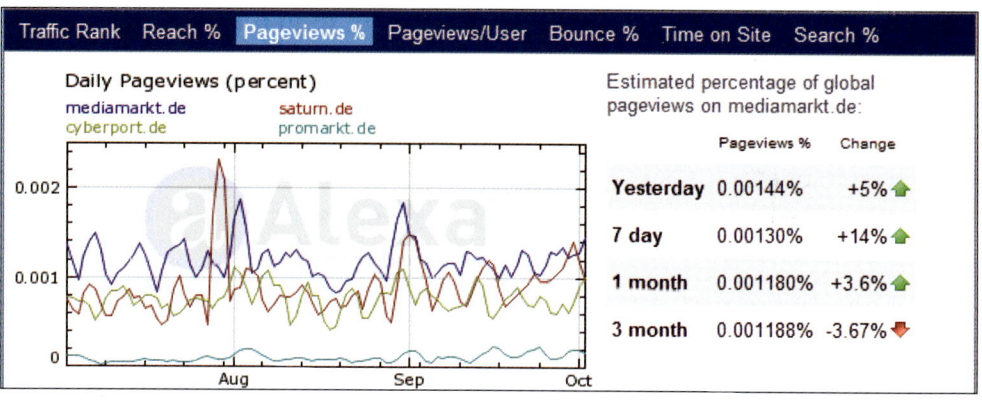

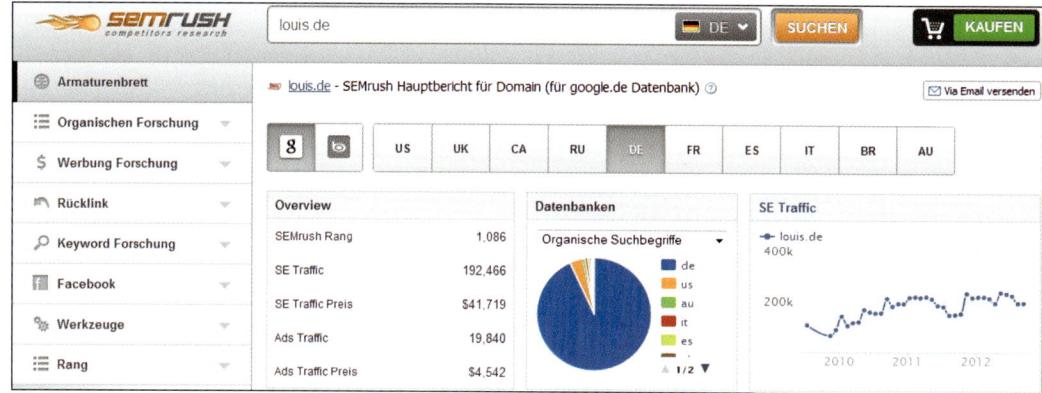

Abbildung 10.1: SEO-Ranking ermitteln mit Alexa, SEMrush oder sistrix

SEMrush, *sistrix*, *searchmetrics* und *SEO Diver* bieten eine ziemlich verlässliche Datenbasis. Für die Berechnung der Kennzahlen aus Tabelle 10.2 untersuchen die Tools regelmäßig den deutschsprachigen Suchmarkt. Hierfür werden pro Keyword die besten Platzierungen der Suchmaschinen ausgewertet. Als Datenbasis dienen mehrere 100 000 ausgewählte Keywords. Aus den gesammelten Ergebnissen ergibt sich für jede Domain eine gewisse Sichtbarkeit im Suchmaschinenindex bezogen auf die Keyword-Datenbasis.

Vergleich des Sichtbarkeitsindex großer Portale (Stand: 10/2012):

- 92,56 – sichtbarkeitsindex.de/conrad.de

- 19,68 – sichtbarkeitsindex.de/mediamarkt.de

- 16,81 – sichtbarkeitsindex.de/saturn.de

- 7,04 – sichtbarkeitsindex.de/cyberport.de

- 4,63 – sichtbarkeitsindex.de/promarkt.de

- 1,51 – sichtbarkeitsindex.de/medimax.de

> **Tipp**
> **sistrix** bietet neben dem Sichtbarkeitsindex weitere Tools und Kennzahlen für die Überwachung einer Website an. Mehr dazu auf **sistrix.de**.

10.1.2 OnPage- und OffPage-Analyse

Im Web gibt es diverse Abfragetools, die nach Eingabe eines Domainnamens die komplette Site in Echtzeit untersuchen. Mit einem verständlichen Status quo liefern diese Tools eine grobe Übersicht über die wichtigsten Analysewerten Ihres Online Shops.

Analysewerte einer Webseite:

- **Globale Rankingwerte**: *PageRank*, *Alexa Rank*, *MozRank*, *Sichtbarkeitsindex* …

- **OnPage-Analyse**: SEO-Grundlagen (robots.txt, XML-Sitemap), Content (Metadaten, Überschriften, Text, Bilder, Verlinkung etc.), Usability (Ladezeit, Dateigröße), Sicherheit und Technologie (*PageSpeed*, *W3C*-Validierung)

- **OffPage-Analyse**: Popularität, Verzeichnisse (*DMOZ*, *Wikipedia*) und Social Media

Der Vorteil einer solchen Schnellanalyse liegt darin, dass Sie sofort konkrete Handlungsempfehlungen und Verbesserungsvorschläge für Ihre SEO-Arbeit erhalten. Diese dienen Ihnen als Basis, um Ihren Online Shop für den Suchmaschinen-Sucherfolg zu verbessern.

Nach einer Analyse auf einer Website gefundene Fehler, die Sie berichtigen sollten:

- `nofollow`-Seiten
- gesperrte Seiten
- Frames
- fehlende Seitenweiterleitungen
- Session-IDs
- HTML-Fehler
- fehlende Metadaten und `alt`-Tags

Die bekanntesten Anbieter von Abfragetools in Echtzeit sind *Seitwert*, *Linkvendor* oder *Seitenreport*. Im Vordergrund dieser Anbieter steht die Analyse des Quellcodes einer Seite.

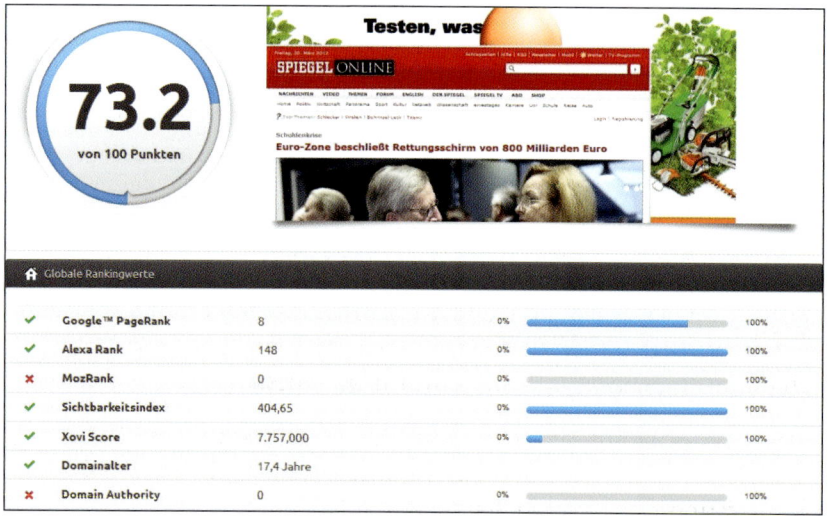

Abbildung 10.2: Der seorank von spiegel.de ist 73,2

10.1.3 Beispielanalyse mit searchmetrics

Interessiert Sie eher hochwertiges Zahlenmaterial? Dann kommen Sie um kostenpflichtige Tools nicht herum: *SEMrush*, *sistrix*, *searchmetrics* oder *SEO Diver* geben mit Premium-Accounts noch mehr Fakten zu Ihrer Shopseite preis. Die Kosten liegen in der Regel bei mindestens 50 Euro pro Monat. Am Beispiel von *searchmetrics* zeigen wir Ihnen das Nutzungspotenzial und warum solche Tools wirklich sinnvoll sind.

Einige Features der Webanalyse mit *searchmetrics*:

- **Gewinner & Verlierer**: liefert Rückschlüsse über den Erfolg von SEO-Maßnahmen.

- **Keyword-Potenziale**: zeigt die Verteilung der Keyword-Positionierung in den Suchergebnissen.

- **Organischer Traffic**: ermittelt und nennt Wettbewerber, die mit den gleichen Keywords im Suchmaschinen-Ranking auftauchen.

- **Domain-Ranking**: bietet Überblick über SEO, SEM, Links und Social-Media im Vergleich zu anderen Domains.

- **URL-Optimierung**: „URL-Score" zeigt den Optimierungsgrad für jede URL.

- **SERP**: informiert über die Keyword-Verteilung auf den ersten 10 Suchergebnisseiten (SERP-Seiten).

Werfen Sie zu Beginn Ihrer Shoptätigkeit einen Blick auf die Konkurrenz. Sie werden feststellen, dass Ihre Mitbewerber mit den gleichen Keywords punkten möchten, die Sie für Ihren Shop einsetzen.

Vorteile einer Shopanalyse eines Konkurrenten:

- Sie identifizieren die besten Keywords!

- Sie entdecken neue Optimierungspotenziale im Quellcode, die die Konkurrenz bereits nutzt!

- Sie ermitteln sinnvolle Seiten und Themen für Ihre eigene Website. Was fehlt bei der Konkurrenz und was können Sie dafür bieten?

■ Sie holen sich wertvolle Anregungen für eine Verbesserung im eigenen Online Shop, z. B. Content, Produktdarstellung, Layout, Bestellinformationen usw.

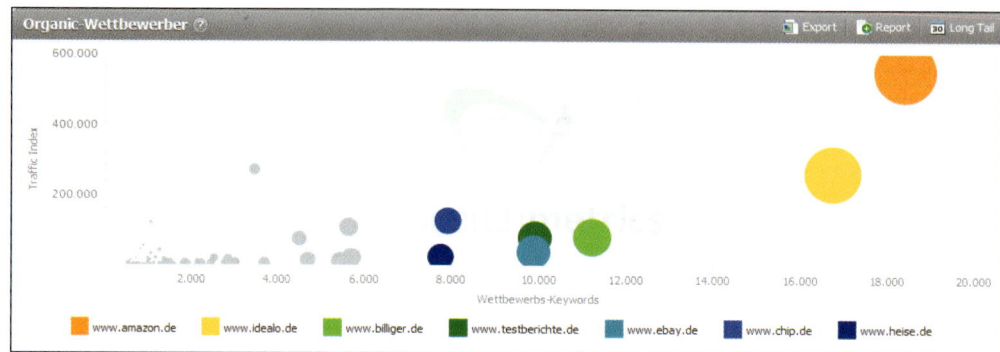

Abbildung 10.3: Wettbewerber-Domains mit gleichen Keywords

Sehr spannend ist auch die Analyse einzelner URL-Patterns bzw. Verzeichnisse. Damit sind alle URLs gemeint, die sich in einem Verzeichnis befinden. So können Sie kontinuierlich Erfahrungen sammeln, ob sich die OnPage-Optimierung und das Keyword-Ranking verbessern.

Jeder Online Shop lässt sich in diverse Seitentypen unterteilen: Produktkategorien, Produktdetailseiten, Checkout-Seiten, CMS-Seiten etc. Oftmals nutzen die Seiten gleichen Typs die gleiche URL, gefolgt vom Kategorienamen, Produktnamen, Seitennamen usw. Ändert sich das Layout (bzw. Template) eines Seitentyps, hat dies womöglich positive oder negative Auswirkungen auf alle Seiten gleichen Typs. Hat ein Shop rund 1000 Produktdetailseiten, dann sehen Sie deutlich schneller die Auswirkungen, wenn Sie aufgrund von diversen OnPage-Maßnahmen einen bestimmten Seitentyp optimieren.

Bei *idealo* beginnen mehr als 80 % aller URLs mit:

■ **Produktkategorien**: /preisvergleich/ProductCategory/ und

■ **Produktdetailseiten**: /preisvergleich/OffersOfProduct/

Abbildung 10.4: Beispielergebnis einer Analyse von Verzeichnissen

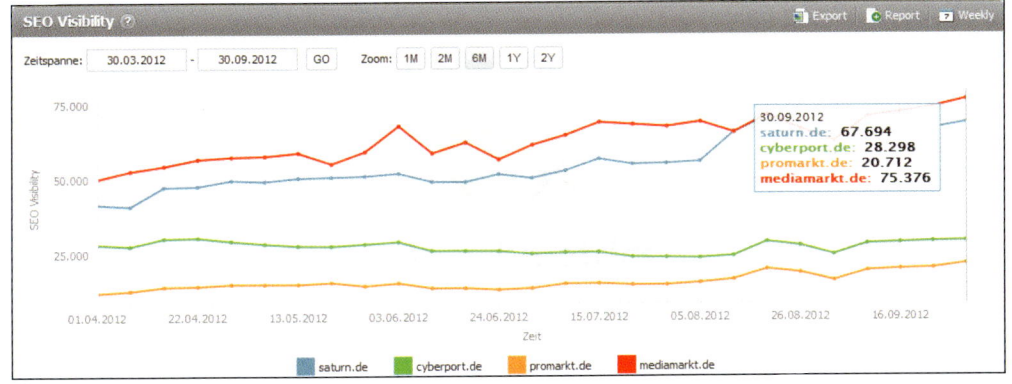

Abbildung 10.5: Vergleich der SEO-Visibility

10.2   Social-Media-Aktivitäten überwachen

Für Betreiber von Websites, Communitys oder Online Shops ist das Messen, Analysieren und Auswerten von Social-Media-Daten eine wichtige Teildisziplin des Monitorings. Lernen Sie auf den kommenden Seiten, warum Sie Social-Media-Monitoring mit auf Ihre To-do-Liste aufnehmen sollten und welche Webtools bei der Überwachung von Social-Media-Kampagnen helfen. In *Kapitel 8* haben Sie erfahren, mit welchen Tools und in welchen Kanälen Sie Social-Media-Marketing betreiben. In diesem Kapitel geht es jedoch um die erzielte Reichweite und sonstige Auswirkungen.

Einsatzgebiete für Social-Media-Kampagnen:

- **Markenbekanntheit**: Markenbotschafter als Multiplikatoren für Markenbildung finden

- **Verkaufsförderung**: Kaltakquise- und Marketingkosten senken

- **Kampagnenstreuung**: Kampagnen, Artikel oder Echtzeitnachrichten verbreiten

- **Produktentwicklung**: Meinungen, Kommentare und Wünsche frühzeitig erkennen

- **Markenkern**: themen- und markenrelevante Beziehungen im Netz aufbauen

- **Reputationsmanagement**: interessante Gesprächsthemen und Teilnehmer entdecken

- **Trendanalyse**: aktuelle Konversationsbegriffe innerhalb der Branche aufspüren

- **Multiplikatoren**: Meinungsmacher in aktiven Communitys kennenlernen

- **Benchmarking**: Marktanteil im Vergleich zum Gesamtmarkt feststellen

- **Suchmaschinen-Optimierung**: Suchbegriffe und Wortkombinationen identifizieren

- **Krisenmanagement**: negative Presse, Fehlinformationen und Bedrohungen finden

Ziel ist es, den Return on Investment (ROI) von Social-Media-Kampagnen auszuwerten. Somit erkennen Sie den tatsächlichen Erfolg leichter durch den Vergleich von Ist- und Soll-Informationen. Vergleichen Sie vor, während und nach einer Social-Marketing-Kampagne die Nennung ihrer Marke bzw. Suchbegriffe auf nutzergenerierten Inhalten (user-generated Content, UGC) wie Blogs, *Twitter*, *Facebook*, *YouTube* und anderen für Sie relevanten Portalen.

Einige Monitoring-Anbieter stellen zum Einstieg kostenlose Tools zur Verfügung. Es ist nicht immer notwendig, auf kostpflichtige Tools zurückzugreifen.

Social-Media-Monitoring	Anbieter
Social-Media-Alerts & Medienbeobachtung	`cyberalert.com`
	`google.de/alerts`
	`netvibes.com/de`
	`socialmention.com`
Social-Media-Klickstatistiken & Short-URLs	`bitly.com`
	`goo.gl`
	`tinyurl.com`
	`wong.to`
Social-Media-Echtzeitsuche & Direct Message	`datasift.com`
	`topsy.com`
	`search.twitter.com`
	`socialoomph.com`
Social-Media-Monitoring & Echtzeitanalyse	`getclicky.com`
	`trackur.com`
	`twentyfeet.com`
	`viralheat.com`
Social-Media-Scoring & Top Influencer	`klout.com`
	`peerindex.com`
	`socmetrics.com`
	`twylah.com`
Social-Media-Management & Konversation	`cotweet.com`
	`postling.com`
	`sproutsocial.com`
	`tweetdeck.com`

Tabelle 10.3: Social-Media-Monitoring-Tools

Zum besseren Verständnis zeigen wir Ihnen die sinnvolle Nutzung der Tools von *bitly.com* (Short-URLs), *twentyfeet.com* (Monitoring) und *hootsuite.com* (Konversation).

10.2.1   Kurz-URL-Dienste

Sobald Sie sich mit Social Media und der Contentpublizierung auf externen Seiten beschäftigen, verwenden Sie für die Überwachung Kurz-URLs (auch Short-URLs genannt).

Manche soziale Netzwerke bieten nur eine begrenzte Anzahl von Zeichen pro Nachricht, da helfen Short-URLs, weil Sie auf diese Art mehr Text unterbringen. Kurz-URL-Dienste (URL Shortener) erlauben die Erstellung von Weiterleitungs-URLs auf andere Ziel-URLs.

Die beliebtesten Einsatzfelder für Kurz-URLs sind:

- Social-Media-Links in externen Posts, Foren- oder Blogbeiträgen
- Downloads, E-Books, Rabattaktionen, Schnäppchen usw.
- Mikroblogs und Statusmeldungen in sozialen Netzwerken
- Links in PDF-Dokumenten und Newslettern
- statistische Auswertungen von Klicks und deren Herkunft

Abbildung 10.6: Reichweite und Viralität von bitly-URLs

Und so einfach erstellen Sie einen Kurz-URL incl. Statistik:

1. Kopieren Sie eine unhandliche Ziel-URL in einen URL-Shortener-Dienst wie `bit.ly`, **z. B.:** `amazon.de/gp/product/3827246903?ie=UTF8&tag=reis efibelnet-21&linkCode=as2&camp=1638&creative=19454&creativeAS IN=3827246903`.

2. Sofort generiert der Kurz-URL-Dienst eine Short-URL, z. B.: `bit.ly/f4X0T4`.

3. Definieren Sie bei Bedarf einen individuellen Alias, z. B.: `bit.ly/meinBuch4`.

4. Mit einem Pluszeichen am Ende des Links öffnen Sie die Klickstatistik einer Kurz-URL, z. B. `bit.ly/meinBuch4+`.

Abbildung 10.7 zeigt, dass die URL `bit.ly/meinBuch4` schon 184-mal angeklickt wurde. Am 20. Mai 2011 wurde insgesamt achtmal auf diese URL geklickt, um die Zielseite zu besuchen.

Abbildung 10.7: Short-URL-Statistik für bit.ly/meinBuch4

10.2.2 Monitoring und Statistiken mit TwentyFeet

Jeder Shopbetreiber entscheidet sich im Rahmen seines Marketing-Mix bzw. seiner Aktivitätspyramide für oder gegen einzelne Marketingmaßnahmen. Entscheiden Sie sich, im Social-Media-Bereich professionell aktiv zu werden, ist es besonders hilfreich, wenn Sie die wichtigsten Key Performance Indicators (KPI) automatisiert im Blick behalten. Das Tool *TwentyFeet* ermittelt den Fortschritt wichtiger Zielsetzungen oder Erfolgsfaktoren, die für Sie wichtig sind.

Dienst	KPI	Metriken/Messpunkte
Twitter	Reputation	Follower (followers) Erwähnungen (mentions) Gelistet (listed)
	Konversation	Tweets (tweets) Listen (lists I follow) Antworten (@replies)
Facebook	Freunde	Freunde (number of friends)
	Fans	Fans (fans) Aktive Nutzer (active users) Page Views (page views)
	Konversation	Meldungen (number of stream posts) Statusupdates (number of statuses) Kommentare (number of comments) Gefällt mir (number of likes)
bit.ly	Keys	Anzahl an Klicks (total amount of clicks) Menge Kurz-URLs (number of shortened links) Klicks pro Link (clicks per link)
	Referrers	Kuchendiagramm mit Quell-URLs (referrer links)
	Targets	Kuchendiagramm mit Ziel-URLs (target links)
YouTube	Nutzer	Nutzer (views) Favoriten (favorites) Kommentare (comments)
	Videos	Publizierte Videos (published videos) Abonnenten (subscribers)
	Bewertungen	Bewertungen (ratings) Mag ich (likes) Mag ich nicht (dislikes)

Tabelle 10.4: Die wichtigsten Social-Media-Kennzahlen

Abbildung 10.8 zeigt die wichtigsten *Twitter*-Kennzahlen (Indikatoren) für die Reputation (Ruf von Firmen und Personen): Followers, Gelistet und Verlorene Follower. Die Kennzahlen der wichtigsten Social-Media-Konten lassen sich damit aufzeigen: *Twitter*, *Facebook*, *YouTube*, *Google Analytics*, *bitly* und *myspace*. Weicht bei einem Konto einer der laufenden Messpunkte aus Tabelle 10.4 von den üblichen Werten ab, meldet sich das Tool bei Ihnen mittels RSS-Feed oder E-Mail.

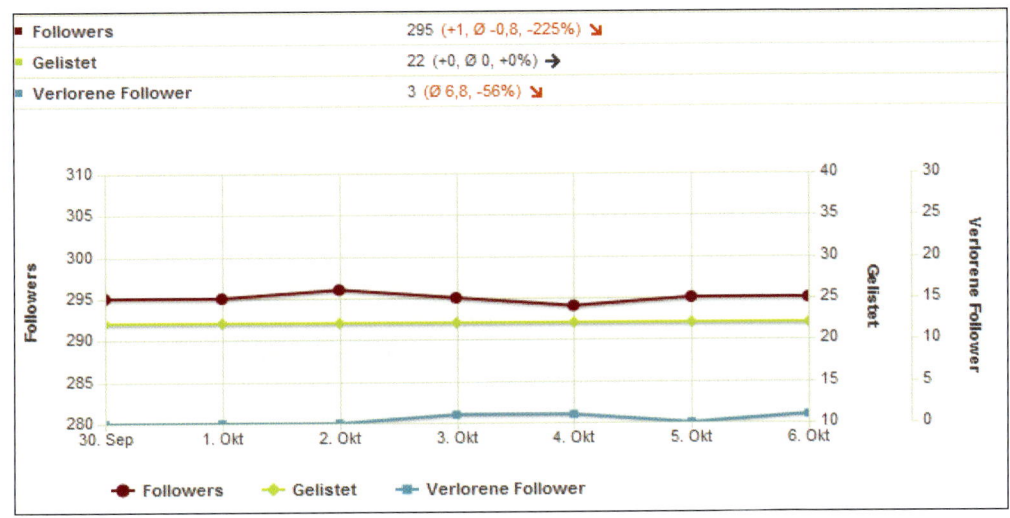

Abbildung 10.8: Indikatoren für die Reputation

Die meisten Social-Media-Management-Tools bieten grundlegende Monitoring-Kennzahlen und -Auswertungen. Allerdings sind einige Features oft mit einem Aufpreis verbunden oder Sie erhalten nur oberflächliche Kennzahlen.

Die bedeutendsten Vorteile und Einsatzbereiche von Social-Media-Monitoring-Tools sind:

- Analyse der wichtigsten Social-Media-Kennzahlen (Key Performance Indicator = KPI)

- Analyse von Konten bei verschiedenen Social-Media-Plattformen

- Anzeige von umfangreichen Charts zur Performance-Messung

- Dashboard-Übersicht über den Aktivitätenstrom mit relevanten Änderungen

10.2.3   Social-Media-Management im Einsatz

Mit *HootSuite* senden Sie Nachrichten (Posts, Tweets) parallel an mehrere Portale: *Twitter*, *Facebook* (Profile, Seiten und Gruppen), *Google+ Page*, *LinkedIn* (Profil, Gruppe und Firma), *foursquare*, *WordPress.com*, *MySpace* und *mixi*. Wie schon in *Kapitel 8* erwähnt, ist *HootSuite* sehr hilfreich, sobald Sie mehr als einen Account bei einem Anbieter besitzen oder über mehrere Kanäle Nachrichten verteilen. Zum bequemen Posten in Ihr Social-Media-Umfeld hinterlegen Sie bei diesem Tool zentral alle relevanten Profile. In Abbildung 10.9 ist dargestellt, wie Sie eine verfasste Nachricht gleichzeitig an verschiedene Accounts senden. Rechts oben im Bild sind die einzelnen Accounts als Icon zu sehen, die Sie per Klick für die eben erstellte Nachricht auswählen. Der grüne Haken zeigt die ausgewählten Accounts.

Abbildung 10.9: Social-Media-Management mit HootSuite

10.3   Tools zur Website- und Trafficanalyse

Bevor Sie eine Marketingmaßnahme planen und durchführen, sollten Sie den aktuellen Stand festhalten. Erst mit dem Vergleich vom Ist-Zustand zum geplanten Soll-Zustand ist Controlling wirklich sinnvoll, zugleich belegen Sie Ihren Erfolg. Ein Ziel, z. B. 10 % mehr Traffic, wird damit nachvollziehbar. Für einen ersten Einblick zeigen wir Ihnen einige Hilfsmittel für Monitoring, Seiten- und Websiteanalyse.

10.3.1   Monitoring mit Google Webmaster-Tools

Das wohl beliebteste Webmaster-Tool stammt von *Google*. Alternativen finden Sie bei *Bing* und *Yahoo!*.

Die Kontrolle der folgenden Dateien zählt zu den wichtigsten Aufgaben:

- **XML-Sitemaps**: Liste aller einzelner Seiten-URLs einer Website

- **robots.txt**: Hinweise für Suchmaschinen-Crawler zum Einschränken der Seitenindexierung

- **Site-Verifizierung**: Mechanismus zur Prüfung der Inhaberschaft einer Domain

Neben der Überwachung dieser Dateien dient *Google Webmaster-Tools* hauptsächlich der Qualitätskontrolle, Fehlerbeseitigung und Websiteanalyse:

- **Konfiguration**: Einstellungen, Sitelinks und Anwendern festlegen

- **Indexierung**: blockierte URLs prüfen und Crawling-Fehler analysieren

- **Seitenzugriffe**: Suchanfragen/Impressionen und Klicks (CTR) kontrollieren

- **Performance**: Website-Leistung vergleichen und Crawling-Statistik prüfen

- **Fehleranalyse**: doppelte Metabeschreibungen und Seitentitel verbessern

- **Mikroformate**: strukturierte Daten, z. B. Breadcrumb oder hcard, begutachten

Das Dashboard der *Google Webmaster-Tools* liefert Ihnen einen groben Einblick in den aktuellen Status der Domain. Abbildung 10.10 zeigt im Überblick relevante Informationen zu Crawling-Fehlern, Suchanfragen und Sitemaps. Klicken Sie auf eine optische Darstellung, bekommen Sie detailliertere Informationen.

> **Gut zu wissen!**
> **Google Webmaster-Tools** zeigt die Gesamtanzahl von Seitenaufrufen (Impressionen) in der Suchmaschine und die Anzahl von Klicks auf einzelne Keywords (bzw. Suchanfragen) an. Aus diesen Zahlen von Impressionen und Klicks ergibt sich die Click-Through-Rate (CTR) pro Keyword. Besonders attraktive Keywords identifizieren Sie anhand von hohen CTR-Werten! Sie erhalten für Ihre Keywords auch eine übersichtliche Darstellung der Positionen in Suchergebnissen, wie „Position 3 auf der zweiten oder dritten Sucherergebnisseite". **google.com/webmasters/tools/?hl=de**

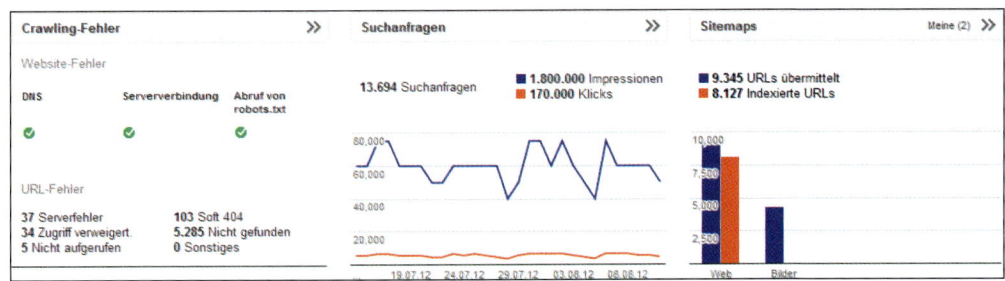

Abbildung 10.10: Dashboard von Google Webmaster-Tools

Die Bedienoberfläche führt zu folgenden Bereichen: Konfiguration, Status, Zugriffe, Optimierung und *Google Labs*. Besonders aufschlussreich ist die Darstellung in Abbildung 10.11.

Abbildung 10.11: Impressionen und Klicks pro Suchanfragen

> **Praxistipp**
> Der Durchschnittswert von schnellen Webseiten liegt deutlich unter 1000 ms. Bemerken Sie eine drastische Veränderung, die über einen längeren Zeitraum anhält, ist Ursachenforschung angebracht. Ziel ist es, die Fehlerquelle zu finden und zu beseitigen.

Sehr aufschlussreich bezüglich Seitenqualität, Seitenperformance und Crawler-Aktivität sind die Crawling-Statistiken. Dort finden Sie verschiedene Daten der *Googlebot*-Aktivitäten über die letzten 90 Tage verteilt: gecrawlte Seitenanzahl pro Tag, pro Tag heruntergeladene Kilobytes und die Dauer beim Herunterladen einer Seite.

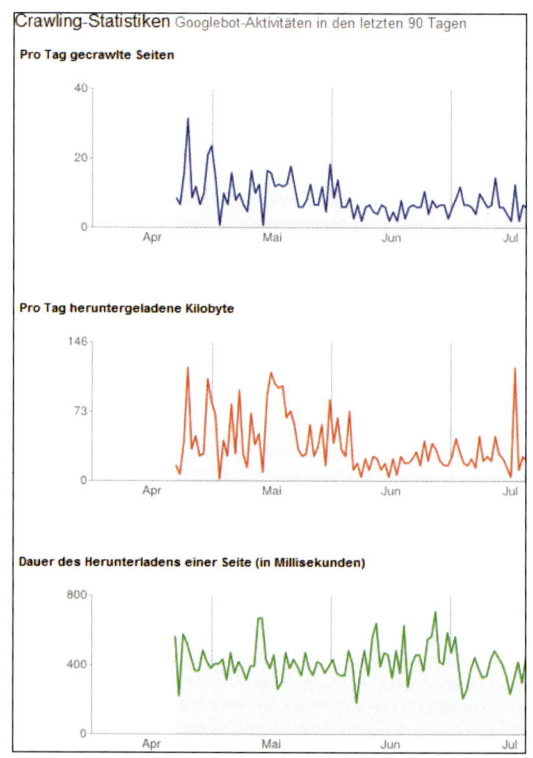

Abbildung 10.12: Crawling-Statistiken der Googlebot-Aktivitäten

10.3.2 Website-Analyse mit Google Analytics

Google Analytics ist eine kostengünstige Unternehmenslösung zur professionellen Analyse kompletter Websites. Dieses Tool von *Google* liefert zeitnah wertvolle Zahlen und Berichte über den gesamten Traffic auf Webseiten, Keyword-Analyse und die Wirkung von Marketingstrategien. Im Mittelpunkt der Berichte stehen hauptsächlich:

- **Besucher**: Anzahl und Übersicht über neue und wiederkehrende Besucher

- **Werbung**: *Google AdWords*-Integration basierend auf Kampagnen und Keywords

- **Besucherquellen**: Trafficdarstellung aus den Quellen SEO und Social Media

- **Content**: Zugriffszahlen bezüglich einzelner Websites, Suchbegriffe, Ereignisse und *AdSense*

- **Konversion**: Ergebnisse von Zielvorgaben wie Linkstatistiken von E-Commerce-Verkäufen und Trichterdaten

> **Tipp**
> Google Analytics:
> **google.com/intl/de/
> analytics/**

Tracking- und Kampagnencode

Zur Analyse Ihrer Website benötigen Sie zunächst einen Account bei *Google Analytics* oder Sie haben ihn bereits für den Zugriff auf *Google Webmaster Tools* angelegt. Im nächsten Schritt generieren Sie über Ihr *Google*-Konto den Trackingcode für Ihre Website. Kopieren Sie diesen Code-Snippet und fügen Sie ihn in den Quellcode Ihrer Indexseite ein. Erst mit diesem eingebauten Snippet kann *Google* auf die Daten Ihrer Website zugreifen. *Google* bietet auf der Webseite unter „Hilfe" hervorragende Schritt-für-Schritt-Anleitungen zu allen Fragen.

Der eingebettete Snippet hat folgende Aufgaben:

- ordnet den bemerkten Treffer der richtigen (Quell-)Seite zu

- analysiert den Link und sammelt Kampagneninformationen

- aktualisiert die Informationen zu den Besucheraktivitäten

Mit speziell angelegten Kampagnencodes in *Google Analytics* lassen sich weitere Maßnahmen zur optimalen Überwachung eines Online Shops vornehmen. Sie sind somit in der Lage, Website-Besucher auch von einer beliebigen Quelle aus zu identifizieren, angefangen von einer Konversion oder Transaktion wie Produktkauf bis zu Newsletter-Anmeldungen, Kundenumfragen oder Produktbewertungen.

Mit dem Setzen von Zielen und Trichtern ermitteln Sie, wann User einzelne Aktionen durchführen:

- **Ziele/Konversion**: Insgesamt lassen sich bis zu 20 Ziele definieren. Als Zieltyp stehen URL-Ziel, Besuchszeit auf Website oder Seiten/Besuch zur Verfügung.

  Beispiel: Bestellung abschließen, Anmeldung zum Newsletter durchführen etc.

- **Trichter**: Bis zu zehn Seiten-URLs gehören in einer bestimmten Reihenfolge zu einem Trichter. Anhand eines definierten Trichters stellen Sie fest, bei welchem Schritt auf dem Weg zum Ziel der Besucher die Webseite verlassen hat.

  Beispiel Bestellprozess: Warenkorb → Adressdaten → Bezahlart → Alles richtig? → Bezahlen

Neben der Analyse von Links können Sie auch verschiedene Quellen wie PDF-Dokumente oder E-Mail-Newsletter überwachen.

Erste Analysen im Überblick

Nachdem die grundlegende Konfiguration erledigt ist, braucht es noch ein wenig Geduld. In aller Regel stehen Ihnen nach 24 Stunden die ersten Zugriffsdaten und Informationen zur Analyse bereit. In Abbildung 10.13 sehen Sie ein Beispiel-Dashboard, das sich bequem erweitern lässt. Per Mausklick auf den Button *Zum Dashboard hinzufügen* platzieren Sie zusätzliche Berichte und Messwerte direkt auf das Dashboard. Im Backend finden Sie eine Vielzahl bereits vordefinierter Standardberichte, die Sie im Bedarfsfall um individuelle und benutzerdefinierte Berichte erweitern.

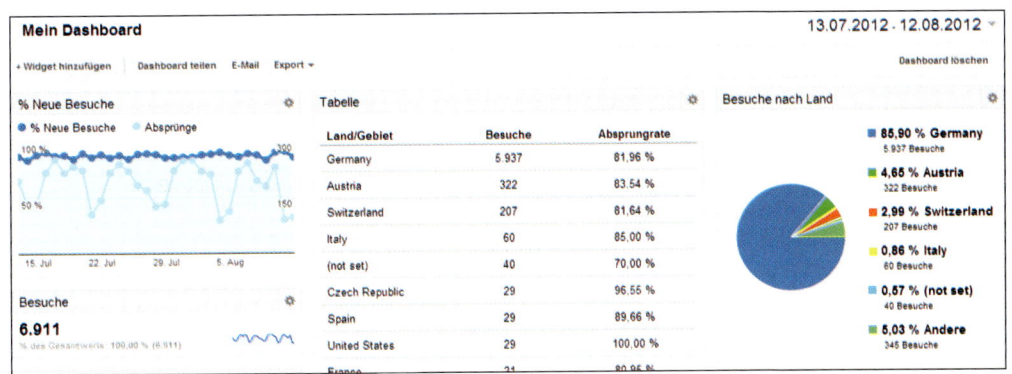

Abbildung 10.13: Google Analytics-Dashboard

Den wichtigsten Standardbericht *Alle Zugriffe* sehen Sie in Abbildung 10.14. Dort erhalten Sie einen Überblick über Besuche, Seiten/Besuch, durchschnittliche Besuchsdauer, Anzahl neuer Besucher und Absprungrate. Beobachten Sie die bedeutendsten Besucherquellen wie Suchmaschinen, Verweise anderer Domains, direkte Seitenaufrufe, soziale Netzwerke und RSS-Feeds.

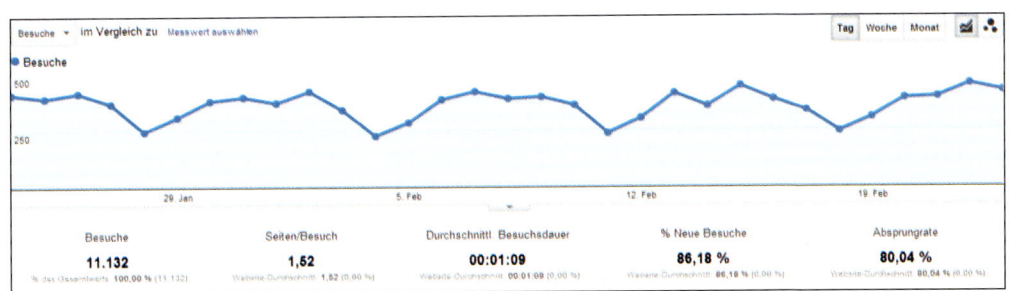

Abbildung 10.14: Google Analytics-Zugriffe

Wie hilfreich es ist, Webseiteninhalte aufzusplitten, zeigt Abbildung 10.15. Die Seitenauswertung fällt dadurch wesentlich leichter, da Inhalte in Unterverzeichnisse aufgesplittet sind, wie */forum/* (Community), */news/* (Blog), */service/* (Online Shop), */magazin/* (PDF-Magazin) oder */veranstaltungen/* (Event-Kalender). So stellen Sie als Shopbetreiber schneller, einfacher und gezielter fest, welcher Contenttyp den meisten Traffic und Umsatz bringt.

	Seitenpfadebene 1	Seitenaufrufe ↓	Eindeutige Seitenaufrufe	Durchschn. Besuchszeit auf der Seite	Absprungrate	% Ausstiege
1.	/forum/	9.852	8.032	00:01:30	83,40 %	64,03 %
2.	/news/	4.842	4.194	00:04:55	76,81 %	75,36 %
3.	/index.html	922	754	00:01:27	68,91 %	55,42 %
4.	/service/	350	299	00:00:58	77,27 %	49,14 %
5.	/tutorials/	227	185	00:01:52	82,43 %	66,96 %
6.	/magazin/	168	109	00:01:09	66,10 %	38,69 %
7.	/newsletter/	156	129	00:01:32	81,82 %	36,54 %
8.	/veranstaltungen/	137	114	00:01:42	79,75 %	56,93 %
9.	/imp/	50	37	00:01:57	45,83 %	48,00 %
10.	/buchautoren/	22	22	00:00:17	95,45 %	95,45 %

Zeilen anzeigen: 10 ▾   Gehe zu: 1   1 - 10 von 118 ‹ ›

Abbildung 10.15: Google Analytics-Aufschlüsselung der Seitenaufrufe nach Content

Expertentipp
Piwik (de.piwik.org) ist eine Open-Source-Alternative zu **Google Analytics**. Laden Sie die PHP/MySQL-Software herunter und installieren Sie diese auf Ihrem Webserver. Im Anschluss an den Installationsvorgang bekommen Sie einen JavaScript-Snippet, der als Trackingcode für die Webseite dient. Ab sofort sehen Sie sich dann die Webanalyse-Berichte in Echtzeit an.

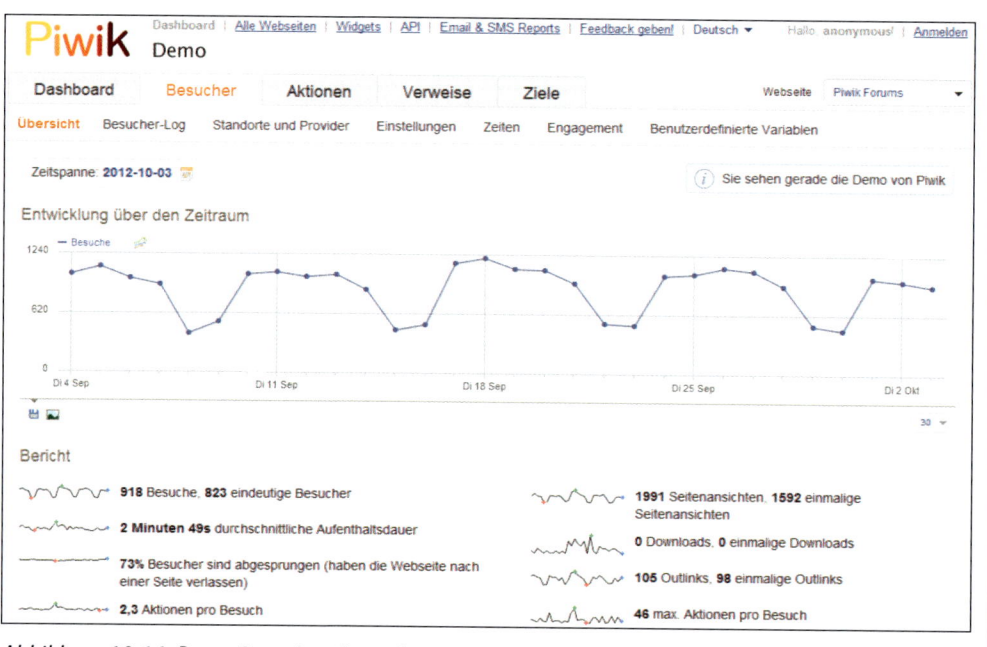

Abbildung 10.16: Demo Besucherübersicht in Piwik

Der Aufwand zum Einrichten von *Google Analytics* und das Lesen der Auswertungen sind nicht zu unterschätzen. Zudem ist der Einsatz aus datenschutzrechtlicher Sicht in Deutschland nicht ganz unproblematisch. Dennoch ist der Nutzen aus der Analyse mit wertvollen Ergebnissen sehr hoch, dass Sie das Tool nach dem Start ins Onlinegeschäft nicht mehr missen möchten.

Um den datenschutzkonformen Einsatz von *Google Analytics* zu gewährleisten, verwenden Sie die Anonymisierungsfunktion *anonymizelp*.

1. Rufen Sie Ihren Trackingcode-Snippet von Ihrem *Google Analytics*-Konto auf.

2. Fügen Sie die Zeile mit der Anonymisierungsfunktion `_anonymizeIp()` in den Trackingcode-Snippet ein.

3. Fügen Sie den neu generierten Trackingcode-Snippet in die Webseite ein.

4. Fügen Sie den Hinweis auf Widerspruchsrecht zur Datenerfassung in Ihren Datenschutz ein.

```
<script type="text/javascript">

 var _gaq = _gaq || [];
 _gaq.push(['_setAccount', 'UA-XXXXX-Y']);
 _gaq.push (['_gat._anonymizeIp']);
 _gaq.push(['_trackPageview']);

 (function() {
   var ga = document.createElement('script'); ga.type = 'text/
javascript'; ga.async = true;
   ga.src = ('https:' == document.location.protocol ? 'https://ssl'
: 'http://www') + '.google-analytics.com/ga.js';
   var s = document.getElementsByTagName('script')[0];
s.parentNode.insertBefore(ga, s);
 })();

</script>
```

Listing 10.1: Datenschutzkonformer Einsatz von Google Analytics mittels anonymizelp

Praxistipp

Wer **Google Analytics** absolut datenschutzkonform einsetzen will, der sollte die folgenden Punkte berücksichtigen. Mehr Infos finden Sie unter **datenschutzbeauftragter-info.de**. Die Vorgaben der Aufsichtsbehörden und von Google umfassen insgesamt fünf Bedingungen:

- Vertrag zur Auftragsdatenverarbeitung mit Google (§ 11 BDSG – Vertrag)

- Anonymisierung der IP-Adressen mit der Funktion **anonymizeIp()**

- Hinweisen auf das Widerspruchsrecht der Betroffenen

- Anpassung der Datenschutzerklärung mittels des angepassten Datenschutzhinweises

- Bei Bedarf die Löschung von Altdaten (d. h. des bestehenden Google Analytics-Profils)

10.4   Dienste- und Serverüberwachung

Die folgenden Seiten richten sich an Shopbetreiber, die Ihre Shopsoftware auf einem eigenen Webserver installiert haben. Dies ist bei Open-Source-Lösungen und Kaufshops häufig der Fall. Die Serverüberwachung ist somit eine weitere wichtige Aufgabe.

Zur Überwachung von Serververfügbarkeit und Performance-Messung gibt es haufenweise professionelle Tools. Mit dem Server-Monitoring-Dienst eines Webservers von *Hetzner* können Sie Ihren Rechner kostenlos überwachen lassen. Und Sie erhalten sofort eine Nachricht über Statusänderungen der überwachten Dienste oder Checktypen an die hinterlegte E-Mail-Adresse.

Fällt beispielsweise der *Apache Webserver*-Dienst aus, bekommen Sie als Betreiber des Servers zeitnah eine Nachricht. Spätestens nach 5 Minuten ist der http-Port 80 nicht mehr erreichbar und löst eine Fehlermeldung aus. Somit sind Sie schnell in der Lage, an der Fehlerbeseitigung zu arbeiten, damit Ihre Website wieder online erreichbar ist.

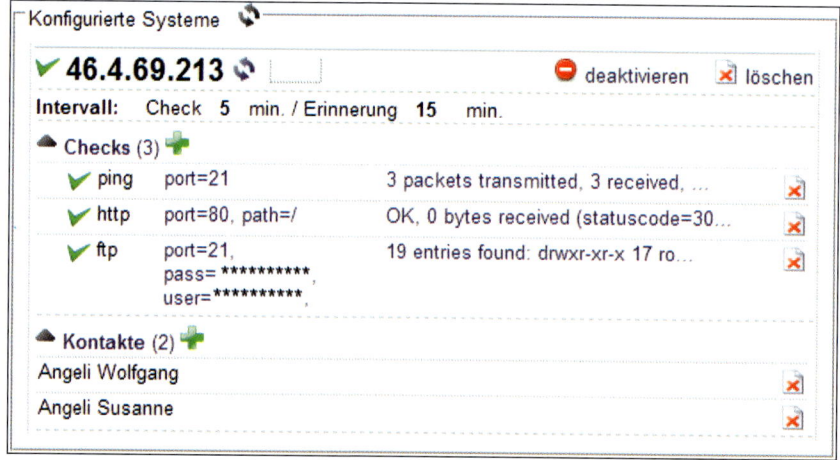

Abbildung 10.17: Webserver-Monitoring-System von Hetzner

10.4.1   Serververfügbarkeit kontrollieren

Jede Minute Downtime, die ein Server und damit auch der Shop nicht mehr online verfügbar ist, kostet Traffic und somit auch Umsatz. Für einen professionellen Check der Serverfügbarkeit stehen diverse Dienstleister zur Wahl (siehe Tabelle 10.5). Diese Checks sind schon ab 3 Euro monatlich verfügbar:

- Überwachung von HTTP, SMTP, FTP, IMAP, PING, POP etc.
- laufendes Monitoring, Alerting und Analyse
- Versand von individuellen Berichten und SLA-Reports
- spezifische Eskalation bei Fehlern und Downtime
- Alarmierung per E-Mail, SMS, Telefon oder Messenger

Anbieter	Links
Inter-Dev Software	`livewatch.de`
Nagios (Monitoring-Software)	`nagios.org`
IT75 GmbH & Co. KG	`serverguard24.de`
serverstate	`serverstate.de`
Zoho Corporation Pvt. Ltd.	`site24x7.com/de/`
Uptrends GmbH	`uptrends.de`

Tabelle 10.5: Server-Monitoring-Dienstleister

Serververfügbarkeit mit Uptrends

Eine sehr hochwertige Lösung für das Server-Monitoring bietet *Uptrends*. In Abbildung 10.18 sehen Sie eine exemplarische Kontrollübersicht über die Serververfügbarkeit in einem Zeitraum von 7 Tagen, die beim gezeigten Demozugang aktuell bei 99,67 % lag. Insgesamt hat das System 61 Fehler und 137 Warnungen wegen TCP-Connection-, DNS-Lookup- und HTTP-Send/Request-Errors ermittelt. Insgesamt wurden in diesen 7 Tagen genau 19 514 Messungen durchgeführt.

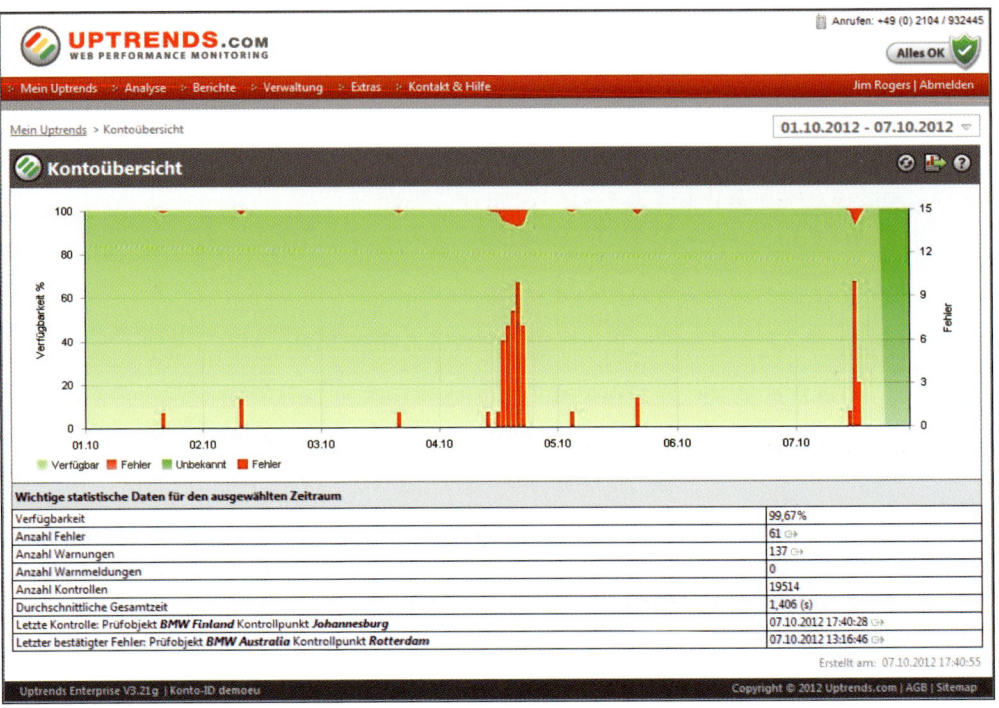

*Abbildung 10.18: Kontrollübersicht
über die Serververfügbarkeit*

10.4.2   Ladezeit einer Webseite messen

Neben der Serververfügbarkeit ist auch die Messung der Ladezeit einer Webseite sehr wichtig und interessant. In den *Google* Richtlinien für Webmaster wird daraufhin gewiesen, dass die Ladezeit ein Ranking-Faktor für die Website ist (*Kapitel 5*).

Auf `tools.pingdom.com` oder mit *Google PageSpeed* (integriert in *Google Webmaster-Tools* unter *Labs › Site Performance*) messen Sie ohne viel Aufwand Ihre Website. Starten Sie einfach das Tool und tragen die URL ein, dann erhalten Sie einige wichtige Messwerte (siehe Abbildung 10.19): Anzahl der Requests 61 Stück, Ladezeit 886 ms und Seitengröße 227 kB.

Anhand einzelner Requests stellen Sie für die Startseite fest:

- welche geladene Seite eine lange Ladezeit verursacht,

- welche Datei (Bild, JavaScript, CSS) einen zu großen Beitrag zur Dateigröße liefert.

Die schlimmsten Fehlerquellen finden Sie so gezielt heraus und beseitigen diese rasch und einfach.

Verschiedene Lösungen zu häufigen Fehlerquellen:

- Ersetzen Sie extrem große Bilder durch kleinere Dateiformate.

- Löschen Sie nicht benötigte CSS-, JS- oder Bilddateien.

- Fassen Sie mehrere CSS-Dateien und JS-Dateien in gemeinsame Dateien zusammen.

- Bündeln Sie viele Bilddateien in ein CSS-Sprite-Image.

- Verringern Sie die Anzahl der HTTP-Requests!

> Ein CSS-Sprite ist ein Bild, das viele Bildausschnitte in einer einzigen großen Grafik zusammenfasst, um die Ladezeit von Webseiten zu minimieren. Die einzelnen Ausschnitte dieser Grafik werden mit den CSS-Eigenschaften **background-image** und **background-position** eingeblendet.

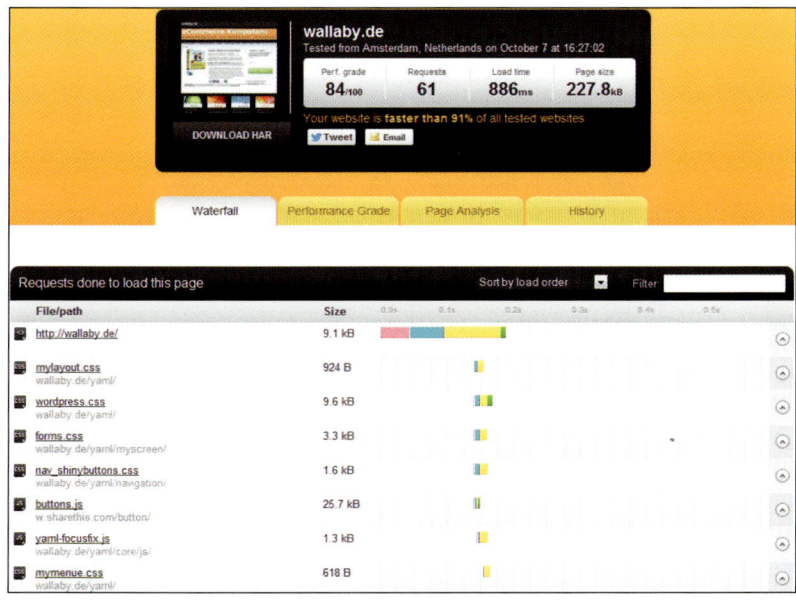

Abbildung 10.19: Ladezeit und Dateigröße messen

Fazit

Das Überwachen von Diensten und Services ist wichtig, um die Funktionsweise des Online Shops zu gewährleisten. Hingegen sind SEO- und Trafficanalyse zur Beobachtung der Seitenentwicklung sinnvoll, weil SEO und Social Media einen direkten Einfluss auf die Relevanz des Shops in Suchmaschinen-Ergebnislisten haben. Die Monitoring-Tools helfen bei der Automatisierung oder der regelmäßigen Kontrolle einer Website.

Wörterbuch

Adserver

Adserver setzt man im Internet für Werbebanner-Marketing und dessen Erfolgsmessung ein. Häufig bezeichnet man damit den physischen Server selbst (Hardware) oder die Adserver-Software.

Affiliate

Affiliates sind Partnerprogramme, die von großen kommerziellen Websites oder Marktplätzen angeboten werden. Wenn Sie auf Ihren Webseiten Werbung für andere anzeigen, erhalten Sie Geld dafür.

Breadcrumb-Navigation

Auf Deutsch: Brotkrümelnavigation. Die Breadcrumb-Navigation nennt dem Webseitenbenutzer den Pfad, über den er zu der gerade angezeigten Seite gekommen ist. Sie wird meist im oberen Bereich über dem Inhalt angezeigt und dient zur besseren Orientierung auf der Website.

Click-Popularität

Die Click-Popularität ist ein Bewertungskriterium für Webseiten. Dahinter steckt die Annahme, dass Webseiten, die sehr häufig angeklickt werden, relevantere Ergebnisse beinhalten.

Community

Auf Deutsch: Gemeinschaft. Gleichgesinnte treffen sich online, z. B. in einem Forum, um sich über ein bestimmtes Thema auszutauschen.

Corporate Identity

Damit ist die von der Öffentlichkeit wahrgenommene Unternehmensidentität gemeint. Sie besteht aus dem Corporate Design (dem visuellen Erscheinungsbild des Unternehmens), der Corporate Communication (Kommunikation des Unternehmens) und dem Corporate Behaviour (Verhalten der Unternehmensmitarbeiter).

Crawler

Crawler sind spezielle Computerprogramme, die aus Webseiten den Datenbestand für Suchmaschinen erzeugen. Sie werden auch Robots oder Spider genannt.

Cross-Selling

Cross-Selling ist ein Begriff aus dem Marketing. Dabei werden Neu- oder Stammkunden weitere passende und ergänzende Produkte angeboten. Mit Cross-Selling stärkt man die Kundenbindung und erhöht den Umsatz.

CTR

CTR (**C**lick-**T**hrough-**R**ate) – ist eine Kennzahl im Bereich Marketing und zeigt das Verhältnis zwischen der Anzahl der Klicks auf eine Werbekampagne in einer Website und der Gesamtanzahl der Website-Aufrufe. Beispiel: Ein Banner auf einer Website mit 100 Besuchern wurde nur einmal angeklickt. Die Durchklickrate betrug also 1 %.

Customer-Relationship-Management (CRM)

Auf Deutsch: Kundenbeziehungsmanagement. Mit speziellen Softwaretools managen Sie Kundenbeziehungen. Dazu werden sämtliche Daten von Kunden und alle dazugehörigen Transaktionen in einer Datenbank gespeichert. Kundenansprache und Kundenbindung können damit verbessert werden.

Domainname

Eindeutige Bezeichnung von Computern im Internet, z. B. wallaby.de.

E-Business

Alle automatisierbaren Geschäftsprozesse eines Unternehmens werden mithilfe der Informations- und Kommunikationstechnologie integriert ausgeführt. Das geschieht ohne Medienbrüche, rechnerbasiert und automatisiert.

E-Commerce

Auf Deutsch: elektronischer Handel, auch Internetverkauf oder Onlinehandel genannt. Darunter versteht man den virtuellen

Einkaufsvorgang via Datenfernübertragung, d. h., es besteht eine unmittelbare Handels- oder Dienstleistungsbeziehung zwischen Anbieter und Abnehmer, die über das Internet abgewickelt wird.

FAQ
Englisch: Frequently Asked Questions, kurz FAQ, also häufig gestellte Fragen, die schriftlich zusammengetragen und dem Nutzer zur Einsicht dargestellt werden.

Follower
Verfolger auf Twitter, die die Beiträge eines Autors abonnieren.

FTP
FTP (File Transfer Protocol) ist ein Protokoll und ein Server-Dienst. Darüber melden Sie sich bei einem Server im Internet an und können Daten austauschen zwischen dem lokalen Rechner und dem entfernten Werbserver.

IP-Adresse
Abkürzung für Internetprotokoll-Adresse. In IP-Netzwerken werden damit Geräte (Hosts) logisch adressiert, so steht 85.214.29.192 z. B. für angeli24.de.

Keyword-Advertising
Mit Keyword-Advertising wird das stichwortbezogene Marketing im Internet bezeichnet. Diese Marketingform wird meist von Suchmaschinen angeboten. Das bekannteste Produkt für Keyword-Advertising ist Google AdWords. Daneben bieten auch Overture und Yahoo! Search Marketing ähnliche Programme an.

Keyworddichte oder Keyword-Density
Auf Deutsch: Suchbegriffsdichte. Suchmaschinen indexieren fast alle Wörter eines Dokuments, dabei prüfen sie das Verhältnis einzelner Suchbegriffe zur Gesamtzahl der Wörter auf der untersuchten Seite.

Konversionsrate
Auf Englisch: Conversion Rate. Diese Rate gibt im E-Commerce an, wie viele von 100 Besuchern nach einer Marketingmaßnahme tatsächlich eine Aktion ausführen, z. B. einen Kauf tätigen oder sich anmelden.

Linkpopularität
Eine hohe Linkpopularität erreicht man nur, wenn viele verschiedene Websites mit themenspezifischen Links von guter Qualität auf die eigene Website zeigen.

Logfile-Analyse
Damit wird die protokollierte Datei (Logfile) nach bestimmten Kriterien analysiert. Anhand dieser Aufzeichnungen erhält man verschiedene Ergebnisse und zieht Schlussfolgerungen, z. B. von welcher Suchmaschine wie viele Besucher kommen und welche Suchbegriffe diese User genutzt haben.

M-Commerce
Der M-Commerce bzw. der mobile Handel ist ein Teilgebiet des E-Commerce. Hierbei wird mithilfe mobiler Endgeräte, z. B. Handys, eingekauft.

Merchant
Auf Deutsch: Händler. Im Marketingbereich ist dies der Anbieter eines Affiliate-Programms.

Metadaten
Die Metadaten stehen im Header (Kopf) eines HTML-Dokuments und werden vom Browser nicht angezeigt. Darin ist eine kurze Beschreibung der Webseite enthalten, und es werden Stichwörter bzw. Keywords aufgezählt.

Meta-Tags
Die Meta-Tags stehen im Header (Kopf) eines HTML-Dokuments und werden vom Browser nicht angezeigt. Darin ist eine kurze Beschreibung der Webseite enthalten, und es werden Tags mit Namen „Content-Language", „Keywords", „Description" und „Autor" aufgezählt.

Onpage
Zu den Onpage-Methoden gehören alle Maßnahmen zur Suchmaschinenoptimierung, die direkt im Seiteninhalt und im Quelltext einer Webseite durchgeführt werden.

Open Source
Auf Deutsch: Quelloffenheit. Die Grundidee von Open-Source-Software ist es, jedermann einen Einblick in den Quelltext eines Programms zu ermöglichen. Der Anwender hat die Erlaubnis,

diesen Quellcode beliebig weiterzugeben oder mitzuentwickeln.

PageRank (PR0 bis PR10)

Der PageRank ist ein Wert für die Anzahl der externen Links und deren Qualität, die auf die Webseite eingeht. Grundprinzip: Je mehr starke Links von Seiten mit qualitativ gutem Inhalt auf eine Seite verweisen, wobei diese Seiten selbst einen hohen PageRank aufzeigen, desto mehr steigt der eigene PageRank-Wert. Der von Google angezeigte PageRank liegt zwischen einem Wert zwischen 0 und 10.

robots.txt

Die Datei robots.txt regelt, wie sich ein Crawler beim Besuch Ihrer Domain verhalten soll. In dieser Datei legen Sie fest, ob und wie die Webseite besucht werden darf. Sie haben die Möglichkeit, gewisse Bereiche Ihrer Website für bestimmte Suchmaschinen zu sperren.

ROI

ROI (Return On Investment) misst das Verhältnis zwischen Gewinn und eingesetztem Kapital und zeigt so die Rendite auf.

Search Engine Optimization (SEO)

Auf Deutsch: Suchmaschinenoptimierung. Sie dient dazu, Webseiten mit bestimmten Suchbegriffen auf den Ergebnisseiten von Suchmaschinen auf den vorderen Plätzen erscheinen zu lassen.

Subdomain

Dies ist eine Domain, die in der Hierarchie unterhalb einer anderen Domain liegt. Im Allgemeinen sind damit Domains ab der dritten Ebene gemeint. Die Top-Level-Domain zählt von rechts gelesen als erste Ebene. Beispiel: http://blog.domainname.de. Blog ist dabei die Subdomain.

Template

Auf Deutsch: Dokumentenvorlage bzw. Schablone. So bezeichnet man eine Designvorlage für Webseiten, die erst später mit Inhalt gefüllt wird.

Traffic

Auf Deutsch: Datenverkehr. Damit bezeichnet man den Informationsfluss in Computernetzwerken, der sich zahlenmäßig anhand der übertragenen Datenmenge messen lässt.

Tweet

Ein Tweet ist die 140 Zeichen lange Textnachricht in Twitter.

Usability

Auf Deutsch: Gebrauchstauglichkeit. Eine Webseite ist dann gebrauchstauglich, wenn sie sich effizient, effektiv und einfach bedienen lässt.

URL

Dies ist die Abkürzung für Uniform Resource Locator (dt.: „einheitlicher Quellenanzeiger") . URLs werden auch als Internetadressen oder Webadressen bezeichnet.

Warenwirtschaftssystem

Mit einem solchen System bearbeiten Sie die Aufträge Ihrer Kunden, verwalten den Lagerbestand, erstellen Belege (Lieferschein, Rechnung, Gutschrift etc.) und geben statistische Informationen über Kunden und Produkte aus.

Weblog

Meist einfach nur Blog oder auch Internettagebuch genannt. Dies sind Websites, deren Inhalte periodisch mit neuen Einträgen aktualisiert werden. Im Grunde ist ein Blog ein einfaches Content-Management-System. An oberster Stelle stehen immer die neuesten Einträge. Den Autor eines Blogs nennt man Blogger.

Widgets

Ein Widget ist ein kleines Fenster auf einer Website oder einem Smartphone. Dort versteckt sich eine Verknüpfung zu einem anderen Programm. In einer Widget-Sammlung lassen sich mehrere kleine Hilfsprogramme (Tools) bereitstellen, die leicht zu installieren sind. Am bekanntesten sind Widgets wie Wetteransagen, RSS-Feeds, Bookmarks, Uhren oder auch Buttons von Facebook, Google+ und Twitter.

Stichwortverzeichnis

Bibliografische Information Der Deutschen Nationalbibliothek
Die Deutsche Nationalbibliothek verzeichnet diese Publikation in der
Deutschen Nationalbibliografie; detaillierte bibliografische Daten
sind im Internet über http://dnb.d-nb.de abrufbar.

Die Informationen in diesem Produkt werden ohne Rücksicht auf einen eventuellen Patentschutz
veröffentlicht. Warennamen werden ohne Gewährleistung der freien Verwendbarkeit benutzt.

Bei der Zusammenstellung von Texten und Abbildungen wurde mit größter Sorgfalt vorgegangen.
Trotzdem können Fehler nicht vollständig ausgeschlossen werden. Verlag, Herausgeber und Autoren
können für fehlerhafte Angaben und deren Folgen weder eine juristische Verantwortung noch irgen-
deine Haftung übernehmen. Für Verbesserungsvorschläge und Hinweise auf Fehler sind Verlag und
Herausgeber dankbar.

Fast alle Hardware- und Softwarebezeichnungen und weitere Stichworte und sonstige Angaben, die
in diesem Buch verwendet werden, sind als eingetragene Marken geschützt. Da es nicht möglich ist,
in allen Fällen zeitnah zu ermitteln, ob ein Markenschutz besteht, wird das ® Symbol in diesem Buch
nicht verwendet.

10 9 8 7 6 5 4 3 2 1

15 14 13

ISBN 978-3-8273-3196-0

© 2013 by Pearson Deutschland GmbH,
Martin-Kollar-Straße 10–12, D-81829 München/Germany
Alle Rechte vorbehalten
www.pearson.de
A part of Pearson plc worldwide
Lektorat: Birgit Ellissen, bellissen@pearson.de
Korrektorat: Marita Böhm, München
Herstellung: Claudia Bäurle, cbaeurle@pearson.de
Satz: Ulrich Borstelmann, Dortmund (www.borstelmann.de)
Einbandgestaltung: Marco Lindenbeck, webwo GmbH, mlindenbeck@webwo.de
Druck und Verarbeitung: Korotan, Ljubljana
Printed in Slovenia